La sociedad internacional

Alianza Universidad

Antonio Truyol y Serra

La sociedad internacional

Nueva edición con un Epílogo:

El fin de la era de Yalta
y la revolución del Este europeo

**Alianza
Editorial**

Primera edición en «Alianza Universidad»: 1974
Sexta reimpresión en «Alianza Universidad»: 1991
Segunda edición en «Alianza Universidad»: 1993
Segunda reimpresión en «Alianza Universidad»: 1998

© Antonio Tuyol y Sierra

© Alianza Editorial, S. A., Madrid, 1974, 1977, 1981, 1983, 1985, 1987, 1991, 1993, 1994, 1998
Calle Juan Ignacio Luca de Tena, 15; 28027 Madrid; teléf. 91 393 88 88
ISBN: 84-206-2083-1
Depósito legal: M. 29.569-1998
Impreso en Closas-Orcoyen, S. L. Polígono Igarsa
Paracuellos de Jarama (Madrid)
Printed in Spain

A Else

DEL PROLOGO A LA PRIMERA EDICION

El punto de partida de este libro son dos cursos dados en la Academia de Derecho Internacional de La Haya en los veranos de 1959 y 1965, que corresponden a las partes II y I respectivamente y se publicaron en su día en la colección de cursos de dicho Centro[1]. Ambos, pero sobre todo el de 1959, se basaban a su vez en notas de mi función docente como catedrático de Derecho y Relaciones internacionales de la Facultad de Ciencias Políticas, Económicas y Comerciales (convertida ulteriormente, tras el desdoblamiento de 1971, en Facultad de Ciencias Políticas y Sociología) de la Universidad Complutense de Madrid.

Redactados en francés —una de las dos lenguas oficiales de la Academia—, un primer problema consistía en su versión al castellano o en una nueva redacción en dicho idioma. Por lo que se refiere al segundo curso (la primera parte del libro), opté por la traducción y me complazco en expresar mi gratitud a doña María Luisa León Temblador, que se hizo cargo de la misma, suministrándome un excelente texto que me ha permitido ampliaciones que el transcurso del tiempo aconsejaba. El carácter propio de esta parte exigía menos

---

[1] «Genèse et structure de la société internationale», *Recueil des cours* de l'Académie de Droit International, t. 96 (1959-I), págs. 553-642; «L'expansion de la société internationale aux XIXe et XXe siècles», *ibid.,* t. 116 (1965-III), páginas 89-179.

cambios, y éstos, como era lógico, se han introducido especialmente en el último capítulo, al objeto de dar cuenta de la evolución más reciente de la sociedad internacional. En cuanto al primer curso (segunda parte del libro), ha sido reescrito por mí, ya que por la misma «naturaleza de la cosa» estaba llamado a experimentar mayores retoques y sobre todo a verse aumentado en algunos puntos, pues la limitación del tiempo disponible para el curso había obligado a la consiguiente concisión. En cambio, se ha prescindido de un capítulo, el segundo («Génesis y evolución de la sociedad internacional mundial»), pues venía a ser, a manera de introducción, como una síntesis de lo que el otro curso, años después, desarrollaría monográficamente.

Propios de esta edición española son los Anexos, destinados a completar e ilustrar aspectos del texto, si bien aligerándolo y permitiendo ir poniéndolos al día sin necesidad de retocar aquél. Por esta razón se ha preferido llevarlos al final a insertarlos en los respectivos capítulos.

[...]

Madrid, 1 de marzo de 1974.

A. T.

PROLOGO A LA NUEVA EDICION

La inclusión del Epílogo actualiza los anexos más afectados por los últimos acontecimientos de la vida internacional.

Madrid, diciembre de 1992.

A. T.

PROLOGO A ESTA REIMPRESION

Vista la perspectiva de la nueva situación, que desde la última edición ha ido aclarándose más, se han adaptado a ella los respectivos anexos. Se han suprimido algunos, ya menos significativos.

Madrid, diciembre de 1994.

A. T.

[...] lo que nos permite esperar
que, después de muchas revoluciones
transformadoras, será finalmente una
realidad ese fin supremo de la naturaleza, un Estado mundial o cosmopolita,
seno donde puedan desarrollarse las
disposiciones originarias de la especie
humana.

(KANT, Idea de una historia universal en sentido cosmopolita, principio
8.º).

Pero del hecho de que la federación
mundial sea la única solución inteli-
gente, no se desprende que vaya a
triunfar.

(André MAUROIS, Nouveaux discours
du docteur O'Grady, cap. V).

INDICE

El punto de partida universalista. Los teóricos del «derecho público de Europa» o «derecho de gentes europeo». Derecho internacional y civilización en los autores del siglo XIX. El retorno a una perspectiva universalista.

La evolución de la sociedad internacional desde la primera guerra mundial. Emancipación del mundo colonial y derecho internacional. Los nuevos Estados y el derecho internacional. Heterogeneidad e interdependencia de los grupos humanos en la sociedad mundial contemporánea. Las nuevas funciones del derecho internacional en tanto que derecho de una sociedad mundial.

El Estado en el sentido internacional. Reconocimiento y principio de efectividad. Movilidad histórica del mundo de los Estados. Desigualdad de hecho e igual jurídica formal de los Estados. La participación ponderada de los Estados en las organizaciones internacionales.

Las grandes potencias y su papel histórico. Sistema de Estados europeo, grandes potencias y potencias mundiales. La «vocación directorial» de las grandes potencias. Grandes potencias y hegemonía. Grandes potencias, Estados medios y pequeños Estados.

Grupos de presión y organizaciones internacionales no-gubernamentales en la sociedad internacional. La actividad social espontánea en la sociedad internacional. Los grupos de presión. Los intereses privados y su acción. La intervención de las organizaciones internacionales no-gubernamentales en las decisiones de las organizaciones interestatales.

Fuerzas religiosas y espirituales: Motivaciones religiosas y relaciones internacionales. El cristianismo. Las religiones no cristianas.—Fuerzas ideológicas, políticas y sindicales: Internacionales obreras y partidos políticos en la sociedad internacional. Las internacionales sindicales.—Fuerzas intelectuales y culturales. La cooperación intelectual como factor de integración internacional. Su institucionalización.—Fuerzas económicas: Motivaciones económicas y relaciones internacionales. La importancia histórica del comercio internacional. Organización privada e intervención estatal coordinada en la sociedad internacional.—El individuo y la opinión pública: El problema de la personalidad jurídico-internacional del individuo. Opinión pública y educación. Psicología social y relaciones internacionales.

INTRODUCCION GENERAL

La trama de las relaciones internacionales. La cuestión terminológica. Concepto sociológico de la sociedad internacional. Relaciones interindividuales e intergrupales. La posición del Estado. Número limitado de los Estados. La sociedad interestatal y la descentralización del poder.

La sociedad internacional, como toda sociedad, implica una trama de relaciones sociales, cuya naturaleza ontológica constituye el primer problema que se nos presenta. Es un problema sociológico, y desde el ángulo de la sociología hay que enfocarlo; es decir, considerando las relaciones sociales en cuanto tales. Para ello vamos a partir del análisis de Max Weber.

Max Weber arranca del concepto de acción, que para él es toda conducta humana, ya sea externa o interna, ya consista en un hacer o dejar de hacer, a la que el individuo atribuye una significación subjetiva (es decir, toda conducta humana con un sentido, una intención). Pues bien, acción social será aquella cuya significación es referida a la conducta de otro y, por consiguiente, se orienta hacia ésta. De la acción social se pasa a la relación social, o sea, al hecho de que una pluralidad de individuos refieran recíprocamente sus conductas unos a otros y se orienten según dicha reciprocidad [1].

[1] *Economía y sociedad,* t. I, trad. cast. de J. Medina, México, 1944, págs. 20 y siguientes.

Entre las relaciones sociales hay un sector que calificamos de internacionales. ¿En qué consiste esta nota de *internacionalidad?* La primera dificultad con que nos encontramos en esta averiguación es de orden terminológico: en el mundo moderno (en el que ha nacido ese adjetivo «internacional») el criterio de lo que es internacional radica en el hecho de que el fenómeno en cuestión (internacional) rebasa el marco, no ya de una nación (que sería lo lógico terminológicamente hablando), sino de un Estado. El adjetivo «internacional» (que se aplicó por vez primera en el ámbito jurídico) es relativamente moderno: se debe al polifacético filósofo empirista Jeremías Bentham, que en sus *Principios de Moral y de Legislación* (1780), al referirse al *law of nations* (equivalente inglés del *droit des gens, Völkerrecht* o *derecho de gentes*), sostuvo que sería más correcto denominarlo *international law,* por aplicarse a las relaciones que establecen *entre sí* los diversos cuerpos políticos [2].

Ello implica que la nación se identifica fundamentalmente con el Estado en la terminología europea occidental. No ocurre lo mismo en los países centro-europeos (Alemania, por ejemplo), donde siempre se han distinguido claramente ambas cosas. La razón es sencilla: en la Europa Occidental los Estados que se forman a partir de la Baja Edad Media vienen a coincidir *grosso modo* —no sin excepciones, como en el Reino Unido e Irlanda— con límites nacionales; pero en Centroeuropa ha habido Estados multinacionales (Austria) y naciones que no alcanzaron la unidad estatal hasta época reciente (Italia; Alemania, desde 1871 hasta la nueva división de 1949, consagrada por el tratado fundamental interalemán de 1972), prescindiendo de las que, especialmente en la Europa oriental, no la han alcanzado o sólo la alcanzaron esporádicamente [3].

Lo equívoco del adjetivo «internacional» ha sido señalado por bastantes autores, desde que Kant insistió en que el derecho internacional debería denominarse *derecho de Estados (Staatenrecht* o *ius*

---

[2]   La expresión ya se había utilizado en latín (de *«ius inter gentes»* hablaron VITORIA, SUÁREZ y ZOUCHE), pero fue a partir de BENTHAM cuando se generalizó en las lenguas modernas. Cf. también de BENTHAM, *Tratados de legislación civil y penal,* obra extractada de los manuscritos del autor por E. DUMONT ... y traducida al castellano con Comentarios por RAMÓN SALAS, 5 tomos, Madrid, 1821-22, tomo IV, pág. 7: El derecho de gentes «es el que arregla las transacciones mutuas entre los soberanos y las naciones, y podría llamarse exclusivamente *derecho internacional*»; añadiendo BENTHAM en nota que ya el canciller D'Aguesseau había hablado de un «derecho entre las gentes». *(droit entre les gens.)*

[3]   Esta doble actitud se refleja perfectamente en la terminología. Así, en los países de la Europa Occidental (e Italia) se denomina *«nacionalidad»* al vínculo del ciudadano con su Estado, que los alemanes, más correctamente, llaman *«Staatsangehörigkeit»* (estatalidad).

civitatum)⁴. Así, Spykman propuso la expresión *interstate relations,* añadiendo, sin embargo, que no importa continuar hablando de *international relations* porque todos saben qué se quiere decir con esa expresión⁵.

Por otro lado, la denominación «internacional» es menos inexacta en el campo sociológico e histórico que en el jurídico. En el plano jurídico, el Estado moderno ha logrado el papel preponderante, pero es menos excluyente en el mundo socio-cultural. Pensemos en la historia de «Alemania» hasta 1866; de «Italia»; de España en la Edad Media. Por su parte, la literatura trasciende las fronteras estatales, o las ignora, siendo lo decisivo para ella las fronteras lingüísticas (fronteras más bien nacionales, en definitiva, que estatales: cabe una historiografía literaria independiente de la estatal).

El criterio sociológico para definir las relaciones internacionales consiste en que se trata de relaciones entre grupos humanos diferenciados, territorialmente organizados y con poder de decisión, o mejor, grupos territoriales de decisión autónoma. Haciendo un poco más estricto el concepto, podemos decir que las relaciones internacionales se darán entre grupos territorialmente organizados de poder que poseen el monopolio del uso legal de la fuerza (lo que Gurvitch llama la *contrainte inconditionnée,* y Raymond Aron, la *violence légitime*). Tales grupos, en definitiva, son hoy fundamentalmente los Estados, junto a los cuales aparecen ya *organizaciones internacionales.*

En otros términos: las relaciones sociales son internacionales, cuando se establecen, ya sea entre individuos o grupos intermedios pertenecientes a sociedades políticas (Estados) diferentes, ya entre las sociedades políticas (Estados) mismas, representadas por sus órganos⁶.

Esto explica la situación del individuo en la sociedad internacional. Si el sujeto último de las relaciones internacionales es el hombre, éste no se halla en principio directamente en contacto con la sociedad internacional, sino que se encuentra «mediatizado» por la sociedad política, por el Estado. Entre los individuos y la sociedad

---

⁴ *Metafísica de las costumbres,* 1.ª parte, § 53.
⁵ «Methods of Approach to the Study of International Relations», en H. J. Morgenthau y K. W. Thompson, *Principles and Problems of International Politics.* Selected Readings, Nueva York, 1952, pág. 25.
⁶ Así entiende las relaciones internacionales el «padre de la sociología del derecho internacional», Max Huber (*Die soziologischen Grundlagen des Völkerrechts,* Berlín-Grunewald, 1928, pág. 3): «es internacional una relación cuando se refiere a relaciones entre grupos sociales que están determinados por poderes estatales distintos, y son internacionales en el sentido más estricto, jurídico, las relaciones entre los Estados mismos» (hoy podríamos añadir: y otras entidades políticas, como las organizaciones internacionales).

internacional está la sociedad política particular, el Estado, y a través de dicha instancia han de actuar aquéllos.

En un sentido amplio, una sociedad es internacional cuando el poder está descentralizado, distribuido entre grupos que lo monopolizan en sus respectivos territorios. Y será estatal cuando el poder esté centralizado, monopolizado por una instancia suprema que se impone a los sujetos. Este es, por otra parte, el criterio para distinguir las uniones de Estados de derecho político (federación, Estado federal) y las de derecho internacional (confederación).

Esencialmente, pues, la sociedad internacional es una sociedad de comunidades humanas con poder de autodeterminación, de entes colectivos autónomos.

Como consecuencia de esta estructura, dentro de la sociedad internacional operan dos tendencias contradictorias que provocan una tensión continua:

a) Una tendencia *centrífuga* (centrípeta para cada sociedad política o estatal particular): las sociedades políticas dotadas del poder de coerción legítima tienden a reforzar los vínculos internos, a hacerse autosuficientes, a no depender de nadie, en detrimento de las relaciones internacionales.

b) Una tendencia *centrípeta* (centrífuga para cada sociedad política o estatal particular): la innata sociabilidad humana, que no se detiene ante obstáculos como las fronteras políticas, provoca el comercio internacional, que en definitiva es fuente de enriquecimiento mutuo. Así, dice Suárez en *De legibus* (II, 19, 5), que si bien las sociedades políticas constituyen sociedades perfectas que, en principio, se bastan a sí mismas, necesitan, para una vida mejor, el intercambio con las demás, por la interdependencia natural existente entre todos los miembros del linaje humano. El ímpetu irresistible del hecho social internacional obliga a los Estados a estorbar lo menos posible esas relaciones internacionales.

También es necesario, por otra parte, que los grupos de decisión autónoma (comunidades políticas territorialmente organizadas), cualquiera que sea su número, mantengan enre sí relaciones estables, y lo mismo hay que decir de los miembros de esas sociedades políticas, así los individuos como los grupos menores, «intermedios».

Hoy, todos los Estados mantienen relaciones exteriores, aunque no todos se reconozcan entre sí. En cambio, las relaciones entre individuos y entre colectividades no estatales, si bien se hallan en la actualidad más desarrolladas que en ningún otro período de la historia, no son admitidas por todos los Estados en igual medida, y por regla general, se efectúan a la sombra de las relaciones entre los Estados. Ahora bien, estas relaciones interindividuales —ha dicho agudamente Reuter— son el elemento más rico, más vivo de la sociedad internacional, el factor de progreso de la sociedad internacional [7].

En su forma actual, la sociedad internacional se presenta esencialmente como sociedad de Estados (entes jurídicos soberanos). Pero hay que tener en cuenta, y ello es fundamental para comprender las diferencias entre el derecho internacional y el derecho interno, los siguientes hechos:

1. La sociedad internacional en cuanto sociedad de Estados tiene un número de miembros limitado y (si lo comparamos con los miembros de cualquier sociedad estatal, incluso las minúsculas) relativamente estable (a pesar de que en los últimos años se haya operado un proceso de expansión notable, en virtud de la descolonización, pero hay que contemplarlo como un fenómeno revolucionario, que caracteriza precisamente la sociedad internacional de nuestro tiempo).

2. Los sujetos de la sociedad internacional son de una gran diversidad. Se trata de sujetos sumamente individualizados y concretos, a los cuales es difícil imponer normas comunes, generales. Esta diversidad (en superficie, población, cultura, poderío económico y militar, desarrollo social y tecnológico, régimen político, etc.) ha aumentado enormemente con la descolonización, con lo que el problema se ha agravado.

3. Los Estados, al no disponer aún la sociedad internacional de órganos plenamente desarrollados, ejercen dentro de ésta una doble función (teoría del *dédoublement fonctionnel* de Georges Scelle): son a la vez *sujetos* y *órganos* de la sociedad internacional.

Así, pues, la sociedad internacional se halla todavía, de hecho, fundamentalmente en la fase de autotutela, si bien estamos entrando en una fase evolutiva de paulatino progreso de la organización internacional.

[7] *Institutions internationales,* París, 1955, pág. 17.

Primera parte

LA EXPANSION DE LA SOCIEDAD
INTERNACIONAL
EN LOS SIGLOS XIX Y XX

INTRODUCCION

Una mutación de la sociedad internacional. Desde la pluralidad de sociedades internacionales particulâres a una sociedad internacional mundial. El impacto sobre el derecho internacional.

Es bien sabido que los teóricos del derecho, de la sociedad y del Estado han tomado una y otra vez de la biología, a lo largo de los siglos, ciertas nociones para caracterizar fenómenos de sus respectivos campos. Desde el apólogo de Menenio Agripa, en el que las relaciones entre patricios y plebeyos romanos se presentan como semejantes a las existentes entre los miembros del cuerpo y el estómago, pasando por la idea de la Iglesia como cuerpo místico de Cristo en San Pablo, o por el concepto escolástico del *corpus politicum mysticum* aplicado a la sociedad política (principalmente en la doctrina de Francisco Suárez), podrían multiplicarse los ejemplos. Por lo demás, preciso es destacar que tales préstamos no implican en modo alguno una identificación propiamente dicha entre las sociedades humanas y los organismos, tal y como la sostuvieron las teorías organicistas de la sociología contemporánea. Si en los representantes más radicales de éstas (un Lilienfeld, un Schaeffle) la sociedad es realmente un organismo en sentido estricto, sometido a las leyes naturales de la biología, esta postura es minoritaria. Para la mayor parte de los autores, el recurso a las expresiones asociadas a la noción de organismo sólo

25

pretende poner en claro la analogía que evidentemente no cabe negar
entre estas dos realidades, y así facilitar la comprensión del grupo
humano. Lo indica en particular, en las mencionadas fórmulas paulina
y escolástica, el adjetivo «místico». También se habla, en lo que
atañe a los grupos considerados como sujetos de derecho, de personas
«morales» o «jurídicas». En general, la terminología tradicional se
mueve en los límites de este alcance analógico (cuyas implicaciones
en el plano de la filosofía social y de la sociología sería erróneo, por
otra parte, minimizar).

Hechas estas puntualizaciones, digamos que también nosotros
apelaremos a una noción tomada de la biología para designar el
objeto de la primera parte de nuestro estudio. Pues este objeto
quedaría insuficientemente caracterizado si indicáramos tan sólo que
el proceso de expansión de la sociedad internacional en los siglos XIX
y XX es un proceso de evolución, incluso de transformación. Y ello
sería así aun en el supuesto de que subrayáramos su importancia y
llegáramos a afirmar que carece de precedentes. Ha habido, efectivamente, en el período que consideramos, cambios tan fundamentales
en el medio internacional, que han tenido como consecuencia el
provocar lo que se ha convenido en llamar la «crisis del derecho
internacional» o, al menos, la crisis del «derecho internacional clásico», y como reacción, la necesidad de un «nuevo derecho internacional»[1]. Considerando estos cambios más de cerca en su conjunto, y
por decirlo así, a una escala mayor, sus virtualidades resultan de tal
entidad que creemos poder calificar el proceso global de verdadera
mutación de la sociedad internacional.

No ignoramos cuántas reservas es susceptible de provocar esta
expresión. No por ello dejaremos de retenerla como válida. La sociedad internacional no es sino la sociedad humana considerada bajo
cierto aspecto. Pues bien, la sociedad humana ha entrado desde fines
del siglo XVIII en una fase que parece señalar claramente el paso a
un nuevo peldaño de su existencia histórica. Si la frase con que Alfred
Weber comienza un libro característico a este respecto: «Wir haben

---

[1] Bástenos con recordar aquí, entre las numerosas obras y artículos con-
sagrados al tema, los de J. L. BRIERLY, *The Outlook for International Law*,
Oxford, 1944; H. A. SMITH, *The Crisis in the Law of Nations*, Londres, 1947;
R. LAUN, «Zweierlei Völkerrecht», *Jahrbuch für internationales Recht*, 1948-
1949, págs. 625-653; J. L. KUNZ, *Del derecho internacional clásico al derecho
internacional nuevo*, México, 1953, y «La crise et les transformations du droit
des gens», *Recueil des cours* de l'Académie de Droit international de La Haya
(desde ahora, *Rec. des cours*), 88 (1955-II), págs. 1-104; A. ALVAREZ, *Le droit
international nouveau et ses rapports avec la vie actuelle des peuples*, París,
1959; así como los análisis de W. FRIEDMANN, C. W. JENKS, B. V. A. RÖLING
y G. SCHWARZENBERGER.

Abschied zu nehmen von der bisherigen Geschichte» («hemos de despedirnos de la historia tal y como ha sido hasta nuestros días»)[2], expresa este fenómeno en lo que tiene de ruptura, más o menos sentida de repente como tal, respecto de un pasado familiar, la visión de la noosfera de Teilhard de Chardin subraya, en cambio, lo que encierra de continuidad ascendente sin reducir por ello su unicidad, ya que después de haber comprobado que no tenemos todavía ninguna idea de la posible magnitud de los efectos «noosféricos», tropieza naturalmente con «la noción de cambio de estado»[3].

En el plano internacional, la mutación consiste en *el paso de una pluralidad de sociedades internacionales particulares o regionales a una sociedad internacional única a la escala del planeta.* Pues bien, este paso ha tenido como elemento motor decisivo la acción emprendedora de una de estas sociedades regionales, la sociedad europea, en tanto que ella descubrió, y por consiguiente incorporó a la vida internacional común, continentes y vastas regiones que no participaban en ella (como en el caso de América, de Oceanía y de gran parte de África), y que, por otra parte, fue estableciendo relaciones directas cada vez más estrechas con los demás centros de vida internacional activa (en primer lugar, el Asia meridional y oriental), creando así esta interdependencia de todo el género humano que constituye el hecho radicalmente nuevo de nuestra época. Que esta acción emprendedora haya tenido, en un principio, por resultado la sumisión total de los «mundos nuevos» y la sumisión parcial o mediatización de los «mundos antiguos», así arrancados, unos y otros, a un aislamiento que en algunos de sus pueblos era voluntario; que haya desembocado, pues, en cualquier caso, en una hegemonía de Europa, extendida luego a Occidente; que haya resultado necesario el contragolpe de dos guerras mundiales y de una descolonización más o menos libremente aceptada; éstos son hechos que no sólo no disminuyen, desde el punto de vista histórico, el papel desempeñado por Europa en este proceso, sino que precisamente le confieren su significación objetiva. Pues lo que empezó siendo la expansión de Europa y luego de Occidente, ha llegado a ser finalmente, cualesquiera que hayan sido las intenciones de los protagonistas, lo que no hay más remedio que llamar la expansión de la sociedad internacional, desde el momento en que, como indicó Juan XXIII en la encíclica *Pacem in Terris,* con perspectiva de futuro, «todos los pueblos se han constituido o están en trance de constituirse en comunidades políticas independientes», y que «los seres humanos en todos los países y continentes son ciudadanos de un Estado autónomo e independiente o están en vías de

[2] *Der dritte oder der vierte Mensch,* Munich, 1953.
[3] Cfr., en particular, *Le phénomène humain,* París, 1955, págs. 318-319.

serlo», puesto que a nadie le gusta ser sujeto de poderes políticos procedentes de fuera de la comunidad o grupo étnico al que pertenece. Si cayésemos en la tentación de reducir la envergadura del proceso en cuestión y de no ver en él sino el aspecto cuantitativo, es decir, una ampliación progresiva del ámbito de las relaciones internacionales efectivas, bastaría con señalar la *novedad radical de esta «planetización»* (permítasenos el neologismo) *de la sociedad internacional* para disuadirnos de ello. El cambio que así se ha producido en el medio internacional es desde luego cualitativo. La humanidad, desde el punto de vista sociológico y político, no es la misma que antes. Este es el motivo por el cual hemos hablado de una mutación. Tal mutación ha sido ciertamente provocada también por otros factores, como por ejemplo la revolución tecnológica e industrial de Occidente y la progresiva extensión de la misma al resto del mundo, la reducción de las dimensiones del globo terráqueo gracias a los nuevos medios de comunicación que han sido uno de sus resultados, la multiplicación global [4] de los intercambios humanos, la «explosión» demográfica igualmente global. La expansión misma a que nos referimos está por su parte en función de la acción de estos diversos factores. No cabe poner en tela de juicio el papel que le corresponde por el simple hecho de que, en lo concerniente al número y a la naturaleza de las respectivas colectividades en tanto que sujetos activos de las relaciones internacionales, haya transformado de raíz la fisonomía del conjunto. Nuestra exposición tratará de buscar los cambios del mundo internacional que resultan esencialmente de dicha expansión.

Ello implica que esta exposición pertenece a la vez a la sociología, a la historia política y al derecho. Nos toca describir en primer término un proceso de evolución interna, de contactos pacíficos o bélicos y de influencias recíprocas entre sociedades y complejos sociales de estructura, organización y civilización diferentes, así como los marcos y esquemas políticos dentro de los cuales se han desenvuelto o a los que han dado lugar. Al mismo tiempo, tendremos que describir el *impacto* que tal proceso ha producido en el ordenamiento jurídico llamado a regular las relaciones de estas sociedades entre sí en tanto que son dueñas de sus decisiones, es decir, esencialmente en el *derecho internacional*. Y en último análisis, penetraremos en el campo de la historia social y política para comprender en profundidad la «crisis del derecho internacional» a la que antes hemos hecho

---

[4] Pero no forzosamente en todos los puntos del globo a la vez, como ha subrayado atinadamente B. LANDHEER, «Contemporary Sociological Theories and International Law», *Rec. des cours*, 91 (1957-I), pág. 20; curso reproducido en francés con el título: «Les théories de la sociologie contemporaine et le droit international», *Rec. des cours*, 92 (1957-II).

alusión. Ello implica que nuestra investigación no pertenece primordialmente a la historia diplomática, como legítimamente podría ocurrir. La historia diplomática nos interesará y nos suministrará un punto de apoyo en la medida en que haga resaltar las etapas significativas de la expansión de la sociedad internacional. Y esta expansión nos explicará —en todo caso, es lo que esperamos de nuestra indagación— las vicisitudes del derecho internacional en nuestra época. Pues la «crisis del derecho internacional» no hace sino reflejar en el plano normativo la mutación social y política de la sociedad internacional, la cual, a su vez, no es más que un aspecto de la mutación de la humanidad contemporánea. Su análisis habría de permitir el bosquejo de las condiciones de un ordenamiento más adecuado a las nuevas realidades y moralmente necesario, que la política tiene precisamente por misión hacer que sea posible y se realice con el mínimo de roces.

Capítulo 1

EL «SISTEMA DE ESTADOS» EUROPEO

De la Cristiandad a Europa. Europa como sistema de Estados. El derecho público o derecho de gentes de Europa. El sistema de Estados europeo y Ultramar. El Concierto europeo.

La sociedad europea, tal y como se abre paso en los siglos XV y XVI, es la heredera de la *Res publica christiana* o *Christianitas* medieval, que, con Bizancio y el Islam, había tomado el relevo del Imperio romano después de su caída [1]. Surge como consecuencia de la crisis del universalismo imperial y pontificio. Ya evidente desde la baja Edad Media, esta crisis se acentúa en la época del Renacimiento y de la Reforma, y da origen al nacimiento del Estado soberano moderno. La idea jerárquica de un escalonamiento de poderes sobre el modelo de una pirámide con dos cabezas —el Papado y el Imperio, cuyas relaciones mutuas, por otra parte, no dejaban de plantear problemas tanto en el plano de los hechos como en el de las doctrinas— cede el lugar a la de una pluralidad de Estados que no reconocen superior y son esencialmente iguales de derecho. Si desde el punto de vista de la historia de las ideas se ha podido hablar con

[1] Cfr. nuestros *Fundamentos de Derecho internacional público*, 4.ª ed., refundida y aumentada, Madrid, 1977, § 47.

este motivo del «paso de la Cristiandad a Europa» [2], bajo el ángulo político la evolución en cuestión significa el advenimiento de lo que pronto iba a llamarse el *sistema europeo de Estados*, del que la Paz de Westfalia (1648) puede considerarse como partida de nacimiento.

No es por azar que a partir del Renacimiento el término «Europa», sobre todo bajo el impulso de los humanistas, se emplea cada vez más en el sentido de una entidad cultural y política, y no ya meramente geográfica, como sucedía en la Edad Media. Después de la ruptura de la unidad religiosa en Europa, la Cristiandad deja de identificarse con la catolicidad y ha de acomodarse a un pluralismo confesional del que ésta era precisamente la negación. Por otra parte, la progresiva difusión del cristianismo fuera de Europa (en particular en el Nuevo Mundo) hará que Europa y la Cristiandad comiencen a su vez a no confundirse. Y ello tanto más cuanto que un proceso de secularización del pensamiento, surgido de ciertas corrientes filosóficas de la baja Edad Media y del Renacimiento, irá afianzándose. Así se explica que la noción de «cristiandad» pierda poco a poco su contenido tradicional y quede finalmente acantonada en el dominio estrictamente religioso, mientras que la de «Europa», más neutra desde este punto de vista, se generalice en el siglo XVII y sobre todo en el XVIII. Ciertamente, se continuó evocando la «República cristiana», «muy cristiana» o «cristianísima» y la «Cristiandad» en tanto que entidad no sólo religiosa sino también cultural y política en su sentido primitivo. Este fue en particular el caso de los juristas y los diplomáticos, más apegados a las fórmulas del pasado que otros grupos sociales, y naturalmente también el de los soberanos, ya fuesen católicos o protestantes: los contemporáneos solían saber a qué atenerse. La calidad de «cristiana» quedó, como antes, estrechamente asociada a la noción de Europa, pero no bastaba para definirla íntegramente. Si Europa implica el cristianismo como elemento espiritual de base (y para subrayarlo se hablará de la «Europa cristiana»), también es, sin embargo, algo distinto [3].

[2] Así, W. Fritzemeyer, *Christenheit und Europa. Geschichte des europäischen Gemeinschaftsgefühls von Dante bis Leibniz*, Munich y Berlín, 1931.
[3] Para una exposición más amplia que la que aquí sólo podemos esbozar, cfr., en particular, aparte la obra ya citada de Fritzemeyer, H. Gollwitzer: *Europabild und Europagedanke. Beiträge zur deutschen Geschichte des 18. und 19. Jahrhunderts*, Munich, 1951, y «Zur Wortgeschichte und Sinndeutung von *Europa*», *Saeculum*, Freiburg y Munich, II (1951), págs. 161-172; E. Rosenstock-Huessy, *Die europäischen Revolutionen und der Charakter der Nationen*, nueva edición, Stuttgart y Colonia, 1951; D. Hay, *Europe: The Emergence of an Idea*, Edimburgo, 1957; C. Curcio, *Europa. Storia di un'idea* 2 vols., Florencia, 1958; F. Chabod, *Storia dell'idea d'Europa*, edición al cuidado de E. Sestan y A. Saitta, Bari, 1961 (trad. castell., por J. M. Gimeno, Madrid, 1967); D. de Rougemont, *Vingt-huit siècles d'Europe. La conscience*

Sería erróneo creer que la pluralidad confesional, consagrada precisamente en el plano jurídico-internacional por la Paz de Westfalia, había roto todo sentimiento profundo de unidad en los pueblos europeos, como podría darlo a suponer el encarnizamiento de las anteriores guerras de religión. Veremos por el contrario que en el plano político y jurídico este sentimiento alcanzará una forma en ocasiones extremada y exclusiva. Lo que ha cambiado, es la calidad de este sentimiento, y ha cambiado asimismo su fundamento. En lo tocante a la calidad, difiere la relación entre unidad y ·diversidad. Europa, como ha puesto muy bien de relieve Rosenstock-Huessy [4], implica una unidad en la diversidad, mientras que Occidente, en tanto que República cristiana, implicaba una diversidad en la unidad. Por ello constituía la Cristiandad medieval *grosso modo* una comunidad y Europa es una sociedad, en el sentido de la sociología contemporánea [5]. En cuanto al fundamento, si la Cristiandad tenía por sostén la fe en la Iglesia católica, Europa se basa en elementos cristianos comunes (*allgemein christlich* dirían los alemanes) y en un derecho natural que, sucediendo al de la escolástica, se autoafirma como más racional y desligado de la teología.

Desde el punto de vista político, la Europa moderna se diferencia esencialmente de la Cristiandad medieval por el hecho de ser una *pluralidad de Estados soberanos* celosos de su independencia unos respecto de otros. Y el problema fundamental va a consistir en la conciliación de esta pluralidad con las exigencias de cooperación que resultan de las relaciones de toda índole, cada vez más intensas, que el desarrollo de la civilización trae consigo. La cerrada lucha entre la tendencia centrífuga de las soberanías preocupadas por sus intereses particulares y la tendencia centrípeta de las tradiciones compartidas y los intereses comunes, ha dado su fisonomía a la Europa política y, más allá de ésta, a la sociedad internacional más amplia nacida de ella, hasta nuestros días. He aquí una razón para que insistamos en ello.

La unidad en la diversidad (que no impide a la diversidad ser el dato primario), propia de la Europa política tal y como florece en los siglos XVII y XVIII, se expresa de manera característica en el empleo de la palabra «sistema», que muy pronto se impondría para

---

européenne à travers les textes d'Hésiode à nos jours, París, 1961 (trad. castellana, *Tres milenios de Europa*, por F. Vela, Madrid, 1963); B. Voyenne, *Histoire de l'idée européenne*, París, 1964; R. H. Foerster, *Europa. Geschichte einer politischen Idee*, Munich, 1967.

[4] *Op. cit.*, pág. 38.
[5] Una y otra, evidentemente, en el sentido de los «tipos ideales» de Max Weber.

designar este conjunto. El «sistema de Estados europeo» según la fórmula alemana (*das europaeische Staatensystem*), el «sistema político de Europa» (*le système politique de l'Europe*), más en boga en la terminología francesa, serán, bajo la pluma o en boca de los iusinternacionalistas, los historiadores, los estadistas, ya un punto de partida, ya un punto de referencia; en cualquier caso, la realidad que se presupone. El mismo E. de Vattel, que en principio se sitúa en un plano universal en la perspectiva del derecho natural, escribe que «la Europa forma un sistema político y un cuerpo en el cual todo está ligado por las relaciones y los diversos intereses de las naciones que habitan esta parte del mundo. No es ya como en otro tiempo una masa confusa de piezas aisladas, cada una de las cuales se creía poco interesada en la suerte de las demás y rara vez se curaba de lo que no la afectaba inmediatamente. La atención continua de los soberanos en todo lo que pasa, la continua residencia de los ministros y enviados, y las negociaciones perpetuas hacen de la Europa moderna una especie de república, cuyos miembros independientes, pero ligados por el interés común, se reúnen para mantener en ella el orden y la libertad. Esta reunión es la que ha producido la famosa idea de la balanza política o del equilibrio del poder por el cual se entiende aquella disposición de las cosas, por cuyo medio ninguna potencia se encuentra en estado de predominar abiertamente, y de imponer la ley a las demás» [6].

Voltaire, sobre todo, nos ha dejado, en una célebre página de su historia del siglo de Luis XIV (capítulo II), un cuadro extraordinariamente vívido de esta compleja realidad política: «Hacía ya bastante tiempo que se podía mirar a la Europa cristiana (exceptuada Rusia) como una especie de gran república dividida en varios Estados, monárquicos unos, y otros mixtos; aristocráticos éstos, populares aquéllos, pero todos correspondiendo entre sí; todos teniendo los mismos principios de derecho público y de política, desconocidos en las restantes partes del mundo. En virtud de estos principios, las naciones europeas no hacen esclavos a sus prisioneros, respetan a los embajadores de sus enemigos, se conciertan acerca de la preeminencia y algunos derechos de ciertos príncipes, como el emperador, los reyes y otros potentados menores, y se ponen de acuerdo sobre todo respecto de la sabia política de guardar entre sí hasta donde cabe hacerlo una balanza igual de poder, empleando sin cesar las negociaciones, incluso en medio de la guerra, y manteniendo cada una

[6] *Le droit des gens, ou principes de la loi naturelle appliqués à la conduite et aux affaires des nations et des souverains* (1758), T. III, cap. III, § 47: «De l'équilibre politique». (Trad. cast., por M. M. PASCUAL HERNÁNDEZ, Madrid, 1834, tomo II, pág. 45).

en las demás, embajadores o espías menos honorables que pueden poner sobre aviso a todas las cortes acerca de los designios de una sola, dar a la vez la alarma a Europa, y garantizar a los más débiles ante las invasiones que el más fuerte está siempre dispuesto a emprender»[7].

Se habrá advertido, en uno y otro caso, que esta noción de «república» europea comprende tres elementos esenciales: un derecho público común en tanto que vínculo normativo del conjunto, un «equilibrio» o «balanza» de poder en tanto que principio de funcionamiento (no cabe decir de «organización»), y por último una diplomacia permanente en tanto que instrumento de la cooperación en la competición, incluso en la lucha.

Se observará igualmente que si Vattel y Voltaire se complacieron en poner de relieve en la Europa que describen, el elemento de la solidaridad —como ya hiciera Montesquieu en sus *Cahiers*[8], al afirmar que «Europa es un Estado compuesto por varias provincias»—, el autor de *Candide* no dejó de evocar, con su acostumbrada ironía, el carácter precario de este vínculo. Tal vínculo, en efecto, viene puesto constantemente en cuestión según las necesidades de un equilibrio que es inestable por definición y encuentra su expresión en alianzas movedizas, con giros (*renversements*) a veces espectaculares.

El sistema de Estados europeo, aunque conoció repúblicas, era *preponderantemente monárquico*. Esto tuvo como resultado la escasa participación de los pueblos y las naciones en las relaciones internacionales. La dirección de éstas quedaba reservada a los príncipes y a sus ministros. Ahora bien, la preocupación primaria de unos y de otros era el interés dinástico, identificado con el del Estado. Se ha hablado ciertamente de la peculiar solidaridad de las monarquías, surgida de los lazos de familia que las unían. Voltaire, una vez más, mostró sus límites en una página de *Le siècle de Louis XIV* donde subraya precisamente que los lazos del parentesco no impidieron en modo alguno a los soberanos estar perpetuamente en guerra unos con otros[9]. A lo sumo, dicha circunstancia atenuó las enemistades, que no se basan todavía en el factor pasional del sentimiento nacional o incluso del nacionalismo, como sucederá en los siglos XIX y XX. De ahí que la «política de gabinete» y la «diplomacia clásica»[10]

---

[7] VOLTAIRE, *Oeuvres historiques*, texto establecido, anotado y presentado por R. POMEAU, París, 1957 (Bibliothèque de la Pléiade), págs. 620-621.
[8] Edic. de B. Grasset, París, 1941, pág. 109.
[9] *Le siècle de Louis XIV*, cap. XVI (edic. citada, pág. 785).
[10] Cfr., la excelente descripción dada por P. R. ROHDEN, *Die klassische Diplomatie*, Leipzig, 1939 (trad. cast., *Esplendor y ocaso de la diplomacia clásica*, Madrid, 1942).

presenten este carácter hermético y de frío cálculo que nos autoriza
a ver en ellas el reflejo de una concepción política *more geometrico*
en consonancia con el racionalismo ambiental, bajo el signo de la
«razón de Estado».

Esta primacía del interés de cada Estado en particular ilustra el
carácter societario y no comunitario, en otros términos el carácter
individualista (aquí los «individuos» son los Estados) del sistema,
que perdurará en la época siguiente. No podía ser de otro modo.
La Europa dinástica de entonces era una simple «Europa de los Estados». Es mérito de un historiador alemán de la época, A. H. L.
Heeren (1760-1842), el haberlo destacado en la magistral introducción a su «Tratado de historia del sistema de Estados europeo y de
sus colonias»[11]. Heeren, en efecto, vio muy bien que si los nuevos
vínculos, más estrechos y diversos, entre los antiguos Estados, per-
mitían «considerar a Europa en este sentido como un *sistema de
Estados*, cuya historia es susceptible de seguirse como un todo»[12];
«el *carácter general* de este sistema de Estados era [...] su *libertad interior*, es decir, la autonomía e independencia recíproca de sus miembros»[13].

El *derecho público europeo* (*droit public de l'Europe, jus publi-
cum Europaeum*), también llamado —especialmente por los publi-
cistas germanos— «derecho de gentes europeo» (*europäisches Völkerrecht*), ha sido la base del derecho internacional «clásico», que
ha permanecido en vigor prácticamente hasta la primera guerra mundial. Sus cimientos fueron puestos por la Paz de Westfalia (1648),
no sólo por cuanto los tratados de Muenster y Osnabruck convirtieron la constitución del Imperio en asunto europeo, sino también (y
aún más) porque fueron el punto de partida de toda una serie de
tratados posteriores que a ellos se refieren y se enlazan expresamente unos a otros, formando un verdadero *corpus iuris gentium*
europeo.

No se trata de exponer aquí, siquiera sumariamente o en sus
grandes líneas, este derecho público europeo, que por otra parte
ha sido recientemente objeto de importantes estudios[14], a los que nos

---

[11] *Handbuch der Geschichte des europäischen Staatensytems und seiner
Colonien*, Goettingen, 1809; 5.ª edic., 1830. La obra fue traducida, en su
época, al francés y al inglés.
[12] *Op. cit.*, pág. 9.
[13] *Op. cit.*, pág. 6.
[14] Ver en particular los trabajos de E. REIBSTEIN, «Das 'Europäische Oeffent-
liche Recht', 1648-1815», *Archiv des Völkerrechts*, 8 (1959/60), págs. 385-420,
y U. SCHEUNER, «Die grossen Friedensschlüsse als Grundlage der europäischen
Staatenordnung zwischen 1648 und 1815», en *Spiegel der Geschichte, Festschrift
für Max Braubach*, Münster/Westf., 1964, págs. 220-50.

remitimos. Sólo nos interesa en la medida en que ha sido la matriz de la que ha nacido el derecho internacional mundial de hoy.

En lo que concierne a su principio fundamental, se tiende a buscarlo en la *legitimidad* o, para emplear los términos de Heeren [15], «la santidad del estado de posesión legítima reconocida como tal», y sin la cual —señala— ningún sistema de este género podría subsistir. Pero Heeren mismo comprueba que el «reparto antijurídico» de Polonia lo destruyó prácticamente. En verdad, no parece que se deba sobrestimar el alcance del principio de legitimidad como base del derecho público europeo del Antiguo Régimen. Desempeñó evidentemente un importante papel en un mundo en el que las monarquías hereditarias y las estructuras sociales aristocráticas daban el tono. Sin embargo, no ofrece duda que fue menos estricto en el plano internacional que en el orden interno de los Estados. Antes incluso del reparto de Polonia, el «usurpador» Cromwell había sido reconocido por los soberanos, como lo serían más tarde por algunos las colonias inglesas de América sublevadas contra su rey. En cuanto a la Revolución francesa, no provocó inmediatamente una reacción concertada, un «legitimismo de política exterior bajo la forma de un frente único de la vieja Europa» [16]; fue sobre todo la ruptura del equilibrio continental por la Francia revolucionaria y napoleónica la que condujo a las sucesivas coaliciones antifrancesas. El impacto de las ideas revolucionarias y del bonapartismo había sido, sin embargo, tan pronunciado que reforzó el principio de legitimidad como base del orden internacional después del congreso de Viena, pero por un tiempo relativamente corto, ocultando mal, por otra parte, la energía verbal puesta a su servicio el hecho de hallarse ahora a la defensiva frente al principio ascendente de las nacionalidades. Incluso entonces, Gran Bretaña no lo aceptó plenamente.

En la práctica internacional, la legitimidad se inclinó oportunamente ante la *efectividad* de las situaciones establecidas. Lo hizo con tanta mayor facilidad cuanto que la guerra, sometida a ciertas formalidades, era un medio normal de la política, la política llevada con medios diferentes, según la fórmula clásica de Clausewitz, —en otros términos, el instrumento principal de la adaptación del derecho positivo a las circunstancias cambiantes del medio internacional. Una vez más, podemos ver en Voltaire a un intérprete incisivo de esta realidad: «entre los reyes, la conveniencia y el derecho del más fuerte hacen las veces de la justicia» [17]; «son las victorias las

---

[15]   *Op. cit.*, pág. 12.
[16]   Rohden, *op. cit.*, según la mencionada traducción castellana, pág. 64.
[17]   *Le siècle de Louis XIV*, cap. VIII (*loc. cit.*, pág. 696).

que hacen los tratados» [18]. Añadamos que este papel de la efectividad seguirá siendo una constante de la sociedad internacional, a través de su expansión, hasta nuestra época. Consecuencia del carácter individualista del derecho internacional clásico, no podrá limitarse de raíz más que en el seno de una sociedad internacional verdaderamente organizada.

Por otra parte, el concepto de «Antiguo Régimen» cubre una realidad que, en la época que estamos considerando, es propiamente «continental», y en el continente mismo se diversifica en el espacio y en el tiempo: se mantendrá *grosso modo* más tiempo en la Europa central y oriental y en la Península Ibérica que en los países de la Europa occidental al norte de los Pirineos, después de la Revolución francesa. Ya en el siglo XVII, mientras que aquí el absolutismo de los monarcas y de los príncipes territoriales se consolidaba y preparaba el «despotismo ilustrado» de la época de las Luces, Inglaterra (para atenernos a una gran potencia y dejando de lado el caso de las Provincias Unidas) había conocido dos revoluciones (1645-49, 1688), la primera de las cuales costó la vida al rey. Se había erigido, principalmente con la promulgación del Acta de *habeas corpus* (1679) y la Declaración de derechos (1689), en prototipo de monarquía parlamentaria y liberal, llamada a ejercer una influencia decisiva sobre la evolución política ulterior tanto en la esfera constitucional interna como en el plano internacional. Desde este punto de vista, el hecho de que el sistema europeo de Estados haya conocido su primera ampliación —una ampliación que significaba en el fondo una superación— en la América inglesa, es simbólico con respecto a lo que la sociedad inglesa encerraba de progresivo.

Esta alusión a América viene muy a propósito a atraer nuestra atención sobre un aspecto de la evolución de la sociedad europea que hasta ahora, aunque a título provisional, hemos dejado a un lado. Hemos considerado, en efecto, el proceso de transformación interna de la Europa cristiana al comienzo de los tiempos modernos. Ahora bien, la Europa cristiana no vivía aislada. Tenía junto a ella al *Islam*. Acabada la era de la «guerra santa» y de las cruzadas a pesar de la persistencia de llamadas en pro de su reanudación, cada vez menos escuchadas, Europa mantenía con él relaciones diversas, no sólo bélicas. En este aspecto, el sistema de Estados europeo había heredado de la *Res publica christiana* una tradición de luchas, pero también de intercambios de toda índole con el mundo musulmán del norte de Africa y del Cercano Oriente. En el siglo XV, en vísperas

[18] *Ibid.*, cap. XXII *(loc. cit.,* pág. 866).

de la expansión oceánica de la Europa occidental, la toma de Constantinopla por los Turcos Otomanos (1453), dueños ya de gran parte de los Balcanes, favoreció una profunda penetración del Islam hasta el corazón de la Europa central, de donde sólo a partir del siglo XVII empezó a verse constreñido a retroceder.

No hay nada extraño en que este contacto secular diera origen a un derecho de gentes que, si bien no podía colocarse, por una y otra parte, al mismo nivel que el que regulaba las relaciones con los correligionarios respectivos, no dejaba de constituir un verdadero puente, permitiendo superar la diversidad moral y religiosa que separaba a los dos mundos. Lo hacía sobre la base (implícita o explícita) de un orden natural y común de coexistencia, válido incluso para los «infieles» [19]. Tratábase de un derecho de gentes impuesto a cristianos y musulmanes por la necesidad de vivir juntos después de haber intentado en vano avasallarse mutuamente, y cuyas reglas eran más laxas que las que observaban los cristianos entre sí (por ejemplo, se admitía la reducción a esclavitud de los respectivos prisioneros de guerra).

Pero no es este contexto el que más nos interesa en este momento, ya que volveremos sobre él en un próximo capítulo. Si el sistema de Estados europeo había recibido de la Cristiandad medieval la herencia de esta coexistencia con el Islam, debía tan sólo a su iniciativa y a su dinamismo, en cambio, otra dimensión de su acción exterior: la fabulosa *ampliación de su horizonte geográfico y humano*. Por lo que se refiere a las potencias atlánticas, sus marinos descubrieron, por una parte, un nuevo mundo [20], y por otra, nuevas vías marítimas de acceso a los grandes núcleos de civilización del Asia meridional y sudoriental. En cuanto a Rusia, reemprendía en sentido inverso las antiguas rutas de las invasiones mongólicas, hasta el Océano Pacífico y los confines de China. En una palabra: si la

[19] Sobre la evolución de las doctrinas y de la práctica, cfr. especialmente H. KIPP, *Völkerordnung und Völkerrecht im Mittelalter*, Colonia, 1950; G. VISMARA, «*Impium foedus*». *La illiceità delle alleanze con gli infedeli nella Respublica Christiana medioevale*, Milán, 1950; L. WECKMANN, *El pensamiento político medieval y las bases para un nuevo derecho internacional*, México, 1950; en lo que concierne más directamente al Islam: A. RECHID: «L'Islam et le droit des gens», *Rec. des cours*, 60 (1937-II), págs. 375-505; M. KHADDOURI, *The Law of War and Peace in Islam*, Londres, 1940; nueva edición, 1955; H. KRUSE, «Islamische Völkerrechtslehre», *Saeculum*, Freiburg y Munich, V (1954), págs. 221-241; S. MAHMASSANI, «The Principles of International Law in the Light of Islamic Doctrine», *Rec. des cours*, 117 (1966-I), págs. 205-328.

[20] El hecho de que el litoral del noreste de América fuese conocido por los marinos escandinavos no altera en nada el otro, consistente en que este continente se incorporó efectivamente a la *oikumene* tras los viajes de Cristobal Colón.

Res publica christiana medieval había sido esencialmente mediterránea, gravitando en torno a Italia y la Europa central, el sistema de Estados europeo ha sido esencialmente oceánico y continental a la vez, y centrado sobre la Europa occidental y norteoriental.

Esta expansión no alteró, sin embargo, el carácter europeo del nuevo sistema de Estados, por cuanto el Ultramar no fue positivamente incorporado al mismo. Y llegados a este punto, hay que distinguir nítidamente la expansión europea en el Nuevo Mundo y más tarde en Oceanía, de la que tuvo como objetivo a Asia. (Africa al sur del Sáhara, salvo ciertas zonas costeras y periféricas, no será realmente explorada y dominada o sometida hasta el siglo xix e incluso el xx).

Consideremos por de pronto la expansión de los Estados marítimos de la Europa occidental en el hemisferio occidental. Dio lugar a una amplia *ocupación y europeización del continente americano.* Este fue colonizado y poblado desde las respectivas metrópolis en proporciones que, por lo demás, variaron mucho (o iban a variar mucho con el tiempo) de una región a otra, y según modalidades que dependían de sus tradiciones políticas peculiares. Así surgió esa «América colonial», que reflejaba el dualismo religioso y cultural de la Europa occidental y central: la parte meridional era hispanoportuguesa y católica; la del norte, predominantemente anglo-germánica y protestante, si bien incluía elementos latinos y católicos que España (California, Texas, Florida) y Francia (Canadá, Luisiana) habían introducido. Incluso allí donde, en América del norte, tratados con los indígenas vinieron ocasionalmente a suministrar una legitimación formal a la ocupación, tales acuerdos son difícilmente comparables a los que los Estados europeos concertaban o concertarían con las potencias no cristianas en Africa del norte o en el sur y el sureste de Asia, dada la superioridad de medios de los colonizadores [21]. En todo caso, el conjunto de estos territorios pasó de una u otra forma bajo la dominación europea. Lo mismo ocurrió por lo que se refiere a Siberia y a Oceanía. Esta situación iba no sólo a no modificar la noción de un derecho público o derecho de gentes propio de Europa, sino que, por el sesgo colonial, favorecería su desarrollo. Y esto, como más adelante veremos (capítulo IV), en oposición a los primeros teóricos del derecho de gentes moderno.

Hemos dicho anteriormente que la expansión de las potencias

---

[21] Sobre este tema, cfr., en particular R. Octavio, «Les sauvages américains devant le droit», *Rec. des cours,* 31 (1930-I), págs. 181-291; y G. Langrod, «Les traités des Indiens d'Amérique du Nord entre 1621 et 1871», en la obra colectiva *La Paix,* 2.ª parte, vol. XV de los *Recueils de la Société Jean Bodin pour l'histoire comparative des institutions,* Bruselas, 1961, págs. 415-448.

marítimas de Occidente en Asia tuvo un carácter diferente. Porque allí, puso a los europeos en presencia de sociedades, algunas de las cuales poseían un grado de organización y una capacidad de resistencia considerables, así como un alto nivel de civilización a veces antiquísima. Los europeos pudieron ciertamente establecer su dominación en ciertas zonas periféricas (océano Indico, islas Filipinas, islas de la Sonda). En conjunto, tuvieron que tratar con los soberanos locales y negociar con ellos de igual a igual, o incluso, como en el caso de China (según veremos más adelante) admitir un supuesto de inferioridad por su parte. El resultado de todo ello fue la formación de un verdadero *derecho de gentes particular entre las potencias europeas* (que actuaban frecuentemente por medio de compañías mercantiles dotadas de un estatuto jurídico privilegiado) *y las potencias asiáticas*. Este derecho, menos desarrollado que el derecho de gentes europeo, iba a llevar una existencia paralela al margen de éste hasta mediados del siglo XIX, y tendremos ocasión de considerarlo más de cerca en un capítulo posterior. De momento, retendremos el hecho de que no alteró en su esencia el sistema de Estados europeo y el orden jurídico que lo regulaba en mayor medida que las reglas de coexistencia con el Islam mediterráneo y la constitución de los primeros imperios coloniales en América, de los que los establecimientos europeos de entonces en la costa occidental de Africa fueron como la prolongación en tanto que proveedores de esclavos negros.

El ciclo de las guerras de la Revolución francesa y del Imperio napoleónico dio origen, «desde el interior» por así decirlo, a una evolución del sistema europeo de Estados que, como en el caso de la crisis de la Cristiandad medieval y de la aparición del sistema mismo, se conjugaría con el impacto de acontecimientos que tenían lugar en el exterior. Con la vuelta a un equilibrio más complejo, se hizo sentir un acentuado deseo de prevenir nuevas guerras, al menos guerras generales. Así se estableció el *Concierto europeo (Concert européen, Concert of Europe)*, dirigido por el Directorio de las grandes potencias (Concierto de las Potencias), al que la Francia vencida se reincorporó en 1818 en el congreso de Aquisgrán. Si en un principio la acción conjunta de las potencias fue concebida por la Santa Alianza (26 de septiembre de 1815) como instrumento al servicio del *status quo,* el Concierto europeo sobrevivió a la misma. No nos corresponde ocuparnos aquí en particular del Concierto europeo y de su acción [22]. Nos bastará con recordar que fue el primer paso, en verdad tímido (pero ¿se podía ir de golpe más allá, y por lo demás, van mucho más lejos ciertas fórmulas actuales de unión europea?) hacia una organiza-

---

[22]   Cfr. *infra,* II parte, cap. 2.

ción de la sociedad internacional. El término «concierto» tiene sin duda alguna un sentido más preciso de la unidad de acción que «sistema». Es sabido que el medio al que se recurrió, fue la reunión frecuente de congresos («sistema de los congresos»). Es también sabido que su fracaso, en el último tercio del siglo XIX, después de los cambios introducidos en el mapa político de Europa por el principio de las nacionalidades (con el que nos encontraremos de nuevo en el próximo capítulo), y luego, del advenimiento del imperialismo y de las rivalidades coloniales a una escala verdaderamente mundial, desembocaría en la «paz armada» y en la primera guerra mundial.

Capítulo 2

DEL SISTEMA DE ESTADOS EUROPEO AL SISTEMA DE ESTADOS DE CIVILIZACION CRISTIANA

Un nuevo mundo político. La revolución americana y el derecho internacional. América como sistema de Estados. Sistema americano y Concierto europeo. El problema del «derecho internacional americano» y del panamericanismo.

La primera alteración que conoció el sistema de Estados europeo como tal tuvo lugar con la *secesión de las trece colonias inglesas de América*. Tras haber proclamado su independencia el 4 de julio de 1776, concluyeron, el 6 de febrero de 1778, un tratado de amistad y comercio y un tratado de alianza con Francia, que, indirectamente, implicaría a España [1], y, en 1782, un tratado de comercio con las Provincias Unidas, en guerra con Gran Bretaña desde hacía dos años. Las colonias fueron reconocidas definitivamente como nuevo Estado independiente por la antigua metrópoli por el tratado de paz de París del 3 de septiembre de 1783.

El acceso a la independencia de estas colonias, que, bajo el régimen de los Artículos de confederación y de unión perpetua (adoptados en 1776-1777, pero no ratificados hasta 1781), tomaron el nombre de Estados Unidos reunidos en Congreso *(United States, in*

[1] Una disposición secreta preveía la eventualidad de la adhesión de España, unida a Francia por los «pactos de familia». Por el tratado de Aranjuez del 12 de abril de 1779, España se alió a Francia contra Gran Bretaña, aunque no se hacía ninguna referencia expresa a las colonias sublevadas.

Congress Assembled) para convertirse simplemente en los Estados Unidos (*United States*) con la entrada en vigor de la constitución federal de 1787, reviste una importancia capital en la historia de las relaciones internacionales. En efecto, marca el momento en que el sistema europeo de Estados empieza a perder su carácter puramente europeo.

El ejemplo de las colonias inglesas del norte sería seguido algunos decenios más tarde en la parte meridional del continente, dando lugar igualmente a guerras de secesión, en un principio por Haití (1801-1804), a continuación por las colonias españolas (1808-1825), mientras que Brasil rompía con Portugal sin conflicto armado (1822). La independencia de las colonias españolas, conquistada a pulso de 1817 a 1824 tras una larga lucha, cuya primera fase (1808-1815) resultara favorable a la metrópoli, lo fue en el plano jurídico a partir del reconocimiento de la Gran Colombia y de México por los Estados Unidos en 1822. Gran Bretaña siguió la misma vía dos años más tarde (Orden del Gabinete de 31 de diciembre 1824). España, por su parte, esperó hasta 1836 para inclinarse ante el hecho consumado: un decreto de las Cortes del 4 de diciembre autorizó el reconocimiento de las nuevas repúblicas americanas, y el primer tratado se firmó con México (28 de diciembre), comienzo de una larga serie que se escalonaría hasta fines de siglo. En lo concerniente a Haití y Brasil las cosas tomaron un cariz más rápido; fueron reconocidos como Estados independientes por sus antiguas metrópolis en 1825.

En unos cuarenta años el Nuevo Mundo había rechazado la dominación de Europa, transformándose en un nuevo mundo político. Sólo subsistía un estatuo colonial en su parte más septentrional (Canadá, que permaneció fiel a la Corona británica y futuro *dominion;* Alaska, en poder de Rusia hasta 1867) y en algunas zonas del centro y del sur, ya en tierra firme (territorio de Belice u Honduras británica; Guayanas británica, holandesa y francesa), ya en las islas (Cuba y Puerto Rico, españolas hasta 1898; Antillas británicas y francesas; islas Malvinas o Falkland desde 1833). Como hubo de comprobar un contemporáneo, el historiador y politólogo alemán K. H. L. Pölitz, en una obra consagrada a «los sistemas de Estados de Europa y de América desde 1783», el tratado que puso fin a la guerra de secesión de las trece colonias inglesas de la costa oriental de América del Norte tuvo como primer resultado, e incluso como resultado principal, sentar las bases de un sistema de Estados propio del «cuarto continente» [2]. Si tenemos en cuenta el hecho de que entre la eman-

---

[2] *Die Staatensysteme Europas und Amerikas seit dem Jahre 1783*, Leipzig, 1826, t. I, pág. 123.

cipación de estas colonias y la de Haití, del Brasil y de las colonias españolas, en Europa tienen lugar la Revolución francesa, el Imperio napoleónico y la Restauración, podremos licítamente ver en este período más que una crisis, una autétntica revolución del medio internacional. A pesar de los esfuerzos de la Santa Alianza, tras el Congreso de Viena, para volver al pasado en la medida en que esto parecía aún posible, la época en cuestión asiste al fin del Antiguo Régimen en el plano internacional especialmente como consecuencia de los acontecimientos que tuvieron como escenario América.

La Revolución americana proclamó el *derecho de los pueblos a disponer de sí mismos* y se hizo en su nombre. Asestó un golpe decisivo al principio de la legitimidad dinástica. A este respecto la Declaración de independencia es formal. Para sus autores es una verdad evidente en sí que los hombres, habiendo sido «creados iguales» y «dotados por su Creador de ciertos derechos inalienables» (entre los cuales destacan la vida, la libertad y· la búsqueda de la felicidad), han establecido, para asegurarse el disfrute de estos derechos, «unos gobiernos cuyos justos poderes emanen del consentimiento de los gobernados»; y que «siempre que una forma cualquiera de gobierno se convierta en destructora de estos fines, el pueblo tiene el derecho de cambiarla o abolirla». En consecuencia, «los representantes de los Estados Unidos de América, reunidos en Congreso general», publican y declaran solemnemente, «en el nombre y con la autoridad del buen pueblo de estas Colonias», «que estas Colonias Unidas son y tienen el derecho de ser Estados libres e independientes; que se encuentran liberadas de toda obediencia hacia la Corona británica, y que todo lazo político entre ellas y el Estado de Gran Bretaña es y debe ser disuelto totalmente: y que como Estados libres e independientes, tienen pleno poder de hacer la guerra, concluir la paz, contraer alianzas, establecer el comercio y hacer todos los demás actos y cosas que los Estados independientes tienen el derecho de hacer». A la legitimidad dinástica, la antigua legitimidad a secas, se opuso de esta forma una nueva *legitimidad democrática* basada en el libre consentimiento del pueblo, tanto en el plano interior como en el exterior. En el curso de los siglos XIX y XX esta legitimidad democrática será llamada a convertirse a su vez en legitimidad a secas, que incluso sus adversarios terminarán por invocar, pretendiendo realizarla a su manera.

La simple lectura de la Declaración de independencia nos revela su fundamento intelectual. No es otro que la teoría del contrato social, especialmente tal como había sido formulada en el espíritu del liberalismo, por John Locke. Si al comienzo de sus dificultades con la Corona los colonos recurrieron sobre todo a argumentos extraídos del mismo derecho positivo inglés, no podían en el curso de su lucha dejar de invocar las doctrinas de los derechos naturales del hombre, de la soberanía popular y del derecho de revolución, recibidas directamente del autor de los dos *Ensayos sobre el gobierno civil,* a cuya influencia es preciso añadir, por otra parte, la de la religiosidad puritana y la de los teóricos (ingleses o continentales) del derecho natural y de gentes [3].

La invocación del derecho de los pueblos a disponer de sí mismos con un fin secesionista tenía ciertamente precedentes en Europa. Lo encontramos en el fondo de las reivindicaciones de los cantones suizos y, sobre todo, de las Provincias Unidas, con respecto a Austria y España respectivamente. Este derecho tenía, en efecto, unas raíces medievales que pudo hacer olvidar la doctrina del «derecho divino de los reyes», cuando se consolidó el poderío real en el Estado soberano. La filosofía de las Luces, al atribuirle una nueva expresión, lo dotó de un carácter más general y radical, eliminando sus aspectos medievales, y en particular su sello estamental, y poniendo más de relieve el papel del individuo. Poco después de la Revolución americana, la Revolución francesa acentuó aún más esta tendencia y marcó con este hecho el movimiento de emancipación de América Latina, del que podemos decir de una manera general que, sin ignorar el pensamiento inglés y sus desarrollos norteamericanos, sus promotores se sintieron especialmente afectados por las fórmulas de la Francia de 1789, a las cuales la herencia colonial española dio una coloración específica [4].

Puede considerarse como característica la declaración de independencia votada el 9 de julio de 1816 por el Congreso de las Provincias Unidas del Plata, reunido en Tucumán desde el 24 de marzo: «Nos los Representantes de las Provincias Unidas en Sudamérica,

[3] Sobre los orígenes intelectuales y la filosofía política de la revolución americana, cfr. especialmente las obras generales de C. E. MERRIAM, *A History of American Political Theories,* Nueva York, 1903; R. G. GETTELL, *History of American Political Thought,* Nueva York y Londres, 1928; J. M. JACOBSON, *The Development of American Political Thought. A Documentary History,* Nueva York y Londres, 1932; y, entre los estudios particulares, R. G. ADAMS, *Political Ideas of the American Revolution,* Durham, 1922; R. McELROY, «The Theorists of the American Revolution», *The Social and Political Ideas of Some Representative Thinkers of the Revolutionary Era,* ed. by F. J. C. HEARNSHAW, Londres, 1931, págs. 11-23; E. BARKER, «Natural Law and the American Revolution», en su obra *Traditions of Civility,* Cambridge, 1948, páginas 263-355; G. BRUNI ROCCIA, *La dottrina del diritto naturale in America. Le origini. Puritanismo e giusnaturalismo,* Milán, 1950.

[4] Cfr. F. J. URRUTIA, *Le Continent Américain et le droit international,* París, 1928, págs. 9-12.

reunidos en Congreso General, invocando al Eterno que preside al Universo, en el nombre y por la Autoridad de los Pueblos que representamos, protestando al Cielo, a las Naciones y hombres todos del Globo, la Justicia que regla nuestros votos: Declaramos solemnemente a la faz de la Tierra, que es voluntad unánime e indubitable de estas Provincias romper los violentos vínculos que las ligaban a los Reyes de España, recuperar los derechos de que fueron despojadas, e investirse del alto carácter de una Nación libre e independiente...»[5].

En todo caso, el derecho de los pueblos a disponer de sí mismos —o, en otros términos, el derecho de autodeterminación— se afirmará cada vez más en lo sucesivo bajo su forma nueva y se revelará como un factor revolucionario de primera magnitud en relación con el orden establecido. Todavía estamos asistiendo a sus efectos.

Se advertirá a este respecto, con Théodore Ruyssen, que el empleo constante de la palabra «pueblo» por los padres de la Declaración de independencia se inscribe en una evolución característica del lenguaje[6].

Una segunda aportación de la Revolución americana consistió en la adopción de la *forma republicana de gobierno*. También aquí la Europa del Antiguo Régimen ofrecía ejemplos como los de Venecia, Génova, la Confederación Helvética, las Provincias Unidas. Pero ya Pölitz, al que hemos citado anteriormente, hizo notar que en Amé-

[5] *Las Actas de Independencia de América*, edición y nota preliminar de J. MALAGÓN, estudio de Ch. C. GRIFFIN. Sobre los orígenes intelectuales y la filosofía política de la revolución latino-americana, ver en particular B. MOSES, *The intellectual Background of the Revolution in South America, 1810-1824*, Nueva York, 1926; M. PICÓN-SALAS, *De la conquista a la independencia. Tres siglos de historia cultural hispanoamericana*, México, 1944; M. GIMÉNEZ FERNÁNDEZ, «Las doctrinas populistas en la independencia de América», *Anuario de Estudios Americanos*, Sevilla, III (1946), págs. 517-666; S. DE MADARIAGA, *El ocaso del imperio español en América*, Buenos Aires, 1955. En lo que concierne más concretamente al Brasil, cfr. G. FREYRE, *Interpretación del Brasil* (1.ª edic. en castellano, 1945; 2.ª edic. cast., México, 1964).

[6] *Les sources doctrinales de l'internationalisme*, t. II, París, 1958, cfr. páginas 637-638: «En tiempo de Luis XIV predomina la noción de *Estado;* Voltaire y Montesquieu preferirán hablar de la *Nación;* J. J. Rousseau da la primacía a la palabra *Pueblo*, término más vago, pero más dinámico, que da a entender que la masa de los súbditos toma conciencia de su fuerza frente al poder despótico. En el siglo XIX hará fortuna el término *Nacionalidad*, al que el siglo XX dará una mayor precisión cuando oponga a las mayorías étnicas las *minorías de raza, de lengua y de religión*. Todos estos términos implican, en resumen, la existencia de grupos humanos más o menos extendidos y homogéneos, que toman conciencia de sus caracteres propios y aspiran a convertirse en dueños de su destino. De todo ello resultará una desaparición progresiva del factor dinástico en las relaciones internacionales; ya no habrá «pactos de familia»; las guerras se convertirán en asunto «nacional», como los ejércitos... Es indu-

rica esta forma era más libre frente a las diferencias de estado y de condición y frente al peso de los privilegios tradicionales [7]. Por otra parte, la idea republicana adquirió allí una dimensión y una profundidad que pocas veces había alcanzado antes.

En este punto, la influencia actuante era la de un Milton y un Harrington. Es preciso mencionar muy especialmente el papel del panfleto de Thomas Paine, *The Common Sense*, publicado sin el nombre del autor en Filadelfia en 1776. De hecho todos los nuevos Estados que se constituyeron a continuación en América del Centro y del Sur fueron repúblicas salvo en el Brasil, que gozó de un régimen monárquico (bajo forma de Imperio constitucional) hasta 1889.

Ahora bien, nutridas por la tradición inglesa del *self-government*, las repúblicas americanas del norte establecieron, como hemos visto, un vínculo confederal que se transformó rápidamente en federal. De esta forma, el *federalismo* es otro rasgo característico de la realidad estatal del Nuevo Mundo. Sirvió más tarde de modelo a las repúblicas del sur. No obstante, aquí la evolución sería diferente y, por otra parte, diversa según las regiones. La América hispánica no logró —en un contexto geográfico, social y político poco favorable— formar el «cuerpo anficciónico» con el que soñaba Simón Bolívar, y que la creación de la Gran Colombia y de las Provincias Unidas de América central parecía haber iniciado. El fracaso del congreso de Panamá (1826), tan acerbo para el libertador, y provocado no sólo por la hostilidad inglesa y la reserva de Estados Unidos, sino también por la frialdad de determinados países suramericanos, fue el preludio del fraccionamiento del antiguo conjunto colonial, y por de pronto, de la disgregación de las dos entidades mencionadas. En este vasto espacio, el federalismo se instauró sencillamente en el seno de varios de los nuevos Estados (México, Colombia, República del Río de la Plata, Venezuela). Por el contrario, Brasil consiguió salvaguardar en el marco federativo la unidad de su pasado colonial.

Tampoco se trataba a este respecto de un fenómeno nuevo en sí, ya que la Confederación Helvética y las Provincias Unidas tenían una estructura federal. La novedad consistía en el hecho de que América realizó el federalismo a una escala incomparablemente más amplia. Sin olvidar, naturalmente, la contribución doctrinal que representa *The Federalist* de Alexander Hamilton, James Madison y John Jay.

Las circunstancias de la emancipación del Nuevo Mundo explican la *proporción de discontinuidad y de continuidad* que podemos com-

___

dable que la Revolución americana se encuentra en el punto de partida de esta dramática evolución».

[7] Obra citada, t. I, pág. 130.

probar entre la vida internacional de la joven América independiente y el sistema europeo de Estados.

La emancipación de los nuevos Estados constituyó en el fondo lo que hoy llamaríamos una «descolonización» que, salvo en el caso de Brasil, tuvo lugar tras luchas con frecuencia encarnizadas y, en todo caso, largas. En una palabra, hubo enfrentamiento y ruptura. Esto iba a determinar durante algún tiempo una actitud fundamental de desconfianza, incluso de oposición entre los dos mundos. A este respecto, cabe hablar de la formación de dos «sistemas de Estados» (es, por otra parte, lo que había hecho Pölitz, como hemos visto, en los años 20 del pasado siglo). Pues bien, lo que en un principio atrajo la atención fueron sobre todo las diferencias. Recordemos las más notorias.

En primer lugar, la forma republicana de gobierno y el principio democrático como base del Estado (bajo las reservas que, incluso después de la emancipación de los negros, se imponen, particularmente en lo que concierne a América latina, dadas las estructuras sociales cada vez más caducas que la conducirán a oscilar por doquier entre la tendencia a la oligarquía y dictaduras de signos diversos) se despegan de la forma monárquica predominante en Europa y de la inspiración legitimista de la Santa Alianza. El recrudecimiento de la lucha en el imperio español, que hemos constatado a partir de 1817, coincidió precisamente, en Europa, con el triunfo de las ideas legitimistas a raíz de la derrota de la Francia napoleónica. Sabemos que, en su celo por mantener el orden tal como había sido restablecido según sus deseos, y para impedir una renovación de las ideas de la Revolución francesa, la Santa Alianza elevó la intervención desde el rango de expediente político al de una institución al servicio de los tronos amenazados, y para prevenir precisamente toda veleidad de intervención de las potencias continentales a favor de España en su tentativa de reconquista, el presidente Monroe envió al Senado estadounidense su célebre mensaje del 2 de diciembre de 1823 en el que formulaba lo que más tarde se ha llamado la «doctrina de Monroe», sabiendo muy bien que contaba con la connivencia y eventual apoyo naval británico [8].

La *doctrina Monroe* presenta un doble aspecto. Por un lado, proclama que el continente americano ya no puede ser considerado como tierra de colonización por los Estados europeos. Por otro, excluye toda intervención, ya sea de los Estados Unidos en las colonias europeas subsistentes, ya sea de los Estados europeos en las colo-

---

[8] Es sabido que Canning, ministro inglés de Asuntos Exteriores, había propuesto una declaración conjunta; y que, por otra parte, presionó a Francia para disuadirla de toda intervención.

nias reconocidas como Estados independientes por los Estados Unidos, ya, finalmente, —siguiendo una tradición bien establecida y sancionada por la autoridad de George Washington en su «mensaje de adiós» *(Farewell Address)* de 1796— de los Estados Unidos en las guerras europeas. América pretendía ser una tierra de libertad y de paz, y muchos europeos la veían así, frente a una Europa despótica y de espíritu belicoso. Para no «contaminarse», profesaba un aislacionismo al que los Estados Unidos se atendrían hasta alcanzar el estadio del imperialismo. Incluso entonces, en lo concerniente a Europa fueron en el fondo «implicados» en las dos guerras mundiales de nuestro siglo [9]. Permanecieron al margen de la Sociedad de Naciones y sólo con ocasión de la segunda guerra mundial asumieron sus responsabilidades mundiales.

La vida internacional de los dos continentes se diferencia igualmente, en esta primera fase, por la actitud tomada con respecto a problemas particulares, como el reconocimiento, en el que evidentemente las situaciones de hecho tienen allí un peso mayor que aquí (al menos en teoría), o la solución pacífica de los conflictos, en particular el arbitraje, que la tradición federal americana favorecería [10]. No podemos silenciar, por ejemplo, la importancia del tratado firmado por los Estados Unidos con Gran Bretaña el 19 de noviembre de 1794, llamado el *Jay Treaty,* al que siguieron otros, para el desarrollo de las comisiones arbitrales [11].

La idea de que en Europa y en América existían dos sistemas de Estados separados por algo más que por el Océano Atlántico parecía, pues, responder a una realidad. Es un hecho que los Estados

[9] Sobre la doctrina de Monroe y sus vicisitudes históricas, nos remitimos a las exposiciones clásicas de H. KRAUS, *Die Monroe-Doktrin in ihren Beziehungen zur amerikanischen Diplomatie und zum Völkerrecht,* Berlín, 1913; A. ÁLVAREZ, *The Monroe Doctrine. Its Importance in the International Life of the States of the New World,* Nueva York, 1924; C. BARCIA TRELLES, «La doctrine de Monroe dans son développement historique, particulièrement en ce qui concerne les relations interaméricaines», *Rec. des Cours,* t. 59 (1937-I), páginas 229-313; D. PERKINS, *A History of the Monroe Doctrine,* Boston, 1955. Cfr., por lo demás G. CHINARD, «Les origines historiques de la doctrine de l'isolement aux Etats-Unis», *Rec. des cours,* t. 59 (1937-I), págs. 229-313.

[10] Ver por ejemplo, G. DIETZE, «Der *Federalist* und die Friedensfunktion des Föderalismus», *Jahrbuch des öffentlichen Rechts,* Neue Folge, 7 (1958), páginas 1-47. Para una visión de conjunto, cfr. G. STADTMÜLLER, *Pensamiento jurídico e imperialismo en la historia de Estados Unidos de América,* traducción castellana de F. CABALLERO, Madrid, 1962, cap. 6.

[11] Ver S. F. BEMIS, *Jay's Treaty. A Study in Commerce and Diplomacy,* 1923; edic. rev., New Haven, 1962. Cfr. igualmente J. B. SCOTT, *The Treaties of 1785, 1799 and 1828 between the United States and Prussia,* Nueva York, 1918.

latinoamericanos se sintieron amenazados por Europa hasta comienzos de nuestro siglo, y que, efectivamente, tuvieron litigios con ella (intervención francesa en México, 1862; guerra entre España, Chile y Perú, 1866; intervención anglo-germano-italiana en Venezuela, 1902). Quedaron, por consiguiente, al margen del Concierto europeo e incluso de las primeras grandes reuniones internacionales de vocación mundial. Comprobamos que en la Conferencia de la Paz de La Haya de 1899, sólo representaron a América los Estados Unidos y México, mientras que asistieron cuatro Estados asiáticos (China, Japón, Persia y Siam). Habrá que esperar a la segunda Conferencia (1907) para que el conjunto del Nuevo Mundo (sólo faltaron Costa Rica y Honduras) participe en una empresa internacional común con Europa y los mismos cuatro Estados asiáticos.

El sentimiento de la amenaza europea está en la base de la tendencia de los Estados de origen hispánico, más o menos inclinados hacia los Estados Unidos, a establecer, con o sin la ayuda de su vecino del norte, un «sistema de congresos» propio, que, por lo demás, sólo tuvo un alcance limitado (Congresos Iberoamericanos de Lima, en 1847-1848 y 1864-1865) hasta fines de siglo, época en la que se abre la serie de conferencias panamericanas, que se escalonan hasta nuestros días. Las tres primeras fueron las de Washington (1889-1890), México (1901-1902) y Río de Janeiro (1906).

Si hemos tomado nota de una discontinuidad entre el sistema de Estados americano y el sistema político europeo, también hemos hablado de una continuidad. Contrariamente a lo que se producirá en el mundo colonial del siglo xx, la «descolonización» americana de fines del siglo xviii y comienzos del xix (salvo en lo concerniente a Haití) fue realizada por los descendientes de los colonos europeos en desacuerdo con los intereses y con los sentimientos de sus antiguas metrópolis. Lo cual quiere decir que las nuevas sociedades se constituyeron a partir de la tradición cultural llevada desde Europa por las sucesivas olas de emigrantes. El Nuevo Mundo, cualquiera que sea su originalidad en relación con el Antiguo, salió orgánicamente de éste. Incluso la ruptura que supone la emancipación tuvo lugar en un contexto de interdependencia con relación a la situación europea. Y, dejando de lado determinados rasgos particulares, debidos a las circunstancias históricas, de los que hemos mencionado ya algunos, el derecho internacional entonces en vigor, el «derecho público de Europa», fue recibido en sus principios fundamentales [12]. Podemos añadir que con el tiempo *los contrastes más importantes del*

---

[12]. Ver en particular, en lo concerniente a los Estados Unidos, las referencias al «uso y la costumbre de las naciones» o «de las naciones civilizadas» (Proclamación del Congreso sobre la navegación de los neutrales del 9 de

comienzo se atenuaron poco a poco. Después de 1830 (independencia de Grecia y de Bélgica), el *principio de las nacionalidades,* consecuencia del derecho de los pueblos a disponer de sí mismos, tomará decididamente el relevo de la legitimidad dinástica. Provocará cambios profundos en el mapa político de Europa hasta la primera guerra mundial, llevando, por un lado, a la unificación de Italia y de Alemania, y, por otro, a la desintegración del Imperio Turco no sólo en Europa, sino también en el Oriente Próximo (Egipto, de hecho, era independiente desde 1841) y del Imperio Austro-Húngaro, que eran multinacionales. Y si en 1914 cinco de las seis grandes potencias europeas eran aún monarquías, el progreso de la democracia y del socialismo será constante; por otra parte, tres de ellas verán destronado a su soberano como consecuencia de la guerra.

Desde el punto de vista de las relaciones interamericanas, es decir, de las relaciones interiores al sistema, el Nuevo Mundo no se diferenció tan profundamente del Antiguo como lo creyera o hubiera imaginado. También los Estados americanos tuvieron su sed de territorios y sus problemas de fronteras, que el principio *uti possidetis,* comúnmente admitido, no siempre bastó para solucionar amistosamente; conocieron las pretensiones megalómanas de los tiranuelos; y además, en el caso de América latina, la hipoteca de presiones de intereses exteriores conjugadas con la de ciertos grupos oligárquicos, que a partir de fines de siglo llegaron cada vez más de Estados Unidos y no únicamente de Europa. Aparte del conflicto entre los Estados Unidos y México (1845), seis guerras enfrentaron a los Estados iberoamericanos desde su independencia, y una de ellas, la que Paraguay sostuvo con sus vecinos coligados (1865-1870), fue librada con una violencia y un encarnizamiento extremos.

Para ser justos, es necesario añadir, con un historiador de América latina, que «no existe un continente que haya hecho más por aportar a los conflictos internaciones soluciones de derecho, que haya estudiado con tanto pasión las cuestiones de derecho internacional»; y no podemos sino suscribir sus palabras cuando emite la hipótesis «de que por encima de la división, dato geográfico, los pueblos de las Indias han conservado quizá la nostalgia no formulada de la unidad pasada, como antaño los pueblos de la *Romania* tras el hundimiento de la unidad romana»[13]. Creemos poder afirmar que en el

mayo de 1778, en MARTENS, *Recueil des traités...,* III, 17); y la capitulación entre Washingon, etc., y Cornwallis, del 19 de octubre de 1781 (*Ibid.,* III, 359). Para la América española, recordemos la convención del 26 de noviembre de 1820 entre el general español Morillo y Bolívar sobre «la aceptación para la guerra en curso de los principios del derecho de gentes civilizado» (MARTENS, *Nouveau recueil...* V, 540).

[13] P. CHAUNU, *Histoire de l'Amérique latine,* 3.ª edic., París, 1964, pág. 102.

momento en que el Concierto europeo solía recurrir a las soluciones
políticas, los Estados americanos, y en particular los suramericanos,
buscaban preferentemente, tanto en el plano doctrinal como en el de
las instituciones, *fórmulas jurídicas* de conjunto tendentes a una
codificación.

Esto nos conduce al último aspecto de la materia de este capítulo.
El sistema europeo de Estados se había transformado en un *sistema
europeo y americano*, que tenía una común civilización cristiana.
¿Cuál es, desde el punto de vista del derecho internacional, la parte
y eventualmente la autonomía, del elemento americano en este nuevo conjunto? Interrogarse sobre este punto, es plantearse la cuestión
de la existencia o no existencia de un *derecho internacional «americano»* propiamente dicho. Entronca en el plano político con la cuestión del *panamericanismo* o la idea del hemisferio occidental.

Por lo que toca a los juristas europeos, advierten evidentemente
en el curso del siglo XIX que el sistema europeo de Estados tiene
ahora una prolongación en el Nuevo Mundo, sin por ello extraer
consecuencias prácticas en lo que concierne al derecho de gentes.
Ocurre así no sólo en G. F. de Martens o J. L. Klüber, que escriben
durante la guerra de independencia de las colonias españolas, sino
también en A. W. Heffter, cuya obra sobre «el derecho de gentes
europeo de la actualidad» [14] apareció en 1844. Particularmente en
los países de lengua alemana, la expresión «derecho de gentes europeo» aparecerá frecuente y reiteradamente, en los títulos de manuales
y tratados, por ejemplo en los de Leopold von Neumann (1856) y
de Franz von Holtzendorff (1885). Sólo a fines de siglo es cuando
se sucedieron los nueve volúmenes del tratado de derecho internacional público europeo y americano de P. Pradier-Fodéré (1885-
1905).

La noción de un «derecho internacional americano» fue emergien-
do lentamente en América latina. Fue objeto de estudios concienzu-
dos y hasta de discusiones apasionadas, sobre todo como consecuencia de las conferencias panamericanas que desembocarían finalmente
en la Unión panamericana y, en la IX Conferencia Internacional
Americana de Bogotá, en la Organización de Estados Americanos,
organismo regional en el marco de las Naciones Unidas (Carta de
Bogotá del 30 de abril de 1948). Sin embargo, preciso es reconocer
que está lejos de reinar la unanimidad cuando se trata de precisar
el contenido o el alcance de este derecho «americano».

---

[14] *Das europäische Völkerrecht der Gegenwart*. Esta obra, objeto de numerosas reediciones, fue traducida a varias lenguas, entre ellas al castellano.

Es de notar que las primeras exposiciones del derecho de gentes debidas a juristas latinoamericanos después de la independencia ignoran todo elemento específicamente americano. Es el caso, en particular, de los *Principios de derecho de gentes* del venezolano Andrés Bello (1832), e incluso, a pesar del título, del *Derecho internacional teórico y práctico de Europa y América* del argentino Carlos Calvo (1868), traducido más tarde al francés con el título *Le droit international théorique et pratique* (1872; ediciones posteriores aumentadas). En cambio, este elemento fue puesto de relieve por R. F. Seijas (*El derecho internacional hispanoamericano público y privado*, Caracas, 1884-1885) y por Roque Saenz Peña, cuyo *Derecho público americano* (Buenos Aires, 1905), colección de escritos y discursos, parece una réplica del «derecho público europeo». Sin embargo, fue esencialmente la polémica entre el chileno Alejandro Alvarez (*Le droit international américain. Son fondement. Sa nature*, París, 1910) y el brasileño M. A. de Souza Sá Vianna (*De la non-existence d'un droit international américain*, Río de Janeiro, 1912) la que planteó el problema en toda su amplitud. En la vía de la tesis afirmativa del primero destacan F. J. Urrutia y, con un calor particular, José María Yepes, ambos colombianos. En cambio, siguieron la tesis negativa D. Antokoletz, argentino, y José Gustavo Guerrero, del Salvador.

Evidentemente, no nos corresponde profundizar aquí en este problema que, por otra parte, ha sido ampliamente tratado. El jurista argentino Juan Carlos Puig ha emprendido recientemente un balance objetivo en su obra *Les principes du droit international public américain* (París, 1954). Este balance nos parece característico, ya que tras lo que podríamos llamar el «americanismo militante» de Alvarez, Urrutia y Yepes, da testimonio de un «americanismo sosegado», que opone a un determinado lirismo idealista y a veces impreciso, un realismo crítico y sobrio. En esta perspectiva, cabe admitir la existencia de un sistema regional americano en el marco de un derecho internacional más amplio, en cuyo seno ha nacido. En la órbita de la tesis negativa, el mexicano Jorge Castañeda no nos parece menos representativo de las corrientes actuales. Su libro *México y el orden internacional* (México, 1956), presenta una notable síntesis del tema que nos ocupa y que, además, no es más que uno de los puntos que en él toca. Castañeda sitúa muy acertadamente el problema en el contexto de la idea panamericana o «continental americana», y estamos totalmente de acuerdo con él cuando observa que esta idea adquirió a fines del siglo XIX un sentido diferente del que anteriormente tenía. En efecto, pudo existir inicialmente una comunidad de pensamiento y de acción entre la América anglosajona y la América hispánica, dada la situación en la que una y otra se encontraban en relación con Europa, y que ya hemos descrito, pero después de la diversificación creciente de las situaciones sociales y económicas en las dos Américas, de la evolución política en Europa y de la aparición del Tercer Mundo, y sobre todo tras la conversión de los Estados Unidos en gran potencia con intereses universales, ya no existe a su juicio una «comunidad panamericana» propiamente dicha, y habría que orientarse más bien hacia una comunidad latinoamericana. También César Sepúlveda, mexicano, ha insistido recientemente sobre la grave crisis del panamericanismo (*El sistema interamericano. Mudanza y transición,* Valladolid, 1973).

Es lo cierto que la diversidad y, por decirlo todo, la desigualdad creciente entre los Estados Unidos y los países latinoamericanos, no podía dejar de convertir al panamericanismo en una asociación fundada sobre una hegemonía [15]. De ahí la idea de neutralizarla en la medida de lo posible por una cooperación más estrecha a escala de América latina, que ya ha brotado en diversas ocasiones e inspira actualmente los esfuerzos más avanzados de integración económica.

Nuestra conclusión parece confirmada por la historia de la idea panamericana o «del hemisferio occidental», de la que Arthur Whitaker, dio hace años una exposición autorizada [16]. Se percibe claramente, desde la aparición misma del sistema de Estados americanos, el dualismo, bajo forma de movimiento pendular, entre la idea americana global o continental (panamericana) y la idea latinoamericana o iberoamericana. Este dualismo se acentuaría a medida que los Estados Unidos se comprometían en la vía de la revolución industrial y del imperialismo, aproximándose así competitivamente a las potencias europeas. Si al comienzo la doctrina de Monroe tendía a proteger a los Estados latinoamericanos contra la ingerencia o el retorno

[15] Nunca se insistirá demasiado en la inversión de la situación respectiva de las dos Américas desde la época de su emancipación. Como ha observado muy acertadamente G. STADTMÜLLER, «durante todo el siglo XVIII, el pequeño territorio de las colonias de habla inglesa en la costa oriental de Norteamérica era superado ampliamente, en cuanto a población y desarrollo cultural y económico, por las vastas regiones de la América latina con sus abundantes recursos de metales preciosos, sus grandes ciudades y sus universidades... No es sino hacia fines del siglo XVIII cuando se inicia el auge de la América de habla inglesa y hasta los comienzos del siglo XIX, Iberoamérica no es sobrepasada por Estados Unidos en los aspectos económico, político y, finalmente, también en el cultural» (*Op. cit.,* págs. 14-15). Cfr. las estadísticas de P. CHAUNU, *L'Amérique et les Amériques,* París, 1964; y A. REMIRO BROTONS, *La hegemonía norteamericana, factor de crisis de la O.E.A.,* Bolonia (Real Colegio de España), 1972.

[16] *The Western Hemisphere Idea: Its Rise and Decline,* Ithaca, Nueva York, 1954.

ofensivo de los países europeos, más tarde, y en particular tras la guerra de los Estados Unidos con España (1898), sirvió para favorecer, contrariamente al principio de no-intervención (pretendidamente «americano»), la ingerencia de los Estados Unidos en esos mismos Estados.

Capítulo 3

DEL SISTEMA DE ESTADOS DE CIVILIZACION CRISTIANA A LA SOCIEDAD DE ESTADOS CIVILIZADOS

La ampliación del «Oriente». Las relaciones con la Puerta otomana y los Estados berberiscos. Las relaciones con el Asia meridional y oriental. La familia de las «naciones civilizadas». La colonización de Africa. Colonización y derecho internacional.

Con el acceso a la independencia de las colonias europeas de América, el sistema europeo de Estados se convirtió en un sistema de Estados euroamericano u «occidental» de civilización cristiana. Ahora bien, «Occidente» se define en relación a «Oriente». Y el hecho decisivo de los tiempos modernos para la humanidad europea ha sido, paralelamente a la dilatación del Occidente en el Nuevo Mundo, *la extensión progresiva del «Oriente»*: éste, reducido esencialmente al mundo bizantino (Oriente cristiano) y al Islam hasta la época del Renacimiento, se ampliará y se hará más complejo a medida que los grandes descubrimientos geográficos abran nuevos territorios a su conocimiento y a su acción. Finalmente, será necesario distinguir el Oriente tradicional, en tanto que «Oriente Próximo», de un Oriente más lejano y vasto, entrevisto a través de los relatos de viaje de algunos frailes franciscanos y de Marco Polo desde el siglo XIII, pero que se revelaría poco a poco en sus verdaderas dimensiones a la curiosidad emprendedora de sus exploradores, sus misioneros, sus comerciantes.

El establecimiento de relaciones marítimas directas con la India,

China y Japón, sobre las huellas de los navegantes portugueses, la penetración rusa en Asia septentrional y central hasta el Pacífico y el mismo continente americano (Alaska), son como el segundo capítulo de los grandes descubrimientos geográficos por los cuales Occidente se adentra en los tiempos modernos. Prolongan el exotismo del «buen salvaje» americano con el del «sabio» persa, hindú o chino. El resultado será, con la fundación de los diferentes orientalismos, ese «Renacimiento oriental» del que hablará Edgar Quinet en 1841 y que vendrá a completar el Renacimiento greco-latino de los siglos XV y XVI [1]. Es preciso añadir que el efecto de los descubrimientos geográficos se acrecentó y aceleró por obra de los descubrimientos científicos y tecnológicos que dieron lugar a la tercera revolución de Occidente —una revolución no ya política, sino industrial o más bien, en la perspectiva de la era atómica que se abre ante nuestros ojos, la primera revolución industrial o técnica.

Pues bien, en el curso de este proceso el avance de Europa, y luego el de Occidente, sobre el resto del mundo llegó a ser tal, que la incorporación de ese mundo a una sociedad universal única se reveló en gran medida pasiva o incompleta: fue en efecto, o colonizado a su vez como lo había sido América, o más o menos dominado. De ahí, como hemos señalado en otra parte [2], el desarrollo de una *concepción eurocéntrica del devenir humano,* según la cual la humanidad extra-europea, cualesquiera que fuesen sus grandezas pasadas (que la ciencia europea por otra parte contribuyó eficazmente a redescubrir), gravitaba en torno a Europa, que entonces encarnaba el principio del movimiento y del progreso.

Desde el punto de vista de las relaciones internacionales conviene, en este Oriente prodigiosamente ampliado, distinguir el Oriente Próximo, esencialmente musulmán, de la India y del Extremo Oriente; en otros términos, el Asia Menor y Africa del Norte (Africa Menor) por un lado y el Asia Mayor por otro. El Africa al sur del Sahara (Africa Mayor) constituye un mundo distinto, incorporado más tarde, salvo en sus zonas periféricas, a la vida internacional, por una colonización casi completa.

Ya hemos señalado (capítulo I) que un contacto secular de la Cristiandad con el Islam dio lugar a un derecho de gentes particular que suponía un orden natural y común de coexistencia humana. Hemos visto igualmente que con Turquía el Islam había penetrado incluso profundamente en Europa y por eso los teóricos del «derecho

[1] Cfr. R. Schwab, *La Renaissance orientale,* París, Payot, 1950, pág. 18.
[2] En «La idea europea de género humano», *Homenaje a Xavier Zubiri,* Madrid, 1970, II, págs. 713 y sigs.

público de Europa», como G. F. de Martens y J. L. Klüber, admitían
que el ámbito de validez de ese derecho, independientemente de su
aceptación por los Estados del Nuevo Mundo, no se confundía con
la Europa geográfica [3].

En lo que concierne a *Turquía,* no podía subsistir ninguna duda
en cuanto a su calidad de interlocutor jurídico, dados los numerosos
tratados que había firmado con las potencias cristianas, en particular
con Austria y Rusia [4]. El tratado de Kutchuk-Kainardji (10 de julio
de 1774) podría considerarse, al igual que la paz de Westfalia para
el sistema europeo de Estados, como el punto de partida de un «sistema» ruso-turco que terminaría con el tratado de París de 1856: en
efecto, todos los tratados posteriores se refieren a él [5]. Ese derecho
presentaba unos caracteres distintos, que, por otra parte, como Klüber había señalado a propósito de la duración de los tratados de paz
(simples treguas en su origen, a los ojos de la Puerta, pudieron ser
concluidos más tarde por ésta a perpetuidad) estaban sujetos a una
evolución en el sentido de un acercamiento al derecho de gentes
europeo [6].

La situación era casi parecida respecto a los *Estados berberiscos*
de Africa del Norte, teóricamente vasallos de la Puerta, pero convertidos de hecho en independientes. Sin embargo, su caso era más
delicado, dado que la piratería reinaba a lo largo de sus costas. La
cuestión era lo suficientemente importante y actual como para pres-
tarse a discusión entre los internacionalistas. En particular Bynkershoek la tomó en consideración en sus *Quaestionum publici libri duo*
(1737). Oponiéndose a Alberico Gentili y a otros, que clasificaban
entre los piratas a los pueblos de Africa llamados berberiscos, afirma
(en términos que recuerdan extrañamente aquellos por los cuales
Vitoria admitiera las colectividades indígenas de América como miembros de pleno derecho del *orbis*) que los pueblos de Argel, de Trípoli, de Túnez, de Salé, no son piratas, sino más bien Estados organizados que tienen un territorio fijo sobre el que hay un gobierno
establecido, y con los cuales, como ocurre en las relaciones con otros
pueblos, «unas veces estamos en paz, otras en guerra»; parece, pues,

---

[3] MARTENS, *Précis,* paragr. 9; KLÜBER, *Droit des gens moderne de l'Europe,* paragr. 35.

[4] Para estos últimos, cfr. T. E. HOLLAND, *Studies in International Law,*
capítulo XI: «The Treaty Relations of Russia and Turkey, 1774-1853».

[5] HOLLAND, *loc. cit.,* pág. 204. El artículo 7 obliga a la Puerta a tomar en
consideración las reclamaciones que el embajador ruso pudiese verse obligado
a hacerle con respecto a las iglesias cristianas y a sus ministros.

[6] *Droit des gens moderne de l'Europe,* paragr. 278, nota b. KLÜBER señala
igualmente una práctica particular en lo concerniente a las lenguas en las cuales
se redactaban los tratados (parágr. 113, nota, d; parágr. 114) y a las inmunidades
diplomáticas (parágr. 203).

que pueden reivindicar los derechos de los Estados independientes. Bynkershoek añade que tanto los Estados Generales como otras naciones han concluido frecuentemente tratados con ellos, y que estos pueblos dan prueba de un respeto cierto por estos tratados (no puede esperarse de ellos un respeto total —observa— ya que es algo que tampoco se puede exigir de otras naciones). Reconoce que reducen a esclavitud a los prisioneros de guerra y que muchas veces éstos han sido rescatados no solamente por los particulares sino también públicamente, y que, en virtud de la ley del talión, los holandeses también venden sus prisioneros berberiscos en España [7]. Lo cual equivale a decir simplemente que el derecho de la guerra que con ellos se practica es más duro que el derecho de la guerra europeo, como, por otra parte, comprobamos ya. En lo tocante al Reino de Marruecos, mantenía relaciones regulares con las potencias cristianas [8].

De hecho los tratados entre los Estados europeos y todos esos Estados de Africa del Norte fueron numerosos. Y cuando los Estados Unidos de América conquistaron su independencia, entre los primeros tratados firmados después de 1783 hay uno con Marruecos del 25 de enero de 1787 (incluso antes de la adopción de la constitución federal, que tuvo lugar el 17 de septiembre del mismo año), seguido de otros, con Argel del 5 de septiembre de 1795, con Trípoli del 4 de noviembre de 1796 y con Túnez en agosto de 1797 [9].

Un aspecto particularmente interesante del derecho de gentes islámico-cristiano de la paz está constituido, como es sabido, por el *régimen de capitulaciones*. Este término designa el conjunto de privilegios extraterritoriales o de inmunidades de jurisdicción de los extranjeros en el Imperio Otomano y sus dependencias. Estos privilegios e inmunidades se remontaban a la época en que el principio de la personalidad del derecho se practicaba comúnmente. Así, los emperadores bizantinos habían autorizado a los súbditos de determinados Estados mercantiles de Occidente (en particular a los venecianos y genoveses), a tener sus propios tribunales, presididos por cónsules. En los países musulmanes, este régimen se imponía tanto más cuanto que allí el derecho estaba estrechamente unido a la religión.

Conviene precisar que en su origen este régimen no tenía nada de

[7] Capítulo XVII.
[8] Sobre el estatuto jurídico-internacional de dichos Estados, cfr. ahora J. M. MOESSNER, *Die Voelkerrechtspersoenlichkeit und die Voelkerrechtspraxis der Barbareskenstaaten*, 1968, y más recientemente, el resumen del mismo: «The Barbary Powers in International Law (Doctrinal and Practical Aspects)», en *Grotian Society Papers*, 1972, págs. 197-221.
[9] Cfr. MARTENS, *Rec.*, 2.ª edic., IV, 248; VI, 135; VI, 298; VI, 405.

vejatorio para la potencia territorial. Consistía en una concesión, que podía ser unilateral y revocable. También podía ser (y cada vez lo sería más) convencional, no resultando siempre fácil distinguir un procedimiento de otro (los tratados con los cristianos, como hemos visto, tuvieron además un carácter provisional o temporal hasta el siglo XVIII).

Los primeros Estados que contrajeron vínculos convencionales de esta clase con la Puerta fueron Génova (1453) y Venecia (1454), conquistando ésta una situación predominante que fue reemplazada por la de Francia en el curso de los siglos XVI y XVII. Tradicionalmente se ha hablado de un tratado concluido entre Francisco I y Solimán en 1535 como punto de partida de los tratados de capitulaciones propiamente dichos, al que los demás habrían imitado. Ahora bien, parece que las primeras capitulaciones que ofrecen a los comerciantes franceses ventajas particulares en las escalas de Levante (antes había concesiones unilaterales, como aquélla por la que Solimán extendió a los franceses de Alejandría, en 1528, los privilegios de que gozaban los catalanes) son realmente las de 1569, renovadas en 1581 y 1597 [10]. Las capitulaciones de 1604 reconocen, por vez primera, a los franceses un derecho de protección sobre los religiosos latinos de Tierra Santa. Siguieron las de 1673. Finalmente, las de 1740 duraron hasta la derogación del régimen mismo. Entre los demás países que obtuvieron capitulaciones (a su vez frecuentemente renovadas), hay que mencionar sucesivamente a Gran Bretaña (1580, 1597, 1675), las Provincias Unidas (1612, 1680), Austria (1615) y después a Suecia (1737), Nápoles (1738), Dinamarca (1756), Prusia (1761), Rusia (1774), España (1782). Austria, a la que el tratado de Carlowitz (1699) reconociera la cláusula de nación más favorecida, obtuvo beneficios análogos en el de Passarowitz (1718). El tratado ruso-turco de 1783 consagra la cristalización del sistema, ya alcanzada en la segunda mitad del siglo. Los Estados Unidos se insertaron en él con el tratado de 1830.

Con el tiempo y el creciente desequilibrio de fuerzas entre la Puerta y las potencias cristianas, el sentido de las capitulaciones se alteró y el régimen acabó haciéndose humillante para Turquía. Ateniéndose a la letra de determinadas cláusulas, las potencias (arrastradas, las más de las veces, por sus súbditos residentes en el lugar) se arrogaron un derecho de control sobre las aduanas y las finanzas turcas. De ello resultó prácticamente una inmunidad jurisdiccional y

---

[10] Ver sobre este tema el estudio de G. ZELLER, «Une légende qui a la vie dure: les Capitulations de 1535», *Revue d'Histoire moderne et contemporaine,* junio de 1955 (artículo reproducido en su libro *Aspects de la politique française sous l'Ancien Régime,* París, P. U. F., 1964).

fiscal amplísima de los extranjeros y de sus empresas e incluso, mediante la «protección», de cierto número de súbditos autóctonos. Para las potencias, la justificación de esta situación residía en el desorden de las finanzas turcas y en el hecho de que la justicia local no respondía a las exigencias de la idea europea del derecho. En todo caso, a mediados del siglo xix las capitulaciones habían adquirido en el Imperio Otomano tal vigor, que sobrevivieron a la incorporación formal de la Puerta Otomana al Concierto europeo.

Es en el congreso reunido en París para regular las consecuencias de la guerra de Crimea, cuando, en virtud del artículo 7 del tratado del 7 de marzo de 1856, los soberanos de Francia, Austria, Gran Bretaña, Prusia, Rusia y Cerdeña «declaran a la Sublime Puerta admitida a participar en las ventajas del derecho público y del Concierto europeos».

Se ha discutido mucho sobre el alcance real de esta cláusula [11]. Después de lo que hemos constatado con respecto a las relaciones seculares de Turquía con la Europa cristiana, es evidente que no podemos hablar aquí de un «reconocimiento» por las potencias europeas de la personalidad jurídico-internacional de la Puerta. Turquía, flanqueando el sistema europeo, era en efecto, desde la época de Francisco I y de Carlos V, un factor importante de su equilibrio político, que incluso los Papas supieron tener en cuenta [12]; Voltaire la incluye con toda naturalidad en su notable descripción «de los Estados de Europa antes de Luis XIV» (Le siècle de Louis XIV, capítulo II), y Mably consagra el capítulo V de su Droit public de l'Europe a los «tratados de las potencias cristianas con la Puerta». Como hemos subrayado en otro lugar [13], desde el punto de vista formal, el artículo 7 del tratado de París de 1856 significa el viraje hacia una fase nueva en la vía de la sociedad mundial de Estados y de un derecho internacional mundial. Por primera vez, el «derecho público de Europa» y el «Concierto europeo», sucesor del «sistema europeo de Estados», desbordaban en cuanto tales el mundo cristiano. Se había dado un paso decisivo en el sentido de una superación del derecho de gentes del Occidente cristiano.

Es verdad que en un principio ese comienzo de universalización se presentaba como un proceso de aceptación por Turquía de las pautas jurídicas, incluso políticas, del Occidente cristiano. La

---

[11] Cfr. especialmente el artículo de H. McKinnon Wood, «The Treaty of Paris and Turkey's Status in International Law», American Journal of International Law, 37 (1943), págs. 262-274.

[12] Sobre este punto, ver en particular H. Pfeffermann, Die Zusammenarbeit der Renaissancepäpste mit den Türken, Winterthur, 1946.

[13] Die Entstehung der Weltstaatengesellschaft unserer Zeit, Munich, 1963, páginas 64-65.

ambigüedad de la situación así creada se revela en el hecho de que
el tratado de París de 1856 no implicó la derogación de las capitulaciones. Quebrantadas como consecuencia del Congreso de Berlín
de 1878, suprimidas unilateralmente por Turquía el 1 de octubre
de 1914, pero restablecidas por el tratado de Sèvres (1920) con relación a los aliados, sólo fueron abolidas definitivamente por el tratado de Lausanne del 24 de julio de 1923 (artículo 28) que sustituyó
al anterior, tras su repudiación por Mustafá Kemal en el momento
de su entrada en la escena política y militar. Es evidente que la abolición previa del sultanato (1 de noviembre de 1922) por la Asamblea Nacional reunida en Ankara desde 1920 y la laicización de la
enseñanza y de la legislación según el modelo occidental, que se
instauró bajo el impulso del primer presidente de la República turca,
estaban en la línea de la recepción de las pautas occidentales, tal y
como ya la hemos mencionado. El menor de los valores entonces
admitidos no fue ciertamente la idea misma de la nación como base
de la unidad del Estado turco renovado.

Si ahora dirigimos nuestra mirada hacia *el Asia meridional y del
Sudeste,* comprobaremos que, también allí, relaciones prolongadas
habían engendrado un derecho de gentes particular al margen del
derecho público de Europa: no solamente un derecho de gentes propio de aquella región del mundo, sino también un derecho de gentes
que tenía como objeto las relaciones de ésta con las potencias europeas. Este derecho puede ser considerado como una extensión del
derecho de gentes que se constituyó en la Edad Media en el Mundo
Mediterráneo entre la Cristiandad y el Islam con la diferencia, no
obstante, de que la oposición religiosa tuvo aquí, tanto de un lado
como de otro, una influencia mucho menor, y que la noción de derecho natural pasó al primer plano desde un principio.

Tras haber aludido nosotros hace años a la importancia de este
derecho de gentes euro-sudasiático [14], las investigaciones del profesor
Charles H. Alexandrowicz, expuestas poco después [15], vinieron muy
oportunamente a aportar una confirmación autorizada y sólidamente
documentada de lo que nosotros no habíamos hecho más que en-
trever.

Ch. H. Alexandrowicz ha demostrado que, contrariamente a lo
que había ocurrido en América y a lo que ocurriría más tarde en
África, los europeos encontraron en el Sur y en el Sudeste de Asia,

---

[14]   *Rec. des cours,* t. 96, citado, capítulo II.
[15]   «Treaty and Diplomatic Relations between European and South Asian
Powers in the Seventeenth and Eighteenth Century», *Rec. des cours,* 100
(1960-II), págs. 205 y sigs.; y *An Introduction to the History of the Law of
Nations in the East Indies (16th, 17th and 18th Centuries),* Oxford, 1967.

a su llegada, toda una red de situaciones interestatales bien establecidas [16]. Dado que los europeos se insertaron ampliamente en esa red preexistente de relaciones internacionales y que el derecho de gentes europeo sólo estaba en sus comienzos, le parece legítimo preguntarse en qué medida los intercambios euro-asiáticos en ese sector pudieron contribuir al desarrollo o a la formulación del derecho de gentes europeo [17]. Distinta es la cuestión de saber si esos cambios y las reglas jurídicas que los regían autorizan a hablar de un «derecho público de Europa y de Asia» en tanto que ampliación del derecho público europeo. Alexandrowicz sólo responde afirmativamente en un sentido restringido, afirmando que tal derecho debe ser considerado «como un acervo de experiencia de la práctica euro-asiática que tuvo un impacto propio en la formulación de ciertos principios del derecho de gentes», y no como «un sistema coherente y operativo (*operating*)» [18]; y bajo cualquier hipótesis, esto sería verdad únicamente para el período anterior al siglo XIX. Es un punto de vista moderado, que suscribimos gustosamente.

Sin embargo, en el curso del siglo XVIII una parte de la India fue transformada por los franceses en imperio colonial. Por el tratado de París de 1763, éste pasó a poder de la Compañía inglesa de las Indias orientales, y, en 1857, tras haberse acrecentado, a la Corona británica, a raíz de la revuelta de los cipayos. En 1866 se le unió Birmania. Ceilán, que como Insulindia pertenecía a los holandeses, se convirtió igualmente en colonia inglesa en el curso de las guerras napoleónicas.

En lo concerniente a Persia y Siam, que conservaron su independencia, los tratados concluidos con las potencias europeas dan fe de una evidente madurez jurídico-internacional.

Por contraste, resalta como más característica la evolución de las relaciones del *Extremo Oriente* con Europa. Durante algún tiempo, sobre todo bajo los primeros emperadores manchúes, China se había interesado en los productos de la civilización europea, que conoció principalmente por los jesuitas. Después vino esa desconfianza que la llevó a replegarse sobre sí misma, y que tanto pesaría en su ulterior destino. Las relaciones con el mundo exterior, reducidas al mínimo, fueron objeto de un control riguroso por parte del gobierno. Se llegó hasta proscribir el cristianismo en 1805.

Sabido es que de tiempos inmemoriales China profesaba una *concepción sinocéntrica de la historia y del mundo político* que es como la réplica del eurocentrismo que hemos visto desarrollarse en

[16] *Rec.*, cit., pág. 208.
[17] Pág. 209.
[18] Pág. 312.

Occidente. Se calificaba a sí misma de «Imperio del Centro» y rei-
vindicaba para su emperador, el «Hijo del Cielo», una soberanía
universal que podríamos llamar *de jure,* ya que *de facto* una parte del
mundo, poblada de «bárbaros», se le escapaba. La cosa es explicable
si tenemos en cuenta el aislamiento en el cual se desarrolló la civilización china y su superioridad sobre los países que la rodeaban.
Como muy justamente se ha dicho, «la ausencia de un centro rival
de civilización es lo que ha contribuido más poderosamente a la
concepción china del mundo» [19]. China no ignoraba la existencia de
otra gran civilización en Occidente, particularmente en la época del
Imperio romano. Se estableció algún comercio de un extremo a otro
del Viejo Mundo por tierra (a lo largo de la «ruta de la seda») y
por mar, comercio que alcanzó su apogeo bajo los Tang, en un momento (del siglo VII al IX) en el que China podía sin la menor duda
complacerse en la idea de encontrarse a la cabeza de la humanidad
civilizada [20]. Sin embargo, es llamativo el hecho de que esta concepción se mantuvo incluso cuando la superioridad europea se hizo
indudable, en el siglo XIX.

Además, conviene recordar que si los portugueses, establecidos
en Macao, y los holandeses, en Formosa, sólo trataron con las autoridades locales, los rusos habían concluido en Nerchinsk, el 6 de septiembre de 1689, por mediación de los jesuitas de la Corte china, el
primer tratado de Estado a Estado que China haya suscrito con una
potencia europea.

En lo que concierne a Japón, las cosas se desarrollaron casi de la
misma forma. También aquí el país se abrió durante algún tiempo
al comercio europeo y a la acción de los misioneros cristianos. También aquí se produjo una fuerte reacción, que prohibió el acceso del
archipiélago a los extranjeros y borró todo vestigio del cristianismo.
Sólo los holandeses conservaron una factoría en una isla de la bahía
de Nagasaki, en unas condiciones poco envidiables.

Tuvo, pues, lugar un «nuevo comienzo» cuando, tras la llamada
guerra del opio, el tratado de Nankin, firmado el 29 de agosto de
1842, entre China y Gran Bretaña, abrió cinco puertos chinos (que
se llamaron «puertos convencionales») al comercio exterior. Este
tratado fue completado dos veces en 1843, y seguido de otros, con
Francia y los Estados Unidos, en 1844. Tiene especial importancia
el tratado de Tien-tsin de 1858 con Gran Bretaña, en virtud del

[19] C. P. FITZGERALD, *The Chinese View of Their Place in the World,*
Londres, 1964, pág. 7.
[20] *Ibid.,* págs. 19 y sigs. Para una excelente visión de conjunto, cfr. G. F.
HUDSON, *Europe and China. A Survey of Their Relations from the Earliest
Times to 1800,* Londres, 1931; reimpresión, Boston, 1961.

cual se establecieron relaciones diplomáticas regulares con Occidente. Sucesivamente se abrieron nuevos puertos y zonas del interior a la penetración occidental. El número de beneficiarios se amplió: Rusia y Alemania, más tarde Japón en el último decenio del siglo (guerra chino-japonesa, 1894, terminada por el tratado de Shimonoseki, 17 de abril de 1895), tomaron un puesto cada vez más activo en ese asalto a la vieja fortaleza del Centro, tenazmente apegada a una soledad tan altiva como deseada.

Para el Japón, el «nuevo comienzo» se debió primeramente a la iniciativa de los Estados Unidos de América. Sabido es en qué circunstancias, tras las dos visitas de la escuadra americana a las órdenes del almirante Perry (1853 y 1854), el Japón tuvo que abrir sus puertos al comercio internacional. El *Perry Treaty*, firmado en Kanawaga (31 de marzo de 1854), fue para Japón lo que el tratado de Nankin había sido para China. Preparaba otros nuevos tratados con los Estados Unidos y las demás potencias. Pero sus efectos serían singularmente diferentes.

La revolución industrial había dado a los Estados europeos, rápidamente alcanzados por los Estados Unidos de América, tal superioridad tecnológica (y, en consecuencia, económica y militar) que las relaciones con los pueblos orientales de vieja cultura no podían dejar de sentir su impacto. Hacia 1880, los progresos de la industrialización en Occidente dieron, a la vez, motivos y medios nuevos al imperialismo, que asoció su nombre a la época siguiente.

El resultado fue una *relación de hegemonía,* cuya expresión jurídica es el régimen de lo que se ha llamado los *«tratados desiguales».* Este régimen recuerda al de las capitulaciones en los países musulmanes del Mediterráneo, pero con la diferencia fundamental de no haber sido en su origen otorgado, o incluso negociado en pie de igualdad, sino impuesto por las potencias occidentales en pleno proceso de expansión: lo que le dio *ab initio* los aspectos discriminatorios y abusivos que en el Mediterráneo sólo se pusieron de relieve más tarde. En China, sobre todo, es donde este régimen (progresivamente montado entre 1842 y 1901) se manifestó más particularmente en lo que tenía de intolerable y de basado únicamente en la fuerza, dada la amplitud de las limitaciones unilaterales aportadas a la soberanía y el contraste del estatuto así creado con la tradición sin cesar reafirmada de una supremacía china. Pero en realidad, el régimen se extendió a China y a los otros países asiáticos y africanos (Japón, Persia, Siam, Abisinia) que conservaron la independencia formal. En China, de todas formas, fue más exorbitante, ya que a la jurisdicción consular y a los privilegios económicos y financieros se añadieron las concesiones, los territorios cedidos en arriendo (seis lo fueron en 1898), la presencia de guarniciones extranjeras.

Entre los rasgos característicos de este derecho internacional hegemónico hay que mencionar la «puerta abierta» y las «zonas o esferas de influencia». El principio de la puerta abierta es como una generalización de la cláusula de nación más favorecida, que figura en los tratados firmados entre China y las potencias extranjeras tras la guerra anglo-china de 1840-1842. Fue aplicada a China, amenazada de desmembramiento, como consecuencia de las notas enviadas por los Estados Unidos a Gran Bretaña, Alemania y Rusia, y posteriormente a Francia, Italia y Japón en septiembre y en noviembre de 1899. Se reduce esencialmente a la igualdad de oportunidades para todos los países en su comercio con la región a la que se aplica. La puerta abierta presupone, por definición, un determinado número de concurrentes que se disputan la dominación directa o indirecta de un territorio, y permite a las potencias rivales asegurarse la libertad de movimiento necesaria dejando, no obstante, subsistir formalmente una autoridad local independiente, beneficiosa para todos. Cuando, por el contrario, el número de interesados era reducido y ninguno de ellos podía o quería imponerse, se recurría a las zonas o esferas de influencia. Podemos definirlas como «parte de un Estado, formalmente independiente, en donde otros Estados, generalmente tras un acuerdo previo, aspiran al monopolio de la explotación económica, que no tarda en imponer medidas de carácter netamente político»[21]. En efecto, China había sido repartida en esferas de influencia (rusa, alemana, inglesa, francesa), que el principio de puerta abierta pretendía superar. Siam lo fue formalmente entre Gran Bretaña y Francia (acuerdos de 1896 y de 1904); Persia, entre Rusia y Gran Bretaña (acuerdos de 1907 que, por otra parte, reservaban para la influencia británica Afganistán y el Tibet).

Tanto en Extremo Oriente como en el Próximo Oriente, la justificación del estatuto de desigualdad era una pretendida insuficiencia del nivel de civilización, cuya medida era proporcionada por la civilización occidental. La cualidad de sujeto del derecho internacional de un grupo humano dependía de un reconocimiento expreso por parte de las potencias occidentales; y este reconocimiento podía admitir, como veremos mejor a continuación, diversos grados. La aceptación de los principios del derecho occidental constituía, en esta óptica, la condición *sine qua non* para la admisión de una colectividad como miembro de la *familia de las «naciones civilizadas»*.

Lo cual explica precisamente que Japón, tras las reformas consti-

[21]   J. A. van Houtte, *Géopolitique*, Bruselas, 1946, pág. 101.

tucionales de 1868, obtuviese hacia finales de siglo, por una serie de tratados con las potencias, la supresión de las cláusulas restrictivas. Japón, que entró más tarde que Turquía en el circuito de las relaciones con Occidente, pero con una rapidez sorprendente en el de la industrialización, fue el primero de los Estados de civilización no cristiana que se integró plenamente en la familia de las naciones civilizadas. Y —lo que no es menos importante— llegó en un lapso de tiempo notablemente breve a conquistar la condición de gran potencia imperialista. China, ante la impetuosidad de su emprendedor vecino, se daría cuenta rápidamente de que el imperialismo sólo había sido un monopolio occidental porque Occidente era el único que hasta entonces había tenido los medios para ello. Es comprensible que también en China un sector de la clase dirigente propusiese, como medio de defensa, la adopción de la técnica y de las formas constitucionales occidentales. Pero, bajo el doble asalto de Occidente y de Japón, e igualmente (no lo olvidemos) por el efecto paralizador de su retraso y de sus crisis interiores, China no pudo liberarse totalmente de los «tratados desiguales» más que con ocasión de la segunda guerra mundial.

Así fue como los *standards,* los criterios y pautas procedentes de la civilización cristiana y occidental, ampliamente secularizados en el curso del siglo XIX, se impusieron en el plano mundial. De hecho, fueron adoptados con más o menos convicción y se adaptaron más o menos consistentemente a las tradiciones locales. Y, en cualquier caso, lo fueron sobre todo en sus implicaciones económicas y técnicas. Los Estados occidentales los pusieron esencialmente al servicio de su comercio [22]. Podría decirse que las sociedades no occidentales los han seguido tanto más gustosamente cuanto que se esforzaron o se esfuerzan en elevarse al estadio de sociedades industriales modernas.

La política hegemónica de Europa, seguida por los Estados Unidos y por Japón, en Asia, no es más que uno de los aspectos del fenómeno, más vasto, de la *colonización contemporánea.* Hemos visto

---

[22] Cfr. las pertinentes observaciones que G. Schwarzenberger ha hecho sobre este tema: el interés primordial de las potencias occidentales, cuando exigían el respeto de sus *standards* jurídicos, era «la protección de sus súbditos, y accedían gustosamente a que... los súbditos de los Estados no europeos fuesen un asunto exclusivo de estos Estados» (cfr. *The Frontiers of International Law,* Londres, 1962, pág. 57). Es de esta forma, dice más lejos (pág. 71), como el derecho internacional, aligerado de una parte de su contenido ético, «experimentó un proceso de formalización, convirtiéndose en un derecho adaptado a las necesidades del pionero industrial y del capitalista a la búsqueda de inversiones».

que China, finalmente, sólo fue semicolonizada bajo el régimen de los «tratados desiguales»; lo mismo ocurrió en Siam y Persia. Razón por la cual estos tres Estados pudieron participar al menos, con Japón, en las dos conferencias de la paz de La Haya.

Africa, por su parte, pasó en la práctica totalmente al estatuto colonial. Unicamente Abisinia conservó su independencia formal, que fue consagrada, tras el fracaso de la tentativa hecha por Italia para subyugarla, por el tratado de Addis-Abeba de 26 de octubre de 1896. Este tratado ponía fin a las cláusulas del de Ucciali (2 de mayo de 1889), cuya interpretación italiana, que fue la causa de la guerra, habría convertido al viejo imperio en un protectorado. Pero, a semejanza de Siam y de Persia, Abisinia sería sometida prácticamente a un régimen de esferas de influencia por el tratado de Londres de 13 de diciembre de 1906 entre Gran Bretaña, Francia e Italia. Por otra parte, las iniciativas de la Sociedad americana de colonización para el establecimiento de antiguos esclavos negros en las costas de Guinea superior, condujeron a la creación de un nuevo Estado africano, la República de Liberia. Se dio una Constitución en 1847 y la Sociedad renunció a su administración al año siguiente. En 1885, en conformidad con las decisiones del Congreso de Berlín, se fundó el Estado independiente del Congo, que su soberano, Leopoldo II, rey de los belgas, cedió a Bélgica en 1908.

Como antaño en América, hubo pues, en Africa, en el siglo XIX y en los comienzos del XX, una extensión del área de la sociedad internacional por vía del descubrimiento, de la ocupación y del sometimiento de las poblaciones locales.

Este proceso de apropiación de todo un continente se produjo, en su conjunto, sin conflictos mayores. Cierto que las tensiones, incluso fuertes, no faltaron. Baste con recordar la crisis anglo-francesa sobre Sudán (ocupación de Fachoda por una expedición francesa y su entrega a los ingleses, 1898) y la que suscitó entre Francia y Alemania la cuestión de Marruecos en los comienzos de este siglo. Pero puede afirmarse que, a diferencia de lo que pasó en la fase anterior, la expansión colonial de las potencias europeas en el siglo XIX tomó la forma de una competición pacífica [23]. De esta competición pacífica, de la que la conferencia de Berlín de 1884-1885 es en cierta manera el símbolo, emergieron varios principios generales del derecho internacional. Llegados a este punto, comprobamos una diferencia con relación a lo que tuvo lugar en la primera gran ola de la expansión colonial europea.

[23] U. Scheuner, «Zur Geschichte der Kolonialfrage im Völkerrecht», *Zeitschrift für Völkerrecht,* 22 (1938), pág. 466.

En efecto, en el siglo XVI se había puesto el acento sobre los «títulos» susceptibles de legitimar la presencia de los europeos en ultramar y el dominio que ejercían sobre los autóctonos. La discusión de estos «títulos» y los problemas que suscitaban, particularmente por Francisco de Vitoria, en su *Relectio de Indis recenter inventis*, fue por lo demás lo que contribuyó de una manera decisiva a la elaboración de la doctrina moderna del derecho internacional. Es sabido con qué libertad de pensamiento sometió Vitoria entonces a un análisis crítico los «títulos» tradicionales, y especialmente la «autoridad universal» del Papa, de la que una manifestación muy reciente había sido la serie de bulas (la más célebre es la *Inter caetera* del 4 de mayo de 1493) que atribuían a Castilla y a Portugal las tierras e islas descubiertas o por descubrir y delimitaban sus dominios respectivos con vistas a la evangelización. Vitoria fue generalmente seguido por los teólogos y juristas de los siglos XVI y XVII. También es sabido que Vitoria y sus sucesores habían admitido el derecho natural de los autóctonos para constituir sociedades independientes, lo cual condicionaba estrictamente en teoría el atentado a este derecho que implica su sometimiento [24].

El siglo XIX, por el contrario, se interesa esencialmente en las *condiciones formales del lazo de sujeción*, sin preocuparse especialmente de su legitimidad, que le parece evidente —como veremos— en virtud de la superioridad comúnmente admitida de la civilización occidental. En la línea de la evolución anterior, determinada, de un lado, por la oposición entre España y Portugal, apegadas oficialmente a lo que podríamos llamar la «legitimidad pontificia» de las bulas de demarcación y al monopolio que les aseguraba, y, por otra parte, las potencias rivales, llegadas más tardíamente, que invocaban la efectividad de las adquisiciones y la libertad de los mares, aquellas condiciones se reducen fundamentalmente a la ocupación efectiva, al ejercicio efectivo de los atributos de la soberanía. A la colonia propiamente dicha, privada de su personalidad jurídica, se añade el protectorado, que mantiene en principio la autonomía interna del Estado protegido y su carácter de tal. Como en el caso de la «marcha hacia el Oeste» en los Estados Unidos, se concluyeron numerosos tratados de cesión con los jefes locales. Nos equivocaríamos si exagerásemos su importancia. Salvo cuando se trataba de acuerdos de

---

[24] Para VITORIA, el título principal era en definitiva el *ius communicationis*, en nombre del cual era lícito incorporar por la fuerza a los indígenas (en ausencia de una razón suficiente que les autorizase a permanecer al margen de los intercambios mundiales concebidos en el sentido más amplio y en la hipótesis de que sus intereses legítimos estuviesen a salvo) a la sociedad universal del género humano que la misma naturaleza ha establecido entre todos los hombres.

protectorado con entidades estatales tales como Marruecos, Túnez o
Egipto, en la mayoría de los casos sólo sirvieron «como apoyo moral
del título de la ocupación, el único que era significativo desde el
punto de vista del derecho internacional» [25]. Esta condición formal
de la *efectividad de la ocupación,* unida a una notificación a las terceras potencias, fue consagrada por la mencionada conferencia de
Berlín, sin que finalmente fuesen tomados en consideración los derechos de las poblaciones [26].

Más importante que la voluntad de los jefes locales o de las
colectividades indígenas era la de las potencias rivales. El acuerdo
previo entre ellas solía preceder, y en cualquier caso consolidaba, los
tratados de cesión o de protectorado. Así ocurrió en el caso de Estados como Marruecos y Egipto. Bástenos con recordar que el acuerdo
franco-inglés del 8 de abril de 1904 ratificaba el desinterés de Francia con respecto a Egipto y de Gran Bretaña con respecto a Marruecos, y que luego el acuerdo franco-alemán del 4 de noviembre de
1911 aseguró el desinterés de Alemania respecto de Marruecos mediante unas compensaciones en Africa ecuatorial —teniéndose en
cuenta, en ambos casos, determinados intereses de España en la
zona septentrional del imperio cherifiano—; sólo entonces, pudo el
tratado de Fez (20 de marzo de 1912) establecer eficazmente el protectorado francés.

Una vez establecido el lazo colonial, el comportamiento de la
metrópoli con respecto a los autóctonos era en principio de su única
incumbencia y, por lo tanto, materia de su derecho interno. El derecho convencional introducía ocasionalmente determinadas limitaciones. Una limitación de este tipo era, en lo concerniente a la cuen-
ca del Congo, la libertad de comercio para los signatarios del Acta
de Berlín de 1885. Por lo demás, otra limitación más general de
alcance humanitario, había sido introducida con la prohibición de la
esclavitud y del trabajo forzado. Más tarde, el artículo 36 del Pacto
de la Sociedad de Naciones, por su alusión al bienestar de las poblaciones indígenas, representará un nuevo progreso en esta dirección.

---

[25] SCHEUNER, *loc. cit.,* pág. 467.
[26] El delegado de los Estados Unidos, Kasson, propuso a la conferencia,
el 22 de diciembre de 1884, que manifestase su intención de respetar los derechos de las tribus independientes: no hubo votación sobre este punto. Defendió
igualmente el derecho de las terceras potencias a examinar las condiciones de
hecho y de derecho que harían legítima o ilegítima una ocupación. Cfr. E. PH.
ENGELHARDT, «Étude sur la Déclaration de la conférence de Berlin relative aux
occupations», *Revue de Droit international et de Législation comparée,* 1886,
páginas 433-41 y 573-86.

Capítulo 4

LA EVOLUCION DE LA DOCTRINA

El punto de partida universalista. Los teóricos del «derecho público de Europa» o «derecho de gentes europeo». Derecho internacional y civilización en los autores del siglo XIX. El retorno a una perspectiva universalista.

A continuación, interesa buscar en la doctrina del derecho internacional tanto el reflejo como la justificación teórica, o simplemente el examen crítico, de esta situación cambiante. Porque la doctrina se ha ocupado expresamente de ella, especialmente en el capítulo de la esfera de validez del derecho internacional en el espacio o, como dicen algunos autores, de «la extensión de la sociedad internacional», y también a propósito de los protectorados, de la jurisdicción consular, de las zonas o esferas de influencia, etc. Pues bien, nos vemos obligados a constatar una evolución importante de la literatura jurídica sobre la amplitud de la sociedad internacional, en el curso de los siglos XVIII y XIX.

El punto de partida de la doctrina del derecho internacional, a raíz del descubrimiento de América, había sido, en los teólogos-juristas españoles, una concepción universalista: el derecho de gentes se les presenta como un derecho común al género humano en su conjunto, lo que Vitoria había llamado *totus orbis*, fundado en la sociabilidad natural de los hombres en cuanto tales, sean o no cristianos. Esta concepción vuelve a encontrarse en Grocio y, sobre todo, en los autores posteriores pertenecientes a la escuela racionalista del derecho natural y de gentes, concretamente en Samuel Pufendorf, Christian Wolff y Emer de Vattel. Por lo demás, su versión es más radical en el sentido de una secularización de la noción del derecho natural que, para ellos, ya no es un aspecto de la *lex aeterna* que rige el cosmos en su totalidad, la participación del hombre como ser dotado de razón en la *lex aeterna,* sino que es un producto de la razón humana. Puede resumirse en estas palabras de Vattel: «la ley natural sola rige en los tratados de las naciones; y la diferencia de religión es absolutamente extraña en este punto. Los pueblos tratan juntos en calidad de hombres y no en la de cristianos o de musulmanes» [1].

El «derecho público de Europa» o «derecho de gentes europeo» se convirtió en el objeto puro y simple de la doctrina en la perspectiva «práctica» de los juristas dedicados al estudio del derecho positivo, ya de una manera exclusiva, ya sin excluir el derecho natural, y esta evolución del enfoque doctrinal se dio especialmente en Alemania. En el comienzo de esta evolución se destaca Johann Jakob Moser con toda una serie de obras: entre las primeras encontramos los «Elementos de la ciencia de la actual constitución política de Europa y del derecho político y de gentes general en uso entre las potencias europeas» (*Anfangsgründe der Wissenschaft von der gegenwärtigen Staatsverfassung von Europa und dem unter Europäischen Potenzien üblichen Völker- und allgemeinen Staatsrecht,* 1732), siendo el más considerable su «Ensayo sobre el derecho de gentes europeo más reciente en tiempo de paz y de guerra (*Versuch des neuesten Europäischen Völkerrechts in Friedens- und Kriegszeiten,* 1777-1780). Hay que dejar también un lugar para el *Droit public de l'Europe fondé sur les traités* (1748) del abbé de Mably. Y es preciso mencionar sobre todo a Jorge Federico de Martens (*Précis du droit des gens moderne de l'Europe fondé sur les traités et l'usage,* 1789; reediciones en 1801 y 1821) y a Juan Luis Klüber (*Droit des gens moderne de l'Europe,* 1819), para atenernos a los autores más conocidos e influyentes al iniciarse el período que aquí consideramos.

No obstante, debemos observar [2] que estos autores no desconocían la existencia de relaciones entre los Estados europeos y los de otros continentes y, en consecuencia, de un derecho que las regía.

---

[1] *Le droit des gens,* 1. II, capítulo XII § 162 (trad. cast. cit., de M. M. PASCUAL HERNÁNDEZ).

[2] C. ALEXANDROWICZ, lo subrayó hace varios años. Cfr. «Doctrinal Aspects of the Universality of the Law of Nations», *British Year Book of International Law,* 1961, págs. 506-515.

Es especialmente el caso de Martens. Pues el autor del *Précis du droit des gens moderne de l'Europe,* cuando publica su célebre y meritorio *Recueil des traités* (a partir de 1791; 2.ª edic., a partir de 1817) no limita su horizonte a Europa; incluye igualmente —y el final mismo del largo título completo[3] lo indica— aquellos que han sido concluidos con las potencias y Estados de otros continentes. Lo mismo ocurre en lo concerniente a su curso diplomático[4].

Cierto es que se discutió sobre la naturaleza y el alcance de estos tratados entre Estados europeos (más tarde, europeos y americanos) y Estados africanos y asiáticos. En la época de que tratamos, y dada incluso la naturalidad con la que Martens supera el marco del mundo europeo y cristiano, cabe admitir que no eran considerados como menos válidos que los documentos del derecho público europeo. Pero no constituían un sistema. Se trataba de acuerdos particulares sobre la base del derecho natural y, en primer lugar, sobre la del principio *pacta sunt servanda.* Parece desde luego que la jurisprudencia de la época los consideró al margen del derecho de gentes europeo, con sus principios consuetudinarios comúnmente admitidos[5]. No será inútil recordar que, a propósito del caso que opuso a Portugal y a la Unión India sobre el derecho de paso a través del territorio indio, el Tribunal Internacional de Justicia, considerando el tratado de 1779 entre Portugal y el Imperio marhatta, afirmó su validez desde el punto de vista de la práctica del siglo XVIII, independientemente de la forma, que se apoyaba en el uso local[6].

El hecho es que las obras consagradas al «derecho público de Europa» o al «derecho de gentes europeo» se multiplicaron a comienzos del siglo XIX. La predilección de los autores de lengua alemana por la segunda de estas fórmulas les condujo a emplearla hasta una fecha muy avanzada. Lo hemos indicado, de pasada[7], con respecto a A. W. Heffter (1844), Leopold von Neumann (1856) y Franz von Holtzendorff (1885). Ahora bien, aunque Heffter afirmase todavía que un derecho de gentes no había sido comúnmente recibido más que «en nuestra Europa cristiana y en los Estados por ella creados»[8], la concepción de F. von Holtzendorff, más matizada, refleja en parte

---

[3] Se refiere a los tratados concluidos «con las potencias y Estados en otras partes del mundo».
[4] *Cours diplomatique ou Tableau des relations extérieures des puissances de l'Europe tant entre elles qu'avec d'autres Etats dans les diverses parties du globe* (1801).
[5] Cfr. P. GUGGENHEIM, «Droit international général et droit public européen», *Annuaire suisse de droit international,* 1961, págs. 14-15.
[6] Sentencia de 12 de abril de 1960 (*C. I. J. Recueil 1960,* pág. 37).
[7] *Supra,* capítulo II.
[8] *Europ. Völkerrecht,* paragr. 1.

el tiempo transcurrido y una extensión de la noción inicial: sitúa la comunidad de civilización *(Kulturgemeinschaft)* por delante de la comunidad de religión como condición previa para la pertenencia de una colectividad humana a la sociedad internacional preexistente [9].

Sería erróneo creer que los autores que titulan sus exposiciones de conjunto, sencillamente, «Derecho internacional», se alejan necesariamente de la perspectiva particularista europea [10]. Cada vez serán más numerosos estos autores, comenzando por los anglosajones, y la expresión se generalizará en la cabecera de los manuales y de los tratados científicos hacia 1880. La diferencia principal, en relación con los autores precedentes, residirá en el hecho de que el concepto de derecho de gentes europeo se ampliará progresivamente (como hemos visto que ocurría con el mismo Holtzendorff) hasta transformarse en derecho de gentes de las naciones civilizadas en el sentido de la civilización cristiana y occidental.

Así, el internacionalista norteamericano Henry Wheaton *(Elements of International Law,* 1836) responde negativamente a la pregunta de si existe un derecho de gentes universal. «El derecho público —escribe Wheaton—, con pocas excepciones, ha estado siempre limitado, y lo está todavía, a los pueblos civilizados y cristianos de Europa o a los de origen europeo» [11]; y cree poder afirmar que los intercambios recientes entre las naciones de Europa y América y las naciones musulmanas y paganas de Asia y de África indican, por parte de estas últimas, una disposición a renunciar a sus usos particulares para adoptar los de la cristiandad [12].

Este punto de vista es ampliamente compartido. Entre los autores de lengua inglesa lo encontramos en W. E. Hall *(A Treatise on International Law,* 1880), en lord Th. E. Holland *(Lectures on International Law,* edit. por T. A. Walker y W. L. Walker en 1933) y, con un relieve particular, en John Westlake *(International Law,* 2 vols., 1904-1907). Westlake sostiene que la sociedad internacional se compone de todos los Estados europeos y americanos (salvo Turquía) y Japón. Fuera de estos límites, la sociedad internacional tiene el derecho de admitir Estados a determinadas partes de su orden jurídico sin admitirlos en la totalidad de este orden, puesto que su civilización difiere en tal forma de la nuestra que en algunos puntos

[9]   Ver además, su artículo «Les questions controversées du droit des gens actuel», *Rev. de Droit International,* 8 (1876), págs. 5-54.
[10]   Cfr. J. A. CARRILLO SALCEDO, «Aspectos doctrinales del problema de la universalidad del derecho de gentes», *Revista Española de Derecho Internacional,* 17 (1964), págs. 3-15.
[11]   *Elements,* parágr. 11.
[12]   *Ibid.,* parágr. 13.

importantes es necesario proteger a los europeos y a los americanos por medio de instituciones apropiadas (como, por ejemplo, la jurisdicción consular) [13].

No obstante, incluso admitiendo una «desigualdad» de civilización entre Occidente y el mundo asiático y africano en general, no podía ignorarse que había una diferencia sensible de nivel entre los pueblos de vieja civilización de Asia y las poblaciones más atrasadas de Africa. Por esta razón, ciertos internacionalistas establecieron una clasificación de la totalidad de los pueblos de la tierra desde el punto de vista de la civilización y, en consecuencia, del derecho internacional. Merece la pena que nuestra atención se detenga especialmente en dos nombres.

James Lorimer (*The Institutes of the Law of Nations*, 2 vols., 1883-1884) consideraba que, en tanto que fenómeno político, la humanidad, «en su condición actual», forma tres esferas concéntricas: «la humanidad civilizada, la humanidad bárbara y la humanidad salvaje», que sea cual sea la causa de la diversidad, «tienen derecho, por parte de las naciones civilizadas, a un triple grado de reconocimiento: el reconocimiento político pleno, el reconocimiento político parcial y el reconocimiento político natural o puramente humano». En la esfera del reconocimiento político pleno, sometido a la completa aplicación «del derecho internacional *racional* y del derecho internacional *positivo*», se sitúan «todos los Estados de Europa (salvo Turquía), las colonias y los protectorados de estos Estados (Túnez, Tonkín, Madagascar, etc.), los Estados de América». La segunda esfera, la del reconocimiento político parcial, «implica la aplicación plena, íntegra, del derecho racional, y una aplicación *restringida, variable,* del derecho positivo». Comprende a «la Turquía de Europa y de Asia, los Estados independientes de Asia, Persia, Afganistán, Siam, China; en Africa, Marruecos y los pequeños Estados, musulmanes o fetichistas, cuya existencia en el Africa ecuatorial nos es revelada cada día..., por las valerosas expediciones de audaces exploradores». La tercera esfera abraza «los pueblos o tribus no organizadas de Africa, los salvajes de algunas raras islas oceánicas todavía independientes». Frente a estas tribus bárbaras «que no ofrecen sino un embrión de organización social, que no tienen siempre fronteras terrestres netamente delimitadas», los Estados civilizados «deberán respetar los principios humanitarios del derecho racional; pero no pueden quedar obligados a practicar el derecho internacional positivo» [14].

[13] *Int. Law*, 2.ª edic., 1910-1913, I, págs. 40-41.
[14] Según BONFLIS, *Manuel de droit international public*, 6.ª edic., por P. FAUCHILLE, París, 1912, paragr. 14.

Franz von Liszt (*Völkerrecht*, 1898) prefería hablar de pueblos o Estados «civilizados», «semicivilizados» y «no civilizados». Sólo los primeros constituyen la comunidad internacional propiamente dicha: son los Estados de la Europa cristiana con sus dependencias y colonias diseminadas por todo el globo, y los Estados cristianos de las otras partes del mundo; Turquía forma igualmente parte de ella, aunque su admisión en el Concierto europeo en 1856 no haya tenido «hasta ahora como efecto ponerla en pie de completa igualdad con las demás Potencias»; en cuanto a Japón, se ha asociado a ella con una extrema rapidez [15]. Los Estados semicivilizados «no forman parte de la comunidad internacional más que en la medida en que están vinculados por medio de un tratado con los Estados civilizados. Con respecto a estos Estados semicivilizados, el derecho internacional únicamente vale como derecho convencional y tan sólo para las materias que son objeto de tratados. Lo que caracteriza a los Estados que forman parte de este grupo es que su territorio sólo está abierto parcialmente al comercio internacional». Von Liszt enumera entre los Estados de esta categoría a China, Persia y Siam, pero añade que otros Estados del mismo género han concluido «tratados de amistad» con los Estados civilizados, y que «esta extensión del ámbito del derecho internacional hace ininterrumpidos progresos», como atestigua la Unión Postal Universal, que engloba a casi todos los Estados del mundo. El resto de la humanidad corresponde a los pueblos no civilizados. La conclusión es la siguiente:

> «En sus relaciones con los Estados semicivilizados en todos los puntos que no han sido regulados por vía de tratado y, por otra parte, en la integridad de sus relaciones con las colectividades no civilizadas, la comunidad internacional puede prevalerse de su potencia de hecho; sólo está obligada por principios de orden moral, que dependen del sentimiento cristiano y del sentimiento de humanidad» [16].

Aunque menos rigurosa en sus premisas, la concepción de autores como Despagnet y Mérignhac, aparentemente universalista, no se aleja mucho, en cuanto a sus consecuencias prácticas, de la de los autores precedentes. F. Despagnet (*Cours de droit international*, 1894) admite que el derecho internacional implica, por su misma naturaleza, «una aplicación a todas las relaciones internacionales posibles», pero agrega que «no obstante, esta concepción es en gran parte teórica y sólo puede ser aceptada como una tendencia progresiva

---

[15] VON LISZT, escribe en el momento en que Japón ha obtenido la derogación de los tratados desiguales. Ver lo que dice de Turquía en las ediciones posteriores (*Völkerrecht*, paragr. 1, I, 2).

[16] *Ibid.*, paragr. 1, I, 3-4.

del derecho internacional hacia una aplicación cada vez más universal», tendencia que es además efectiva. Si de esta forma Despagnet anuncia las opiniones de un Fiore y de un Bluntschli, de los que más adelante hablaremos, recuerda por el contrario a von Liszt cuando llega a la regulación de las relaciones internacionales con «los pueblos que ignoran el derecho internacional», ya que en este caso «hay que limitarse a convenciones particulares, que deben incluso frecuentemente ser precedidas por un tratado general de amistad, único medio de obtener de las poblaciones salvajes la observación de los acuerdos ulteriormente concluidos»[17].

Comprometido en el mismo camino, A. Mérignhac (*Traité de droit international public,* incompl., 3 vols., 1905-1912) representa en cierta forma un retorno a la doctrina de las «esferas concéntricas» de Lorimer. El «derecho público internacional» —fórmula con la que Mérignhac sustituye al superado «derecho público europeo»— se ha hecho ciertamente mundial; sin embargo, no puede ocultársenos «que pese a una asimilación más aparente que real», la mayoría de los Estados asiáticos no podrán ser admitidos «en mucho tiempo» a una igualdad completa, y que ni siquiera un derecho especial y excepcional es concebible «concerniente a las pequeñas colectividades semibárbaras o a las tribus salvajes de Asia y de Africa», con respecto a las cuales «los pueblos civilizados tienen que cumplir un verdadero mandato de civilización y de educación social». En cuanto a saber «la época, quizá muy lejana, en la que se producirá la transformación necesaria para que haya una comunidad de ideas y de derecho con la parte civilizada de la humanidad», Mérignhac se confiesa incapaz de precisarla[18]. Con esta afirmación, la universalidad de principio que parecía reconquistada presenta una indudable ambigüedad.

Pero la tendencia a la universalización de los principios de la civilización occidental, que creíamos poder adivinar, conduce a un sector de la doctrina a acentuar el carácter pasajero, históricamente condicionado, de las discriminaciones. Tal estado sería superado a la larga gracias a la generalización progresiva de la civilización europea y occidental y a la recepción cada vez más completa en el resto del mundo del derecho de gentes que ella había engendrado. Así se volvía de manera indirecta a la concepción universalista de los clásicos del derecho de gentes. En realidad, incluso en los autores que hemos evocado más arriba encontramos huellas de esta evolución, que será percibida con más clara conciencia en el pensamiento de los autores de los que hablaremos a continuación.

[17] *Cours,* 4.ª edic., por BOECK, 1910, paragr. 52.
[18] *Traité,* I, 1905, Introducción, III, págs .15-17.

Es de justicia observar que la concepción universalista del derecho
de gentes de los clásicos jamás había desaparecido completamente,
como lo prueba el ejemplo de Robert Phillimore (*Commentaries
upon International Law*, 4 vols., 1854-1861). Los términos de los
que se sirve en esta ocasión recuerdan los de un Vitoria. Al funda-
mentar, como su ilustre predecesor, el derecho internacional sobre
el derecho natural, extrae la conclusión lógica de este punto de
partida:

«La primera consecuencia que se desprende de la influencia de la naturaleza
sobre el derecho internacional es que éste no se reduce, en su aplicación, a las
relaciones recíprocas de las naciones cristianas, y menos aún, como se ha afir-
mado, de las naciones europeas, sino que subsiste entre los cristianos y los
paganos, e incluso entre dos naciones paganas, aunque de una manera más vaga
y en unas condiciones menos perfectas que entre dos comunidades cristianas;
de tal forma que, desde que dos comunidades entran en contacto, antes de que
el uso o la costumbre hayan madurado en un cuasi-contrato y antes de que hayan
surgido entre ellas acuerdos positivos, sus intercambios están sometidos al derecho» [19].

Entre los internacionalistas que, por el sesgo de un análisis de la
evolución en curso, retornan más o menos al universalismo, mencio-
naremos más especialmente a Pasquale Fiore (*Nuovo diritto internazionale pubblico secondo i bisogni della civiltà moderna*, 1865;
Trattato di diritto internazionale pubblico, 1879-1884), Johann Cas-
par Bluntschli («El derecho internacional moderno de los Estados
civilizados en forma de código», *Das moderne Völkerrecht der civili-
sirten Staaten als Rechtsbuch dargestellt*, 1868) y Henri Bonfils
(*Manuel de droit international public*, 1894).

Fiore y Bluntschli manejan una noción amplia de civilización que,
en cuanto a su repercusión sobre el derecho internacional, enlaza
con la de Vattel. El jurista italiano, colocándose desde el primer
momento en una perspectiva histórica, observa que, si las afinidades
de raza y las comunes creencias religiosas han contribuido primaria-
mente a moldear el derecho internacional como «el derecho de los
Estados cristianos de Europa» [20], seguidamente:

«La cultura y la civilización hicieron nacer la comunidad de conceptos
jurídicos entre todos los pueblos que estaban a un mismo nivel de civilización,
y se convirtió en el derecho de los Estados civilizados sin hacer diferencias en
lo concerniente a sus creencias religiosas; y en primer lugar, se le llamó derecho
común de los Estados europeos, más tarde, de éstos y de los Estados ameri-

[19] *Commentaries*, 3.ª edic., I, 1879, paragr. XXVIII, pág. 20.
[20] FIORE critica a HEFFTER por hablar del «derecho internacional de Europa», término «che ai giorni nostri non si può in alcuna guisa giustificare»
(*Trattato*, 4.ª edic., I, 1904, paragr. 191, pág. 134).

canos; y cuando los intereses comerciales y las relaciones que éstos permitieron establecer, hicieron nacer la comunidad de conceptos y de sentimientos jurídicos entre pueblos que se encontraban a un nivel diferente en la escala de la cultura y de la civilización, la autoridad del derecho internacional se extendió».

A este propósito, cita a Turquía, China, Japón, Persia, Siam, Madagascar, Borneo, Mascate, Lew-Chew, Marruecos, Argel, Trípoli, Túnez, etc., que firmaron tratados con las potencias europeas, reconociendo muchas reglas del derecho internacional; lo cual permite esperar que el derecho internacional se transformará finalmente en «principio jurídico y moral en su manifestación más amplia: como derecho de la humanidad *(diritto della umanità)*» [21].

No sin haber recordado que Grocio y Pufendorf habían concebido un derecho internacional aplicable a todas las naciones, también Bluntschli admite un mínimo de civilización común como base de un derecho internacional universal. Si debe constatar que la Santa Alianza sólo quería proteger todavía un derecho internacional exclusivamente cristiano, considera la admisión de Turquía en el Concierto de los Estados europeos como el primer paso hacia su superación:

«Desde entonces, se ha aplicado en repetidas ocasiones el principio de que el derecho internacional se extiende más allá de la cristiandad. Nadie, ahora, pone ya en duda que este derecho se aplica no sólo a todos los Estados mahometanos, sino también a China y a Japón» [22].

El lugar que Bonfils reserva al derecho internacional natural o racional le conduce a una concepción universalista cuyo vigor es sorprendente:

«El derecho internacional *natural* o *racional* se aplica a todos los Estados, a todos los pueblos. Abarca y gobierna a todos, sea cual fuere su grado de civilización. ... Este derecho racional es aplicable a todos los pueblos, incluso a las tribus bárbaras que todavía existen en Africa... [Pues bien], de *hecho*, los Estados civilizados, abusando de su fuerza, han violado demasiadas veces estos principios con respecto a los negros de Africa, los indios de América, los polinesios de Oceanía, e incluso con respecto a los Estados de una cultura diferente» [23].

Lo cual no quiere decir que el derecho internacional positivo, habiéndose formado en Europa sobre la base de los preceptos del cristianismo, no pueda admitir situaciones particulares. «De *hecho* —constata Bonfils— incluso en nuestros días, los Estados europeos o americanos se han considerado como menos estrictamente obliga-

[21] *Ibid. ibid.*, pág. 135.
[22] *Le droit international codifié*, trad. franc., de C. LARDY, París, 1870, páginas 17-18.
[23] *Manuel*, 6.ª edic., por P. FAUCHILLE, 1912 Introd., paragr. 40.

dos con respecto a los Estados asiáticos», sin olvidar a Turquía [24]. Y es así, porque «la participación de los Estados en el derecho internacional *positivo* supone cierta identidad o semejanza entre las costumbres, los usos, las instituciones sociales o jurídicas, una práctica común de los mismos procedimientos, una reciprocidad en los modos de relación» [25].

Añadamos, para terminar , que en 1877 el Instituto de Derecho Internacional puso para su discusión en el orden del día el tema siguiente: «Aplicabilidad del derecho de gentes europeo a las naciones orientales» [26]. Pero estos trabajos no plasmaron en un resultado positivo. Dos años más tarde, el ponente, sir Travers Twiss, propuso no continuar el estudio en cuestión. En efecto, no había recibido respuestas categóricas. Por su parte, tomó posición en estos términos:

> «La cuestión sólo puede ser resuelta si se la limita a los *pueblos civilizados*... Los habitantes del Imperio Otomano, los persas, los chinos, los japoneses deben ser distinguidos de las poblaciones paganas y medio salvajes. Las relaciones de Europa con China y Japón son muy diferentes de las que se mantienen con las poblaciones no civilizadas... Estoy convencido de: 1) Que la diferencia entre las ideas y las creencias de estas naciones y las nuestras no es tal que sea imposible pensar en admitirlas en la comunidad general del derecho internacional; 2) Que las nociones de los pueblos orientales referentes a la obligación de observar las estipulaciones de los tratados, no son diferentes en el fondo de las de los pueblos cristianos en la misma materia. Las dificultades existentes no lo son en la teoría, sino en la práctica...» [27].

Sir Travers Twiss seguía de esta forma en la vía de los que buscaban definir la civilización en términos universales.

Por lo demás, la evolución de la sociedad internacional en los decenios siguientes resolvería con una imprevista rapidez el problema tan ampliamente discutido. Con la primera guerra mundial, la expansión de la sociedad internacional iba a conocer un ritmo que la segunda aceleraría aún más.

---

[24]   *Ibid.*, paragr. 42.
[25]   *Ibid.*, paragr. 43.
[26]   *Annuaire* del Instituto, 1877, pág. 141.
[27]   *Annuaire*, 1879-1880, I, págs. 301-302.

Capítulo 5

LA SOCIEDAD MUNDIAL
EN BUSCA
DE UN ORDEN NUEVO

La evolución de la sociedad internacional desde la primera guerra mundial. Emancipación del mundo colonial y derecho internacional. Los nuevos Estados y el derecho internacional. Heterogeneidad e interdependencia de los grupos humanos en la sociedad mundial contemporánea. Las nuevas funciones del derecho internacional en tanto que derecho de una sociedad mundial.

El proceso de expansión de la sociedad internacional que hemos visto desarrollarse a través de las vicisitudes de la independencia de las colonias europeas de América y de la apertura de los otros continentes a la hegemonía de Europa, muy pronto seguida por los Estados Unidos de América y por Japón, no se amplificó demasiado tras *la guerra de 1914-1918.* Lo cual confirmaría, como ha señalado un autorizado observador del mundo internacional contemporáneo, que «la primera guerra, bautizada mundial, fue efectivamente europea» [1]. Sin embargo, algunos hechos nuevos, preñados de futuro, marcaron su desarrollo. Bastaría con mencionar la intervención de fuerzas militares de los territorios de ultramar de las potencias occidentales y el papel decisivo desempeñado por los Estados Unidos en la victoria final de los aliados. De ahí que en la Conferencia de la Paz de París (1919-20) las potencias no europeas pudieran participar por vez

[1] R. ARON, «Nations et empires», en su libro *Dimensions de la conscience historique,* París, Plon, 1961, pág. 231. (Estudio reproducido de la *Encyclopédie française,* IX, París, 1957.)

primera en la solución de los asuntos europeos y, en lo concerniente a Estados Unidos, incluso en la discusión al nivel más elevado. La simple evocación de la acción del presidente Wilson pone de relieve un dato sin precedentes. No menos significativa fue la evolución, acelerada por la guerra, que tuvo lugar en el seno del Imperio británico, donde algunos territorios habían obtenido la autonomía interna y el estatuto de *dominion* —es decir, Canadá, Australia, Africa del Sur y Nueva Zelanda— y alcanzaron la autonomía externa y la independencia en el seno de la *Commonwealth* por su contribuición al esfuerzo de guerra. Estuvieron representados en las negociaciones de la paz, así como la India, que por la misma razón recibiría gradualmente, según los términos de la Conferencia imperial de 1917, «las instituciones susceptibles de realizar un gobierno responsable». Aunque figurasen bajo la rúbrica del «Imperio británico», firmaron el tratado de Versalles y se convirtieron en Miembros de la Sociedad de Naciones. Pero en ausencia de los Estados Unidos, la Sociedad de Naciones, aunque desbordase ampliamente el marco europeo e incluso el euroamericano, fue no obstante, esencialmente europea.

En lo que respecta a las colonias alemanas y a los territorios separados del Imperio otomano en Asia Menor, la introducción del sistema de mandatos, pese a sus limitaciones, preparaba para el Oriente Próximo el establecimiento de protectorados, más tarde Estados independientes, anunciando de esta forma las ampliaciones ulteriores, acaecidas tras la segunda guerra mundial [2].

En conjunto, la guerra de 1914-1918 tendría como consecuencia el desplazamiento de Europa como centro del mundo político-internacional; más aún, iniciaría el fin de la que cabe llamar la «era europea». Ahora bien, este desplazamiento —que espíritus lúcidos como Albert Demangeon en su obra sobre el declinar de Europa (*Le déclin de l'Europe*, París, 1920) o el conde Ricardo Coudenhove-Kalergi, heraldo de una Europa unida (*Paneuropa*, Viena, 1923), por no hablar de Oswald Spengler y su visión pesimista de la decadencia de Occidente, percibieron desde un principio— quedó oculto para los más por el hecho de que no se reflejara en la Sociedad de Naciones. Lo ocultaron sobre todo dos hechos: la vuelta de Estados Unidos al aislacionismo y su negativa a formar parte del organismo ginebrino,

    [2] Cfr. A. MIAJA DE LA MUELA, *La emancipación de los pueblos coloniales y el derecho internacional*, 2.ª ed., Madrid, 1968, cap. V. Sobre el régimen de mandatos, cfr., especialmente, entre una abundante literatura, L. PALACIOS, *Los mandatos internacionales de la Sociedad de Naciones*, Madrid, 1927; L. ROLIN, «La pratique des mandats internationaux», *Rec. des cours*, 19 (1927-IV), y, más recientemente, H. DUNCAN HALL, *Mandates, Dependencies and Trusteeship*, Washintgon, 1948; R. N. CHOWDHURI, *International Mandates and Trusteeship Systems. A Comparative Study*, La Haya, 1955.

cuya existencia se debía por cierto a la iniciativa de su presidente, Woodrow Wilson; y la situación marginal en que quedó la Unión Soviética hasta los años treinta.

La *segunda guerra mundial* verá manifestarse de golpe la mutación de la sociedad internacional, maduramente preparada. La emancipación o *descolonización del mundo afro-asiático* es, después de la emancipación del Nuevo Mundo, el hecho mayor de la vida internacional. Consagra la *mundialización de la sociedad internacional* en cuanto tal, y no incorporada sólo de una manera pasiva, tal cual lo era anteriormente, al ciclo de los intercambios mundiales bajo una hegemonía o una dominación. Ha dado a la Organización de las Naciones Unidas su fisonomía peculiar, radicalmente distinta de la de la Sociedad de Naciones.

Nada puede brindarnos una idea más clara del camino recorrido desde la primera guerra mundial que una simple comparación del número de Estados de entonces con el de hoy y su distribución geográfica.

El mundo internacional en vísperas de la primera guerra mundial fue evocado en un penetrante resumen por Franz von Liszt en su manual de derecho internacional que, publicado por vez primera en 1898, figura, por sus sucesivas reediciones y traducciones a diversas lenguas, entre los más conocidos. Veamos los términos exactos en los que se expresa:

«El 1.º de agosto de 1914, la comunidad internacional se componía de 43 Estados, a saber: 1) los 21 Estados europeos [que enumera]; 2) los 21 Estados americanos [que enumera igualmente]; 3) de todos los Estados asiáticos, únicamente Japón es sin lugar a dudas miembro de la comunidad internacional. China, Persia y Siam no están todavía plenamente incorporados a la sociedad de los Estados; si se les incluye, el total de Estados se eleva a cuarenta y seis. Afganistán (que difícilmente puede ser considerado como un Estado independiente), así como los Estados independientes del Himalaya, Bhután y Nepal, y los pequeños Estados árabes, todavía están al margen de esta sociedad. Los Estados africanos de Liberia y Abisinia (o Etiopía) deben ser mencionados como cercanos a la comunidad internacional más que como pertenecientes a ella completamente...»[3].

Poco diferente fue el mundo internacional de la Sociedad de Naciones, que en el año 1926, que puede tomarse como el año medio, estaba formada por 27 Estados europeos, 18 americanos, 5 asiáticos, 3 africanos y 2 de Oceanía.

Basta comparar estas cifras con las del mundo internacional ac-

---

[3] *Völkerrecht*, 10.ª edic. rev., Berlín, 1915, parágr. 1, I, 5. (Hay traducción castellana de la 10.ª edic., revisada por M. FLEISCHMAN, por D. MIRAL, Barcelona, 1929.)

tual y con las de la Organización de las Naciones Unidas, para medir el alcance de la transformación operada. No sólo se ha incrementado el número total de los Estados en más del triple, sino que se ha alterado radicalmente su distribución por continentes y culturas [4].

Pero en este caso al factor cuantitativo se suma un elemento cualitativo. Desde este último punto de vista en efecto, hay que señalar dos hechos decisivos, que han contribuido poderosamente a alterar el carácter de la sociedad internacional contemporánea.

El primero es la *revolución rusa de octubre de 1917.* No habrá sido menos importante, en cuanto a sus consecuencias sociales y políticas, que las revoluciones americana y francesa del siglo XVIII. Con ella, el mundo occidental se dividió profundamente, como en los tiempos de la Reforma y de las guerras de religión, o incluso anteriormente, a raíz del cisma de Oriente. La transformación de una de las grandes potencias del antiguo Concierto europeo en país socialista no podía dejar de tener repercusiones en el plano internacional. No nos detendremos en ella, como tampoco lo hicimos en el caso de la Revolución francesa, ya que el objeto de nuestro estudio es la expansión, y no la evolución interna, de la sociedad internacional. Digamos, sin embargo, que el fin de la segunda guerra mundial vio aparecer otros Estados socialistas, no sólo en Europa oriental, sino también en otras partes del mundo, encontrándose en un primer puesto entre éstos la China continental.

El segundo hecho a señalar es que la *descolonización de la segunda mitad del siglo XX,* salvo en el caso de los *dominions* británicos cuya población era de origen europeo, corrió a cargo de elementos autóctonos y sobre todo de *élites* indígenas que, aunque por lo general habían recibido una formación occidental, la ponían al servicio de sus propios objetivos y de sus propias necesidades. Por ello, esta descolonización transformará fundamentalmente el aspecto de la sociedad internacional. En particular, romperá el lazo que se había establecido entre la pertenencia a la sociedad internacional y al derecho internacional por una parte, y la pertenencia a la civilización concebida sobre el modelo de la civilización occidental por otra. Además, es preciso subrayar que esta ruptura ya se había esbozado entre las dos guerras mundiales, para dejar lugar al simple criterio formal de la independencia efectiva. En cualquier caso, la Carta de las Naciones Unidas sólo tiene ya, como criterio material exigible para que una colectividad humana pueda ser miembro de la Organización, la referencia a los «Estados amantes de la paz», lo cual es un criterio muy amplio, puesto que, si les hacemos caso, todos los Estados

[4]   Véase el gráfico correspondiente en los Anexos.

son pacíficos (la Carta no habla aquí de «pueblos», como en otros de sus pasajes).

Estos dos hechos, a saber, la Revolución de octubre en Rusia y la extensión del régimen socialista a una gran parte de la humanidad como consecuencia de la segunda guerra mundial, y la emancipación de los pueblos de Asia y de Africa de la tutela o la dependencia política en el seno de los antiguos imperios coloniales, han introducido en la sociedad internacional un pluralismo cultural, ideológico y jurídico que es sin duda alguna uno de sus rasgos más notables. El sistema europeo de Estados era un sistema homogéneo. Esta homogeneidad se mantuvo, al producirse su extensión a América. No fue visiblemente afectada por la incorporación de Oriente a la vida internacional, en el curso de la segunda mitad del siglo XIX, ya que implicaba una adopción de las pautas occidentales por los nuevos asociados. Por el contrario, la sociedad mundial de Estados es una *sociedad heterogénea,* en la que las mismas nociones de lo justo y de lo injusto, incluso cuando se expresen con palabras idénticas, tienen para unos y otros sentidos diferentes.

Si el siglo XIX había establecido finalmente algunos principios generales del derecho internacional de la colonización, la segunda mitad del siglo XX, en cambio, se ha preocupado por formular lo que bien podemos denominar un *«derecho internacional de la descolonización».* El principal instrumento de este derecho habrá sido la Organización de las Naciones Unidas.

Y lo habrá sido por la inclusión expresa en la Carta del principio del *derecho de los pueblos a disponer de sí mismos* (artículo 1/2, artículo 55), ya incluido como parte del programa de acción futura en la Carta del Atlántico (14 de agosto de 1941), párrafo 3, en su forma más general [5].

Es cierto que la Conferencia de San Francisco no había considerado la abolición inmediata del régimen colonial. La referencia al principio del derecho de los pueblos a disponer de sí mismos fue interpretada entonces de diferentes maneras y, sobre todo, en una óptica muy diversa en cuanto a sus plazos de aplicación. El resultado fue la transacción de la que salieron los capítulos XI (Declaración relativa a los territorios no autónomos) y XII (Régimen internacional

[5] «3) Ambos [el Presidente de los Estados Unidos de América, Franklin D. Roosevelt, y el primer ministro del Reino Unido, Winston Churchill] respetan el derecho que tiene cada pueblo de escoger la forma de gobierno bajo la cual debe vivir; desean que sean devueltos los derechos soberanos y el libre ejercicio del gobierno a los que fueron privados de ellos por la fuerza» (Ver C. A. COLLIARD, *Droit international et histoire diplomatique. Documents choisis,* I, 3.ª edic., París, 1955, pág. 604).

de administración fiduciaria) de la Carta [6]. Pero no por ello el principio en cuestión heredado de las revoluciones americana y francesa, en la situación creada por la guerra y el nuevo papel dominante de los Estados Unidos y de la Unión Soviética, dejaba de tener en sí una virtualidad que no había conocido desde los tiempos de las reivindicaciones de las nacionalidades y de las minorías nacionales oprimidas o fragmentadas, en la Europa del siglo XIX. Y ello tanto más cuanto que ahora su área de aplicación alcanzaría, en el campo colonial, un sector que hasta entonces (si se hace abstracción del modesto precedente del régimen de mandatos en el marco de la Sociedad de Naciones) había permanecido en la sombra a este respecto. Es imposible no subrayar la importancia del artículo 73 de la Carta, en la medida en que estipula que los Miembros de las Naciones Unidas «que tengan o asuman la responsabilidad de administrar territorios cuyos pueblos no hayan alcanzado todavía la plenitud del gobierno propio reconocen el principio de que los intereses de los habitantes de esos territorios están por encima de todo», y que con este fin, se obligan entre otras cosas (paragr. b), «a desarrollar el gobierno propio, a tener debidamente en cuenta las aspiraciones políticas de los pueblos, y a ayudarlos en el desenvolvimiento progresivo de sus libres instituciones políticas», y asimismo (paragr. e) a transmitir regularmente al Secretario General los informes relativos a las condiciones económicas, sociales y educativas de los territorios por los cuales son respectivamente responsables, aparte los demás deberes que implica el régimen de administración fiduciaria.

Tras el impulso así dado por la Carta en el contexto de las condiciones de la postguerra, cuando la Asamblea General, una vez adoptada la Declaración universal de derechos humanos (1948), emprendió la elaboración de los proyectos de pactos que debían hacerla efectiva, adoptó, bajo la influencia de los Estados afroasiáticos, a cuya cabeza se colocó la Arabia Saudí, la resolución del 16 de diciembre de 1952, según la cual el derecho de los pueblos a disponer de ellos mismos es una condición previa para el disfrute de cualquier otro derecho [7].

Una etapa decisiva de esta evolución fue la decimoquinta sesión (1960), en el curso de la cual tuvo lugar el ingreso en la Organización de dieciséis Estados africanos recientemente promovidos a la independencia. El 14 de diciembre de 1960, la Asamblea General, tras haber tomado nota del apasionado deseo de libertad que anima a todos los pueblos que aún no se gobiernan por sí mismos, del carácter irresistible e irreversible del proceso de su liberación, y de la necesidad de poner fin rápida e incondicionalmente al colonialismo

[6] Cfr. MIAJA DE LA MUELA, op. cit., págs. 55 y sigs.
[7] Cfr. MIAJA DE LA MUELA, op. cit., págs. 94 y sigs.

en todas sus formas y manifestaciones, declaraba que el régimen colonial implica la negación de los derechos fundamentales del hombre y se opone a la Carta de las Naciones Unidas, ya que todos los pueblos tienen el derecho de disponer de ellos mismos, sin que la falta de preparación en el campo político, económico o educativo pueda servir de pretexto para retrasar su independencia y de esta forma perpetuar el estatuto colonial; y exigía, tanto en los territorios bajo administración fiduciaria como en los territorios no autónomos, y en general en todos aquellos que aún no han accedido a la independencia, la aplicación de medidas inmediatas para transferir la plenitud del poder a los pueblos de estos territorios, sin ninguna condición o reserva, de acuerdo con su voluntad libremente expresada: tal es, en lo esencial, el contenido de la resolución 1514 (XV), que ha podido ser considerada como la más trascendental que la Asamblea haya adoptado[8]. En lo sucesivo, estos principios han sido reafirmados en diversas ocasiones por la Asamblea General[9] y confirmados por el Consejo de Seguridad[10].

No es éste el lugar para precisar el alcance jurídico exacto que, desde el punto de vista formal y positivo, presentan las «recomendaciones» que son de la competencia de la Asamblea General de las Naciones Unidas[11]. Pero es evidente que no puede subestimarse su

[8] MIAJA DE LA MUELA, op. cit., pág. 106. La resolución fue adoptada por 89 votos y 9 abstenciones. Se ha podido ver a justo título en la cláusula relativa a la falta de preparación de los pueblos coloniales el aspecto más revolucionario de la Declaración (MIAJA DE LA MUELA, op .cit., pág. 108). La resolución 1541 (XV), adoptada el día siguiente, precisó la noción de «territorio no autónomo» y los principios que deben guiar a los Estados miembros para saber si están obligados a proporcionar las informaciones de que habla el artículo 73 de la Carta.

[9] Particularmente en las resoluciones 1654 (XVI), del 17 de noviembre de 1961, y 1810 (XVII) del 17 de diciembre de 1962, de un alcance general.

[10] Especialmente, en sus resoluciones del 31 de julio de 1963 y del 11 de diciembre de 1963.

[11] Sobre este punto, cfr. M. VIRALLY, «La valeur juridique des recommandations de l'Assemblée Générale», Annuaire Français de Droit International, 2 (1956), págs. 66 y siguientes; A. MALINTOPPI, Le raccomandazioni internazionali, Milán, 1958; F. RAMOS GALINO, «Las resoluciones de la Asamblea General y su fuerza jurídica», Revista Española de Derecho Internacional, 11 (1958), páginas 95-128; A. J. P. TAMMES, «Decisions of International Organs as a Source of International Law», Rec. des cours, 94 (1958-II); ROSALYN HIGGINS, The Development of International Law through the Political Organs of the United Nations, Oxford, 1963; O. ASAMDAH, The Legal Significance of the Declarations of the General Assembly of the United Nations, La Haya, 1966; MIAJA DE LA MUELA, op. cit., cap. XII; S. A. BLEICHER, «The Legal Significance of Re-Citation of General Assembly Resolutions», American Journal of International Law, 1969, páginas 444-78; JUNG-GUN-KIM, «La validité des résolutions de l'Assemblée Générale des Nations Unies», Revue Générale de Droit International Public, 75 (1971), 92-104.

valor material en tanto que base de un derecho internacional nuevo. Adoptadas por cuasi unanimidad, e independientemente del hecho de que el Consejo de Seguridad las haya confirmado parcialmente, las resoluciones de la Asamblea en materia de descolonización son, por decirlo así, el reflejo de la conciencia jurídica de la humanidad contemporánea en esta materia. ¿Cómo podía ser de otra forma, si consideramos que la tendencia a la emancipación del mundo colonial es, como la promoción del mundo del trabajo y la participación cada vez más efectiva de la mujer en la vida pública, uno de los fenómenos característicos de nuestra época, uno de los «signos de los tiempos», según los términos del papa Juan XXIII en la encíclica *Pacem in terris?*

En el seno de la Organización de las Naciones Unidas, como fuera de este marco, la presencia de los nuevos Estados afroasiáticos se ha dejado sentir en la evolución del derecho internacional.

El primer problema que se les plantea es evidentemente el de la *actitud* a adoptar *frente al derecho internacional general preexistente.* Estos Estados no pertenecen a la tradición cultural de la que aquél nació. Por otra parte, habían sido, en tanto que pueblos colonizados o mediatizados, ora objetos pasivos, ora sujetos con un estatuto inferior. No debemos sorprendernos, en estas condiciones, de que manifiesten cierta tendencia a aceptarlo sólo en parte. Un problema análogo se había planteado, por otra parte, inmediatamente después de la Revolución rusa de octubre, al no admitir la Unión Soviética los principios del derecho internacional anterior que se oponían al nuevo orden que se proponía establecer.

El hecho de que las reglas del derecho internacional general en vigor hayan surgido sin la participación de los nuevos Estados es importante desde el punto de vista psicológico, pero no debe exagerarse su alcance. Sería injusto olvidar que el derecho internacional clásico fue elaborado principalmente por las grandes potencias y que los pequeños Estados europeos más bien lo padecieron parcialmente. Algunas de sus reglas se desarrollaron a favor de la situación privilegiada de Europa, e incluso en contra de tales o cuales intereses de los Estados latinoamericanos.

Cabe incluso observar que, dada la situación creada por la segunda guerra mundial y el predominio de Estados Unidos y de la Unión Soviética, las poblaciones de los nuevos Estados se han beneficiado del principio de autodeterminación de los pueblos en una medida que acaso hubieran deseado no pocas de territorios europeos y euroasiáticos, de haber sido consultadas, y que en todo caso la cláusula correspondiente de la Carta del Atlántico no ha sido tenida en cuenta en la liquidación de la segunda guerra mundial[12]. Antes bien, por explicable que ello resulte, el hecho es que, al igual que el principio de legitimidad dinástica en el Antiguo Régimen y el de las nacionalidades entre las dos guerras mundiales, el principio de autodeterminación se ha visto asimismo limitado en su aplicación por la efectividad de posiciones adquiridas, en función de una «política de poder» que no cambia de carácter por el adjetivo que adopte quien la ejerce.

Lo que interesa saber es si las reglas en cuestión se adecuan o no a las condiciones y a las necesidades de los nuevos Estados en sus relaciones con los antiguos y entre sí. El problema es esencialmente un *problema de adaptación del derecho internacional* a una sociedad internacional transformada de arriba abajo. En el fondo, es un caso particular, pero a escala mundial y en un grado máximo, de la readaptación constante del derecho, cuya tendencia es estática, a una realidad social que es dinámica. Esta readaptación, como es sabido, resulta especialmente difícil en la sociedad internacional, dada la insuficiencia de su organización y particularmente la falta de un órgano legislativo como el que actúa en la sociedad interna (todo el problema del *peaceful change*). Y todavía lo es más en la sociedad internacional actual, cuya rapidez de transformación se ha acelerado.

Así se explica que los Estados afroasiáticos reconozcan el carácter obligatorio de los tratados por ellos firmados, pero no necesariamente el de aquellos que firmaron en su nombre las potencias coloniales, o que les fueron impuestos sobre una base de desigualdad. En lo concerniente al derecho internacional consuetudinario, sólo lo admiten en la medida en que no se opone a su independencia económica. Sienten especialmente fuertes prevenciones con respecto a los «principios generales del derecho reconocidos por las naciones civilizadas» de que habla el artículo 28 del Estatuto del Tribunal Internacional de Justicia. No obstante, conviene señalar que su descon-

---

[12] En realidad, el documento conocido bajo el nombre de Carta del Atlántico, firmado por F. D. Roosevelt y W. Churchill, con ocasión de su encuentro a bordo del *Prince of Wales* «en algún lugar del Atlántico» en agosto de 1941, no tenía carácter oficial, y si bien fue comunicado a las potencias aliadas y amigas, venía a ser la expresión de las intenciones políticas de ambos estadistas en relación con las futuras condiciones de la paz. Ya el Centro de Acción para la Federación Europea, al recordar, en enero de 1945, la frase de Churchill según la cual cuanto más duraba la guerra, más perdía su carácter ideológico, comprobaba que la Conferencia de Teherán había decidido que la suerte de Polonia y de Alemania no se regularía según los artículos 1 y 2 de la Carta del Atlántico, que precisamente se refieren al previo consentimiento, libremente expresado, de los pueblos interesados, para proceder a cualquier modificación territorial (*L'Europe de demain*, Neuchâtel, 1945, págs. 7-8).

fianza con respecto al Tribunal y al derecho que debe aplicar no les ha impedido someterse a su jurisdicción o incluso tomar la iniciativa de acudir a él.

Pero es un hecho que ahora *los Estados afroasiáticos participan cada vez más en el desarrollo del derecho internacional.* Algunos Estados afroasiáticos intervinieron en la creación de la Organización de las Naciones Unidas, en tanto que un número relativamente alto de Estados europeos no se incorporaron a ella, por diversas razones, hasta más tarde; y, desde la adquisición de su independencia, han solido solicitar ser admitidos. Sólo se retiró hasta ahora Indonesia, y por breve tiempo. En las Naciones Unidas los nuevos Estados han intervenido no solamente en materia de descolonización (con patente energía), sino también en el campo del derecho del espacio exterior, desde sus comienzos [13]. Una de sus más vehementes y legítimas aspiraciones fue recogida en la importante Resolución 1803 (XVII) del 14 de diciembre de 1962, relativa al derecho de los pueblos y de las naciones a la soberanía permanente sobre sus riquezas y recursos naturales. Han tomado parte en las conferencias de las Naciones Unidas para la codificación y desarrollo del derecho del mar (Ginebra, 1958 y las sigs.) y en las que tuvieron por objeto las relaciones diplomáticas (Viena, 1960), las relaciones consulares (Viena, 1963), el derecho de los tratados (Viena, 1969) y otras.

También ha sido reforzada la representación de los Estados afroasiáticos en los diferentes órganos de las Naciones Unidas. Así sucedió en el Tribunal Internacional de Justicia, con ocasión de la renovación de ciertos jueces, a partir de 1963.

Asimismo, en la Comisión de Derecho Internacional el número de miembros fue elevado de 15 a 21, y después a 25, con el fin de permitir una presencia más efectiva de los Estados en cuestión. Una preocupación parecida llevó, finalmente, a la reforma de los artículos 23, 27 y 61 de la Carta, adoptada por la Asamblea General el 17 de diciembre de 1963 [14] y que reviste peculiar importancia: no sólo ha elevado el número de miembros no permanentes del Consejo de Seguridad de 6 a 10, y el de los miembros del Consejo Económico y Social de 18 a 27; sino que se ha estipulado además una distribución de puestos más favorable que en el pasado para los Estados africanos y asiáticos [15].

---

[13] Resoluciones 1721 (XVI) del 20 de diciembre de 1961, y 1802 (XVII) del 14 de diciembre de 1962.

[14] Resolución 1991 (XVIII). Entró en vigor el 31 de agosto de 1965.

[15] Los diez puestos no permanentes del Consejo de Seguridad deben ser distribuidos como sigue: cinco a los Estados africanos y asiáticos, uno a los Estados de Europa oriental, dos a los Estados latinoamericanos, dos a los Estados de Europa occidental y otros. En cuanto al Consejo Económico y Social,

En lo que podríamos denominar el sector privado de la vida internacional, no es menos significativo de la situación actual que el Instituto de Derecho Internacional decidiera, en la sesión de Salzburgo (1961), elevar el número de sus asociados de 60 a 72, reservando los nuevos 12 puestos para los juristas de los países aún no representados en el Instituto.

Era natural que tanto en el campo del derecho como en el plano político, la actitud de los Estados afroasiáticos se manifestase con particular nitidez con motivo de sus relaciones recíprocas, ya que aquí el margen de libertad de que disponen para enunciar sus ideales e intentar traducirlos en la realidad es mayor.

A este respecto, corresponde una especial importancia al preámbulo del tratado de Pekín, de 29 de abril de 1954, entre la República de la India y la República Popular de China, relativo al Tibet. En efecto, contiene los célebres «cinco puntos» o «cinco principios» sobre los cuales las dos grandes potencias de Asia pretenden apoyarse. Los principios que invoca el acuerdo en cuestión son los siguientes:

1) respeto recíproco de la integridad territorial y de la soberanía de cada uno:

2) no agresión recíproca;

3) no ingerencia recíproca en los asuntos internos de uno y otro;

4) igualdad y provecho mutuo;

5) coexistencia pacífica [16].

Si es preciso constatar que los cuatro primeros son principios generales del derecho internacional preexistente, no sería ecuánime olvidar que habían sido escasamente aplicados (sobre todo el cuarto) con respecto precisamente a los pueblos afroasiáticos, y ésta es sin duda la razón por la cual son invocados con tanta solemnidad en esta ocasión. Por lo demás, tampoco habían sido aplicados siempre con respecto a ciertos Estados latinoamericanos e incluso a los pequeños Estados europeos. La referencia al «provecho mutuo» responde al temor de un neocolonialismo económico susceptible de suceder al colonialismo político. El quinto principio, por su parte, encierra la noción del respeto mutuo entre sistemas económicos y sociales que viven el uno junto al otro. Se expresa así lo que en la

sin que se introduzca ningún cambio en la distribución geográfica de los puestos preexistentes, los de los nuevos miembros serán distribuidos como sigue: siete a los Estados africanos y asiáticos, uno a los Estados latinoamericanos, uno a los Estados de Europa occidental y otros.

[16] Nations Unies, *Recueil des traités,* vol. 299, 1958, núm. 4.307. Se encuentra un precedente de los «cinco puntos» en el tratado de 19 de febrero de 1950 entre la U.R.S.S. y la República Popular de China.

doctrina soviética más reciente del derecho internacional, y cualesquiera que sean sus precedentes o incluso su origen, ha llegado a ser, ya (en sentido estricto, como aquí) un principio fundamental, ya (en un sentido más amplio) un conjunto de principios fundamentales del derecho internacional, tal y como lo exigiría nuestro mundo de Estados, mundo de colaboración y de competición [17].

A semejanza de los Estados europeos, y después de los Estados americanos, los Estados de Asia y de Africa han instaurado su propio sistema de conferencias. Estas son frecuentemente comunes a los dos continentes; pero pueden también reducirse a uno sólo. Las conferencias de los Estados árabes constituyen en cierta manera un puente entre uno y otro.

En el comienzo de esta evolución, tras una serie de encuentros que hicieron madurar el proyecto, se destaca la conferencia afroasiática de Bandung (18-24 de abril de 1955), que reunió a veintinueve países independientes, representando el 55 por 100 de la población mundial. La *conferencia de Bandung* dio testimonio de la toma de conciencia de los Estados de Asia y de Africa promocionados a la independencia total, más allá de sus diversidades que pese a todo son numerosas, frente a una nueva tarea a cumplir en el destino humano, particularmente en lo concerniente a la abolición del régimen colonial. En este orden de ideas la conferencia de Bandung preparó la acción anticolonialista del grupo afroasiático en la Asamblea General de las Naciones Unidas. Formuló, en la declaración final, una serie de principios que en general repiten los de la Carta de las Naciones Unidas y los del preámbulo del tratado chino-indio de 1954. No obstante, hay un punto, el 6 a), que prohíbe la conclusión de pactos de seguridad colectiva destinados a servir los intereses particulares

[17] No entra en el marco de este estudio un análisis más profundo de la noción de «coexistencia pacífica» y de su alcance. Nos remitimos a las exposiciones de G. I. TUNKIN, «Co-Existence and International Law», *Rec. des cours*, 95 (1958-III) y *Droit international public. Problèmes théoriques,* trad. francesa, París, A. Pédone, 1965, así como al resumen que él mismo ha dado en *Mélanges offerts à Henri Rolin,* París, 1964 («Le droit international de la coexistence pacifique»), págs. 407-418; igualmente al libro de E. McWHINNEY, «*Peaceful Coexistence» and Soviet-Western International Law,* Leyden, 1964, y a sus artículos en *Amer. Journal of Int. Law,* 56 (1962), págs. 951-70 (con el mismo título) y en *Rev. Gén. de Dr. Int. Publ.,* 67 (1963), págs. 545-62 («Le concept soviétique de *coexistence pacifique*»); W. FRIEDMANN, «Droit de coexistence et droit de coopération», *Revue Belge de Droit International,* 6 (1970-71), págs. 1-9. Cfr. por otra parte: J. D. GONZÁLEZ CAMPOS, «La VI Comisión de la Asamblea General de las Naciones Unidas y el derecho internacional de la coexistencia pacífica», *Revista de la Facultad de Derecho de la Universidad de Madrid,* 7 (1963), número 18, págs. 395-441; E. PÉREZ VERA, *Naciones Unidas y los principios de la coexistencia pacífica,* Madrid, 1973.

de una gran potencia, sea cual sea, y que va más allá de las estipulaciones de la Carta y del derecho internacional común.

Este principio expresa una voluntad de no-alineamiento o no-compromiso que, por otra parte, no excluye una preferencia ideológica hacia el Oeste o hacia el Este. De esta voluntad, que por otra parte sufre excepciones, procede la expresión «Tercer Mundo» para designar a este conjunto de países. Se trata de un neutralismo que converge con el de algunos otros Estados de Europa y de América Latina, como ha podido verse en las conferencias de países no-alineados que se han sucedido desde la inicial de Belgrado (4-6 de septiembre de 1961) [18].

En el plano institucional, las organizaciones regionales de los Estados afroasiáticos tienen una base territorial más restringida. A la Liga Arabe, fundada en 1945 por el tratado de El Cairo del 22 de marzo, ha venido a añadirse especialmente la Organización de la Unidad Africana, cuya carta fue adoptada en Addis-Abeba el 25 de mayo de 1963. Recoge los principios de las declaraciones afroasiáticas anteriores e invoca los de la Carta de las Naciones Unidas y de la Declaración universal de los derechos del hombre. Pero se encuentra en ella, además de la condena general del colonialismo (preámbulo y artículo 2/1 d), el deber de los Estados miembros de consagrarse sin reserva a la causa de la emancipación total de los territorios africanos que aún no son independientes (artículo 3/6; artículo 6).

Finalmente, no cabe silenciar esta modalidad peculiar de conferencias constituida por las «conferencias de solidaridad de los pueblos» de Asia y de Africa, a las que se unen frecuentemente representantes de los países latinoamericanos, e incluso europeos, y que

[18] Junto a los 21 Estados africanos y asiáticos estuvieron representados Yugoslavia, Chipre y Cuba, en tanto que Bolivia y Ecuador enviaron observadores. Argelia, todavía no independiente, mandó una delegación. Posteriormente se han reunido otras cinco conferencias en la cumbre: en El Cairo (5-10 de octubre de 1964), con 46 Estados miembros y 10 representados por observadores; en Lusaka (8-10 de septiembre de 1970), con 54 miembros y 10 observadores; en Argel (5-9 de septiembre de 1973), con 75 miembros, 9 observadores y 3 Estados invitados (además de una serie de movimientos de liberación nacional); en Colombo (16-19 de agosto de 1976), con 82 miembros, más (en calidad de tal ya por vez primera) la Organización para la Liberación de Palestina (O.L.P.), unos 20 observadores y 4 países invitados (además de 11 organizaciones no gubernamentales); en La Habana (septiembre de 1979), donde se manifestaron hondas divergencias, por la estrecha cooperación de unos con el Bloque oriental. En Belgrado se habían fijado cinco condiciones para la admisión: 1.ª, seguir una política de independencia fundada en la coexistencia pacífica; 2.ª, sostener los movimientos de liberación; 3.ª, no pertenecer a ninguna alianza militar; 4.ª, no concluir ninguna alianza militar con una gran potencia; 5.ª, negarse a la instalación de bases militares en su territorio. A partir de la segunda conferencia, estos criterios hubieron de interpretarse con cierta flexibilidad. Con el tiempo, la exprersión ha venido prácticamente a cubrir el mundo de los países en vía de desarrollo.

relevan a las de los Estados como tales [19]. Indudablemente, no carecen de precedentes (en particular, en un contexto reivindicativo análogo, el de las conferencias paneslavas de la segunda mitad del siglo XIX y comienzos del XX, y el de las conferencias panafricanas anteriores a la emancipación política de los pueblos africanos colonizados). Su frecuencia y su importancia ponen de manifiesto la fluidez del mundo afroasiático, con sus irredentismos, sus luchas por la independencia, y también con sus contradicciones internas.

No se salvan de esta fluidez los mismos Estados afroasiáticos en su estructura interna y en sus relaciones exteriores. Dejando aparte la hostilidad hacia el régimen colonial, la comunidad de objetivos no carece de quiebras, e incluso allí donde existe ha sido erosionada por las divergencias de opiniones con respecto a los medios aplicables y por la atracción que, pese a su voluntad de no-alineamiento (que, además, no es general), ejercen sobre ellos el Oeste o el Este, sin contar con el impacto del antagonismo chino-soviético como factor nuevo. Un determinado número de dichos Estados forman igualmente parte de organizaciones regionales y de sistemas de alianzas con los Estados occidentales. Como antaño los Estados americanos, los Estados afroasiáticos de hoy, nuevos o antiguos, conocen rivalidades que es preciso calificar de «clásicas» y que, en ocasiones, degeneran en conflictos armados. De tal manera, que ni los principios del tratado chino-indio de 1954 ni los de Bandung han permitido resolver pacíficamente problemas como el de Cachemira entre la Unión India y Pakistán o los de Eritrea y el Sáhara occidental con respecto a Etiopía y Marruecos, respectivamente, ni impedido las hostilidades entre China y la Unión India y Vietnam, Somalia y Etiopía, Irak e Irán, o intervenciones armadas como las de Vietnam en Camboya o de Libia en Chad.

Lo mismo acontece en lo tocante a los problemas de minorías que se plantean en muchos de estos Estados. Recordemos tan sólo los de Biafra en Nigeria y del Pakistán oriental, que dieron lugar a sendas y cruentas guerras civiles, la segunda de las cuales, en la que intervino la Unión India, desembocó en la secesión y la creación del nuevo Estado de Bangla Desh. Tanto en Asia o en el mundo árabe

[19]   Así, las conferencias de El Cairo (26 de diciembre de 1957 a 1 de enero de 1958), de Conakry (11-15 de abril de 1960), de Moshi (4-11 de febrero de 1963). En este punto hay que señalar, en relación con la revolución cubana y el malestar crónico de Latinoamérica, el papel creciente de ésta, que en tal aspecto puede incluirse en el Tercer Mundo. Si a raíz de la conferencia de Bandung se había creado la Organización de la Solidaridad de los Pueblos de Asia y Africa (1957), se creó en La Habana la Organización Latinoamericana de Solidaridad (1967). De la acción conjunta de ambas, o de elementos de ambas, han surgido actos «tricontinentales».

como en el seno de la Organización de la Unidad Africana, las diferencias no son menores que en el antiguo sistema europeo de Estados o, más tarde, en el Concierto europeo. A lo que hay que añadir, en gran número de ellos, una inestabilidad interna que no deja de recordar aquella otra de la que el mundo latinoamericano ofrece tantos ejemplos. Volvemos a encontrarnos, pues, y más allá de la discontinuidad, con una continuidad en relación con lo que podríamos denominar «el derecho internacional de siempre», es decir, el derecho internacional tal y como ha sido tradicionalmente y como está condenado a seguir siendo (aunque con el freno, hoy día, del «equilibrio del terror» entre los grandes debido a las armas nucleares) mientras se limite a ser un orden de coexistencia entre Estados soberanos como tales, sin superarse a sí mismo en una organización supranacional dinámica y efectiva a la vez.

El resultado ha sido una disminución sensible del peso específico del Tercer Mundo en los asuntos mundiales (ilustrada por el hecho de que la conferencia convocada en Argel para conmemorar, a los diez años, la de Bandung, tuviese que aplazar sus trabajos ante la imposibilidad de encontrar la base mínima para una labor eficaz) hasta la crisis de la energía (singularmente del petróleo) y en general de las materias primas, en los últimos meses de 1973.

No obstante, ¿sería justo no considerar que, pese a su inestabilidad y sus rivalidades, o incluso gracias a ellas en parte, la presencia de los nuevos Estados en el escenario internacional debería contribuir poderosamente por sí misma a una evolución positiva?

La respuesta dependerá de la medida en que tales Estados quieran ser realmente «nuevos».

Ya hemos llamado la atención sobre el hecho de que la sociedad internacional ha perdido en homogeneidad lo que ha ganado en cuanto a extensión y en cuanto al número de sus componentes. Ahora bien, entre los factores de diversidad, el más característico de nuestro mundo es sin duda alguna *el grado de desarrollo económico y social,* que está en función del grado de industrialización y en última instancia del nivel del progreso científico y tecnológico. La división de la humanidad en países industriales y ricos, comúnmente llamados desarrollados, y países pobres, «subdesarrollados» o en vía de desarrollo, que recorta la división en bloques ideológicos y alianzas, se manifiesta en nuestros días como la más decisiva, juntamente con la que resulta del ritmo del desarrollo, en cuanto a la situación real de los Estados en la sociedad internacional. Pues bien, el mayor número de los nuevos Estados forman parte del mundo subdesarrollado. El mundo desarrollado no representa tan siquiera un tercio de la humanidad. Y es sabido que tanto por el juego de las fuerzas económicas como por el índice de crecimiento demográfico, por una y otra parte, la proporción tiende a aumentar la distancia que les separa [20].

Ello explica que, atenuado el papel del anticolonialismo como aglutinante esencial de los países afroasiáticos y latinoamericanos, sea la lucha por el desarrollo, que implica la «liberación económica», el resorte más eficaz de una acción concertada del «Tercer Mundo». Puede decirse que a esta acción se ha debido fundamentalmente la creación de la Conferencia de las Naciones Unidas para el comercio y el desarrollo (U.N.C.T.A.D.), reunida por primera vez en Ginebra en 1964 [21], y la Carta de derechos y deberes económicos de los Estados (Resol. 3281 (XXIX) de la Asamblea General de 12 de diciembre de 1974), base del llamado diálogo Norte-Sur. Entre tanto, la Organización de Países Exportadores de Petróleo (O.P.E.P.), creada en 1960, ha ejercido una fuerte presión sobre los países industrializados.

Esta heterogeneidad contrasta con una *interdependencia creciente de los pueblos,* que se materializa en una mayor coordinación de los intereses comunes y, más todavía, en un proceso de institucionalización y de integración que ha conducido al fenómeno de las organizaciones internacionales de todo tipo, mundiales, regionales, generales, funcionales, etc. Se trata de lo que el papa Juan XXIII ha llamado la «socialización» [22] que en nuestros días se desarrolla a escala mundial.

Esta evolución tiene como consecuencia el poner de manifiesto cada día con mayor claridad la *insuficiencia del antiguo derecho internacional, fundamentalmente individualista,* y la *necesidad de un nuevo derecho internacional* que, para estar a la altura de su tarea, no puede ser más que *social* [23]. El derecho internacional ya no puede

[20]   En realidad, acaso fuera más exacto calificar a los países «desarrollados» de «superdesarrollados», si se tiene en cuenta, como señala M. Duverger, el hecho de que lo que consideramos como desarrollo es históricamente una excepción «que apenas comienza a modificarse» (ver su *Introduction à la Politique,* París Gallimard, 1964, pág. 119). Y aún cabría preguntarse, a la vista de los pronósticos de ciertos «futurólogos», si este mismo desarrollo *podrá* o *deberá* (en este caso, por decisión humana) proseguir a su ritmo y en sus formas actuales.

[21]   Conferencia para el Desarrollo Económico, en El Cairo (1962). En la primera reunión de 1964 se constituyó el llamado «grupo de los 77» (119 en 1979) para unificar la posición de los países subdesarrollados. Siguió la conferencia de Argel (1967), que con vistas a la segunda sesión, en Nueva Delhi (1968), elaboró la Carta de los derechos económicos del Tercer Mundo.

[22]   Encíclica *Mater et Magistra* de 15 de mayo de 1961, paragr. 59-67.

[23]   RÖLING *(Int. Law in an Enlarged World,* Amsterdam, 1960) compara la evolución en curso del derecho internacional en la hora actual con la que se

contentarse con delimitar entre ellas las competencias estatales; debe enfrentarse con el establecimiento de un orden comunitario adecuado a las dimensiones del planeta, cuyo objetivo primordial e inmediato no es otro que el de una promoción equilibrada y armónica del desarrollo del conjunto de la humanidad considerada como un todo. En suma, se trata de instaurar en el plano internacional el equivalente de lo que, más allá del «Estado del bienestar» (welfare State), representa la noción, más amplia y rica desde el punto de vista espiritual, del «Estado social de derecho» (sozialer Rechtsstaat, según la conocida fórmula alemana). La noción de justicia social, todavía más concreta en sus exigencias que la misma justicia distributiva —cuyo débil peso en el derecho internacional, orientado prácticamente hacia la satisfacción de la justicia conmutativa, individualista por naturaleza, señalara Erich Kaufmann entre las dos guerras mundiales [24]— será, pues, llamada a revestir una importancia cada vez mayor en la vida internacional. Desde este punto de vista, las consideraciones de las encíclicas Mater et magistra (15 de mayo de 1961) y Pacem in terris (11 de abril de 1963) de Juan XXIII y la Populorum progressio de Pablo VI (23 de mayo de 1967) son un claro «signo de los tiempos». Si por consiguiente el derecho internacional clásico era esencialmente un orden de justicia conmutativa, el derecho internacional actual ha de serlo de justicia social.

De todas formas, es de subrayar que la Pacem in terris, tras considerar en su parte III las tradicionales «relaciones entre las comunidades políticas», se ocupe expresamente, en la parte IV, de las «relaciones de los individuos y de las comunidades políticas con la comunidad mundial». Con ello, revela la intuición profunda de un orden internacional que desde ahora ya trasciende el orden internacional clásico y cuya noción de base es la de un «bien común universal» que postula, por definición, «unos poderes públicos capaces de actuar eficazmente en el plano internacional» (par. 141).

En un «mundo finito», o por lo menos limitado, como es el mundo internacional de hoy, los grandes problemas de la nueva era, planteados por la revolución industrial y tecnológica y sus secuelas, reclaman soluciones que sólo pueden ser eficaces a escala global. De especial gravedad para la misma supervivencia del género hu-

produjo en el derecho interno con el desarrollo del derecho social y del derecho del trabajo. Asimismo, A. Verdross insiste, en la última de las ediciones de su Völkerrecht hasta la fecha (la 5.ª, Viena, 1964), sobre «los primeros esbozos de un derecho internacional social» (págs. 128-29). Véase igualmente J. A. Carrillo Salcedo, Del derecho internacional liberal al social, Granada, 1963.
[24] «Règles générales du droit de la paix», Rec. des cours, 54 (1935-IV), páginas 465-66.

mano adolecen en particular, más allá de las divergencias de cualquier índole, los del crecimiento demográfico, del uso de los recursos naturales y en particular de los del mar, de la contaminación y deterioración del medio ambiente. Si la creciente referencia a la idea de un «patrimonio común de la humanidad» (así, en resoluciones de las Naciones Unidas) y la convocatoria de conferencias, mundiales y regionales, llamadas a estudiarlos conjuntamente dan testimonio de una toma de conciencia de los peligros y de su magnitud, falta todavía la adecuada voluntad política y sobre todo el instrumento institucional necesario para acometerlos a escala global.

No hay ni que decir que el derecho internacional no podrá enfrentarse con las nuevas exigencias de nuestra época y sobre todo del futuro que se esboza, sin transformarse en lo que, por otra parte, ya comienza a ser: en un derecho mundial, ya se le llame con este nombre (K. Tanaka, B. V. A. Röling), ya se le designe como «derecho transnacional» (transnational law) con P. C. Jessup, o como «derecho común de la humanidad» (common law of mankind) con C. W. Jenks [25]. Son fórmulas que, en un contexto inédito, enlazan con la idea de una civitas maxima que actualmente se inscribe en los hechos, rejuveneciendo la noción de Weltbürgerrecht o ius cosmopoliticum de Kant [26], y más allá, en cierta medida, con la idea de ius gentium en su sentido tradicional, anterior al ius inter gentes, y que ya Georges Scelle tratara de restaurar [27].

[25] Cfr. C. W. JENKS, The Common Law of Mankind, Londres, 1958 (traducción cast., Madrid, 1968); R. V. A. RÖLING, obra cit. en la nota 23; Kotaro TANAKA, «Du droit international au droit mondial», Etudes juridiques offertes à Léon Jolliot de la Morandière, París, págs. 547-70 (artículo que se refiere a su «Teoría del derecho mundial» en 3 tomos, en japonés).
[26] Metafísica de las costumbres, I parte, paragr. 62.
[27] Précis du droit des gens, 1.ª parte, París, 1932, pág. VII.

Segunda parte

LA ESTRUCTURA
DE LA
SOCIEDAD INTERNACIONAL

Capítulo 1

LOS ESTADOS EN LA SOCIEDAD INTERNACIONAL

El Estado en el sentido internacional. Reconocimiento y principio de efectividad. Movilidad histórica del mundo de los Estados. Desigualdad de hecho e igualdad formal de los Estados. Participación ponderada de los Estados en las organizaciones internacionales.

Puesto que los Estados han adquirido el monopolio (que de hecho conservan) de la coerción incondicionada, asegurándose así un lugar privilegiado en la vida internacional, se ha hablado —G. Schwarzenberger [1]— de la sociedad internacional como de una aristocracia internacional de Estados soberanos (independientes). De esta aristocracia emergen a su vez las grandes potencias, cuya acción dirigente puede ser comparada, con el citado autor, a una oligarquía internacional. Desde este punto de vista, cabe considerar las fuerzas y grupos no estatales, capaces de influir con mayor o menor intensidad sobre los asuntos internacionales independientemente de los Estados, como el elemento democrático de la sociedad internacional.

En este y los siguientes capítulos pasaremos brevemente revista a estos distintos sectores de la vida internacional.

Es significativo que la palabra «Estado» apareciese en Italia *(lo stato)* a fines del siglo xv en relación con el proceso de formación del Estado moderno, pasando de allí a Francia y a España, y luego a los demás países. En Inglaterra, vino a sustituir paulatina-

[1] *Power Politics,* 2.ª ed., Londres, 1951, 1.ª parte, caps. 6 y 7.

mente a la palabra *Commonwealth,* que fue reservándose para la forma republicana de Estado o para la comunidad en general. En Alemania, el vocablo *Staat* se introduce más tardíamente, a fines del siglo XVIII, y en un sentido amplio. Pero se generaliza en todas partes en el siglo XIX. Los términos con que anteriormente se había designado a la sociedad política, son *polis, civitas, res publica* (con sus equivalentes en las distintas lenguas vulgares). Bodino dio todavía a su obra principal el título *Les six livres de la République* (1576), y Hobbes se referirá continuamente a la *Commonwealth* en su *Leviathan* (1651).

El Estado es esencialmente una organización de poder independiente sobre una base territorial. Tiene, como es sabido, tres elementos: una población, un territorio, un gobierno propio. La existencia de un Estado ofrece dudas si falta cualquiera de estos elementos. Reviste especial importancia al respecto el tercero, que implica el control último de la población en un territorio dado, el monopolio del uso legal de la fuerza en el grupo humano en cuestión y frente a los demás.

Hay en efecto poblaciones y territorios diferenciados, pero carentes de gobierno propio: los que han sido conquistados sin quedar total y plenamente integrados en la potencia conquistadora. Así, Polonia en el siglo XIX; los países colonizados hasta su acceso a la independencia. Hay situaciones límites, en caso de invasión extranjera, de lucha por la independencia o de guerra civil, en que se constituyen «gobiernos» en el extranjero («gobiernos en el exilio») o en zonas del Estado sublevadas, que reivindican la soberanía internacional sin que puedan de momento ejercer su control sobre el respectivo territorio o la totalidad de él. Baste recordar entre otros los gobiernos belga y neerlandés en el exilio y el gobierno de la «Francia libre» del general De Gaulle, durante la segunda guerra mundial; el Gobierno provisional erigido por el Frente de Liberación Nacional de Vietnam del Sur en las zonas por él controladas. Se trata evidentemente de situaciones provisionales, de duración variable, en espera de llegar al control efectivo del correspondiente territorio o perder finalmente toda razón de ser.

El *mundo de los Estados* ofrece las mayores disparidades en lo que se refiere a su composición y estructura.

La condición previa para que un grupo humano se convierta en miembro suyo y sujeto del derecho internacional es el *reconocimiento,* acto por el cual los Estados ya establecidos toman nota de su existencia en tanto que forman parte de una sociedad y, como consecuencia, se atribuyen recíprocamente derechos y obligaciones.

El estado primitivo entre las colectividades humanas parece haber sido la desconfianza, cuando no la hostilidad latente. Por eso hacía Kant hincapié en que la paz era una creación contractual, fruto de un *foedus pacificum*[2]. En cualquier caso, sociólogos del derecho como Max Huber[3] han subrayado que en las sociedades primitivas el derecho escrito hace su aparición en primer lugar en las relaciones entre las tribus, es decir, —en el contexto de la época— en las relaciones internacionales, porque en este plano era preciso formular de una manera expresa y sin lugar a equívocos lo que en el orden interno estaba implícito en la costumbre. El pacto, el acuerdo, viene a ser así una primera forma del reconocimiento, y ello nos muestra la motivación profunda y permanente de esta institución.

Si hasta la primera guerra mundial el reconocimiento suponía un criterio material consistente en la aceptación de las pautas culturales, y por ende también jurídicas, de los Estados europeos y americanos, y cabían diversos grados de reconocimiento, hoy la base del reconocimiento es la *efectividad* de la presencia del grupo humano en cuestión como entidad política independiente, que le convierte en sujeto potencial del derecho internacional. Parece por consiguiente que el reconocimiento responde a un criterio formal objetivo, fácilmente comprobable: cabe reconocer como estado a toda colectividad que como tal se manifieste sociológicamente, cual realidad firme y estable.

A pesar de ello, el reconocimiento es un fenómeno complejo. Ofrece por de pronto un doble aspecto, jurídico y político. De suyo, puesto que el reconocimiento decide acerca de la participación de las colectividades humanas en las relaciones internacionales en cuanto personas jurídicas, es una institución jurídica. Pero por su alcance en orden al equilibrio de fuerzas existente en un sistema internacional dado, es también un hecho político. Y en la realidad, las consideraciones políticas desempeñan frecuentemente un papel más o menos determinante en esta materia. Porque si la efectividad suministra en principio un criterio objetivo, intervienen conjuntamente consideraciones subjetivas, que dejan un margen variable a la libre apreciación de los Estados, a su discrecionalidad[4]. De ahí que, si

[2] Cfr., especialmente, *Sobre la paz perpetua*, 2.° artículo definitivo y Apéndice I: «De la garantía de la paz perpetua», 2. (En la edición incluida en *Kleinere Schriften zur Geschichtsphilosophie, Ethik und Politik*, ed. por K. Vorländer en la «Philosophische Bibliothek» del Felix Meiner Verlag, Hamburgo, s. f., págs. 133; 147.)

[3] MAX HUBER, *Die soziol. Grundl.* ya cit., pág. 28.

[4] Así, la pertenencia a la Organización de las Naciones Unidas no implica el reconocimiento de todos los Estados miembros, como se pone de manifiesto en el caso de los Estados árabes y de España con respecto a Israel.

los Estados consideran como un derecho la facultad de reconocer a los demás, no admiten en cambio un deber general de reconocimiento de cuantos grupos reivindican la estatalidad. Y ello tanto más, cuanto el reconocimiento o no-reconocimiento de una realidad social influye sobre su existencia, puesto que la favorece o la dificulta, según los casos, contribuyendo a hacerla más o menos precaria o definitiva.

De la falta de adecuación (condicionada por lo general políticamente) entre la realidad social que aspira al reconocimiento y la concesión de éste, surge la modalidad del llamado *reconocimiento irregular,* el cual puede presentar dos tipos opuestos: el reconocimiento apresurado o prematuro, y el reconocimiento demorado.

El reconocimiento apresurado o prematuro se da generalmente en casos de secesión, con el fin político de apoyar el movimiento separatista, cuando se halla todavía empeñado en la lucha con el poder central por la independencia. Son ejemplos clásicos del mismo, el reconocimiento por Francia de las colonias inglesas de Norteamérica sublevadas (tratados de 1778), el de Panamá por los Estados Unidos a raíz de su separación de Colombia (1903), el de Manchukuo por Japón, que propiamente lo había establecido a costa de China (1934); más recientemente, el de Argelia por la Unión Soviética antes de la entrada en vigor de los acuerdos de Evian que estipulaban su independencia (reconocimiento que en este contexto tenía a los ojos de la U. R. S. S., esencialmente el valor de un gesto de amistad hacia el Estado de inminente instauración), el de Biafra por algunos Estados africanos, que quedó sin consecuencias por el fracaso final del intento separatista de esta región, el de Bangla Desh por la Unión India en 1971. Semejante reconocimiento, al aplicarse a una realidad que todavía no se ha consolidado, viene a ser una forma de la intervención.

El reconocimiento demorado suele darse con respecto a Estados ya consolidados sin lugar a dudas, a los que por alguna razón se quiere mantener apartados de las decisiones internacionales o en una situación de precariedad. Así, el Estado de Israel, creado por una resolución de la Asamblea General de las Naciones Unidas de 29 de noviembre de 1947, no ha sido reconocido por los Estados árabes, ni por España. La República Democrática Alemana, reconocida por los Estados del bloque socialista y otros más, no lo ha sido por los aliados de la República Federal de Alemania hasta que lo hiciera ésta, después de más de dos decenios de existencia separada, en el tratado fundamental interalemán del 21 de diciembre de 1972 (España, como otros Estados occidentales, «adelantó» el reconocimiento, al no esperar la ratificación del tratado por la Alemania Federal). Una denegación de reconocimiento de esta índole, si se prolonga, adquiere el carácter de una sanción. Este fue el caso de Rhodesia, por cuanto el Consejo de Seguridad de las Naciones Unidas ordenó en 1970 el no-reconocimiento de su independencia, unilateralmente proclamada por la minoría blanca.

Hasta ahora hemos tenido en cuenta tan sólo el problema del reconocimiento de Estados. Características análogas ofrece el reconocimiento de gobiernos, si bien es preciso añadir que las consideraciones políticas son más admisibles en el reconocimiento de gobiernos que en el reconocimiento de Estados. Los supuestos de hecho de la existencia de un Estado tienen indiscutiblemente una dimensión objetiva más palpable que la capacidad de un gobierno para representar o garantizar el futuro del pueblo, su voluntad de atenerse al derecho internacional o de no amenazar intereses de otros Estados. Es el caso de los gobiernos de países ocupados y de los gobiernos en el exilio. La cosa se agudiza hoy con los movimientos de insurrectos o de «liberación nacional» y sus eventuales gobiernos. En lo que a China respecta, la cuestión que después de la proclamación de la República Popular ha dividido a los Estados ha sido el del reconocimiento del gobierno de Taiwan o del de Pekín como gobierno legítimo del país en su conjunto, en las relaciones internacionales en general y en las Naciones Unidas, de cuyo Consejo de Seguridad el Estado chino, miembro cofundador de la Organización, era miembro permanente. Ahora bien, en diferencias de régimen tan pronunciadas, o en el caso de nuevos Estados, reconocimiento de gobierno y reconocimiento de Estado se identifican prácticamente. De ahí el cambio que ha supuesto para las Naciones Unidas la admisión de la China de Mao Tse-tung en lugar de la de Chang Kai-chek en 1971.

Más aún que en el reconocimiento de Estados, en el reconocimiento de gobiernos el apresuramiento y la tardanza implican una modalidad de la intervención y de la sanción respectivamente que reflejan un juicio político favorable o adverso, así como el propósito de influir en lo posible sobre la evolución de los hechos. Ello explica que se haya tratado de condicionar el reconocimiento de los gobiernos a su representatividad o a requisitos formales de orden constitucional. Así, la doctrina Tobar, así llamada por el ministro de Asuntos Exteriores de El Ecuador que la propugnó, plasmada en los tratados de 1907 y 1923 (denunciados en 1932) entre potencias centroamericanas, postulaba el no-reconocimiento de los gobiernos llegados al poder mediante un golpe de Estado o una revolución. La doctrina Stimson (secretario de Estado norteamericano) lo extendió en 1931 a cualquier situación impuesta por medio de una agresión. Pero ni una ni otra se han mantenido consecuentemente. En cambio, es lógico que determinadas organizaciones internacionales exijan, en aras de la coherencia política en relación con sus fines específicos, un condicionamiento para el ingreso en las mismas. Así, la calidad de miembro del Consejo de Europa y de las Comunidades Europeas implica la forma democrática liberal de gobierno de tipo occidental [5].

De la necesidad de conciliar el imperativo sociológico con un suficiente margen de apreciación de sus condiciones e implicaciones, nació la distinción tradicional entre el reconocimiento *de iure* y el *de facto*. A pesar de la denominación, el segundo no tiene menos carácter jurídico que el primero, pero se diferencia de él por ser de carácter provisional, dejando el futuro abierto.

El reconocimiento, una vez obtenido, no puede asegurar por sí sólo la perpetuidad del Estado en tanto que miembro de la sociedad internacional. Por el contrario, la pertenencia a la aristocracia internacional de los Estados soberanos no ha sido nunca un don gratuito, sino el resultado de un esfuerzo tanto mayor cuanto menor era el grado de integración de la sociedad internacional. Si la efectividad es en definitiva el criterio esencial del reconocimiento, su falta lo es también en sentido contrario para su caducidad y la desaparición del Estado en cuanto tal de la escena internacional. Así ocurrió con Polonia como consecuencia de sus sucesivos repartos (1772, 1793, 1795) hasta su resurrección a raíz de la victoria de los Aliados en la primera guerra mundial; con la desmembración de Austria-Hungría y del Imperio Otomano tras su derrota en esta misma contienda; en el caso de Checoslovaquia después de la secesión de Eslovaquia y de la imposición del protectorado alemán sobre Bohemia y Moravia (marzo de 1939), o en el de los Países Bálticos, surgidos en cuanto Estados independientes con ocasión del colapso de la Rusia zarista de 1917 y reabsorbidos por la Unión Soviética en 1940 como prolongación del nuevo reparto de Polonia entre la Alemania nacional-socialista y la U. R. S. S., en 1939. Aquí también interviene el apresuramiento o la demora en el reconocimiento de la nueva situación estatal o gubernamental creada, que persigue la misma finalidad, en sentido contrario, que en el supuesto de la aparición de un nuevo Estado. Así, Estados Unidos no reconocieron los hechos consumados en Polonia y en los Estados Bálticos, y lo mismo haría España en relación con estos últimos, y luego con respecto a los gobiernos co-

---

[5] Por lo que atañe al Consejo de Europa, cfr. el Preámbulo y el artículo 3.º de su Estatuto. En cuanto a las Comunidades Europeas, este criterio, implícito en los tratados de París y de Roma que las instituyeron, fue formulado explícitamente en la Declaración final de la conferencia de jefes de Estado o de Gobierno de París de 20 de octubre de 1972, y en la Declaración común del Parlamento europeo, del Consejo y de la Comisión relativa a los derechos fundamentales (Luxemburgo, 5 de abril de 1977).

munistas de los países del Este a raíz de la segunda guerra mundial, hasta 1967. Pero es forzoso comprobar que con el tiempo, si el nuevo *status quo* se prolonga, tiende a ser reconocido expresa o tácitamente. Por lo que las situaciones estatales dependerán en último término de las relaciones de poder. Ahora bien, es obvio que en este plano no todo es resultado del contexto geopolítico y que tiene su papel importante la prudencia política.

En lo que atañe a los nuevos Estados emancipados de tutelas coloniales, la efectividad se ha manifestado inicialmente, no pocas veces, bajo la forma de una presión psicológica a la vez que política, que impedía a la metrópoli denegar por más tiempo el derecho a la independencia reclamada. Pero incluso en semejante supuesto cabe un grado mayor o menor en la aceptación de los hechos y en la respuesta dada a las reivindicaciones. Pensemos, por ejemplo, en la actitud de Gran Bretaña con respecto a la India, pero sobre todo frente a posesiones coloniales de menos entidad en Africa, Asia y América; en la de Francia, variable según los territorios (Indochina, Africa al sur del Sáhara, Argelia); en la de Portugal, uniforme en sus llamadas «provincias ultramarinas», etc. Los casos más complejos son los de aquellas entidades que no habían conocido la independencia o la unidad anteriormente, o cuyos datos étnicos y culturales no son homogéneos o claramente definidos.

Todo ello explica la gran *movilidad histórica del mundo de los Estados*. Aparecen en él, con múltiples vicisitudes, astros permanentes junto a meteoros más o menos pasajeros, y el paisaje varía grandemente si contemplamos las sucesivas épocas. En una palabra, el mundo de los Estados se ha visto sometido a un devenir que sólo lograría estabilizarse en el marco de una organización eficiente, como ocurre con los Estados miembros de un Estado federal. Si la Sociedad de Naciones no consiguió impedir la amputación de China, al crear Japón el Estado de Manchukuo, ni la conquista de Etiopía por la Italia de Mussolini, tampoco las Naciones Unidas han conseguido asegurar la estabilidad del *status quo* estatal por ellas creado en Palestina con el establecimiento del Estado de Israel, ni la integridad de Pakistán, del que se separó Bangla Desh con el apoyo de la Unión India —por no referirnos naturalmente a otras situaciones que desde un principio escaparon a su control.

En este fluir, considerado en su conjunto, se advierten dos tendencias a la vez contradictorias y complementarias. Por una parte, en determinadas áreas se ha reducido el número de Estados como consecuencia de la acción de ideas unificadoras, tales como el principio de las nacionalidades en Europa, donde la unificación de Alemania y de Italia puso fin a la tradicional fragmentación estatal de ambas naciones (extremada en la *Kleinstaaterei* germana)[6]. Pero por otra parte, en otros ámbitos, estas ideas, y especialmente el mismo principio de las nacionalidades, en su versión más compleja de principio de autodeterminación de los pueblos, ha hecho aumentar el número de los Estados mediante la desmembración de Estados plurinacionales. Es el caso de los pueblos eslavos integrados en el Imperio austro-húngaro, de los pueblos balcánicos y de Asia Menor pertenecientes al Imperio Otomano, de las poblaciones de los antiguos imperios coloniales europeos en Asia y sobre todo en África, pero también en América.

Un hecho particularmente sorprendente en el plano sociológico del mundo de los Estados, y al que nos hemos referido antes, es la *desigualdad* fundamental que en él impera en todos los aspectos. La más llamativa, a la simple vista de un mapa de geografía política, es la que atañe a la forma y la extensión. A la forma: hay Estados compactos, otros alargados, algunos irregulares (que, por ejemplo, constan de espacios separados entre sí, ya por el mar, ya por territorios ajenos, como Alemania entre las dos guerras mundiales o Pakistán hasta la secesión de Bangla Desh). A la superficie, por cuanto recorre una gama sumamente variada que abarca desde la Unión Soviética y los Estados gigantes de Asia y América, verdaderos subcontinentes, hasta los Estados exiguos o microestados como Liechtenstein, Mónaco y San Marino en Europa, entre los más antiguos, las islas Seychelles, Nauru o Tuvalu en otros continentes, entre los más recientes. Pero no son menores otras desigualdades, como las referentes a la población —que oscila entre cientos de millones de almas y unos cuantos millares—, a los recursos económicos y al producto nacional bruto, al potencial militar, etc. En términos generales de potencia, han venido rigiendo categorías tenaces, a veces asaz imprecisas y por lo demás variables: grandes potencias, potencias medias, pequeños Estados, Estados exiguos o microestados[7]. Veremos más ade-

---

[6] La unidad alemana (por no remontarnos a ejemplos históricos más remotos en el tiempo, como los de Francia y de la Península Ibérica) supuso, tras la eliminación de Austria del futuro *Reich* de Bismarck (disolución de la Confederación Germánica a raíz de la guerra austro-prusiana, en 1866), la desaparición como tales de los otros treinta y cinco Estados que, con Austria, Luxemburgo y Liechtenstein, habían integrado la Confederación. En cuanto a Italia, la unidad se hizo fundiendo en uno solo los seis Estados anteriores, más el reino lombardo-véneto bajo dominio austríaco.

[7] El fenómeno de los Estados exiguos o microestados es antiguo. Baste recordar, además de los tres que en Europa subsisten, mencionados en el texto, las ciudades libres y los minúsculos principados alemanes, los Estados berberiscos norteafricanos, etc. Cuando esta categoría de Estados parecía una heren-

lante que el concepto de potencia es relativo, dando la pauta la comparación dentro del respectivo sistema internacional en cada momento histórico.

Esta clasificación tradicional se entrecruza hoy con otra, más reciente, cargada de virtualidades, y a la que ya nos referimos: aquella que distingue los países y Estados desarrollados de los países y Estados semidesarrollados y de los subdesarrollados o en desarrollo. Esta última clasificación es de orden técnico, económico y social, por estar establecida sobre el criterio del ingreso medio. Vimos también que estos tres grupos de Estados están muy desigualmente distribuidos.

Hemos dicho que se trata de una clasificación reciente: es, en efecto, el resultado de la revolución industrial de Occidente. Con anterioridad, el grado de desarrollo variaba ciertamente de una colectividad civilizada a otra, pero sin sobrepasar en conjunto límites moderados. El contraste aumentó, hasta alcanzar proporciones desmesuradas, a raíz del progreso tecnológico que inició su vuelo en Europa a partir del siglo XVIII. Si se dejase que este proceso se desarrolle libremente según su ley inmanente, el abismo que separa aquello que, con cierta aspereza en la expresión, podríamos denominar niveles de vida y de muerte de los pueblos respectivos, se haría verosímilmente mucho más profundo todavía. Pero, por reciente que sea esta división, es hoy fundamental. «A mediados del siglo XX, ha pasado a ser el principal factor condicionante del aspecto de nuestro planeta» [8]. Y determina la política exterior de los Estados en no menor medida que las divergencias ideológicas.

Si a estas diversidades y oposiciones añadimos la de los regímenes políticos y sociales, y el hecho de la inclusión en bloques y grupos ideológicos o culturales (hecho que, como ya hemos comprobado, constituye una de las tendencias evolutivas de la sociedad internacional actual), comprenderemos la especial dificultad que presenta para el derecho internacional la aplicación del principio de la igualdad de los Estados, que la justicia postula.

No podemos entrar aquí en un examen detallado del problema de la *igualdad jurídica de los Estados* [9]. Será suficiente recordar su

___

cia del feudalismo europeo, he aquí que surgen en número creciente como una de las secuelas de la descolonización.

[8] TIBOR MENDE, *Regards sur l'histoire de demain*, trad. fr., 1954, páginas 36-37.

[9] Cfr., además de la obra clásica de E. DICKINSON, *Equality of States*, Cambridge, 1920, las pertinentes consideraciones de S. MARKUS, *Grandes puissances, petites nations et le problème de l'organisation internationale*, Neuchâtel, 1947, capítulos 5 y 6; asimismo, W. SCHAUMANN, *Die Gleichheit der Staaten*, Viena, 1957.

complejidad, incluso doctrinal. Si la justicia conmutativa, relativa a las relaciones de los miembros del cuerpo social entre sí (en nuestro caso, de los Estados), implica una igualdad pura y simple de las prestaciones y contraprestaciones, la justicia distributiva, que regula la participación de los miembros en los beneficios de la vida social, requiere por el contrario una igualdad proporcional, y lo mismo hay que decir de la justicia llamada general, en virtud de la cual los miembros de la sociedad (en nuestro caso, los Estados) tienen que proveer a ésta de los medios necesarios para cumplir sus cometidos propios. No cabe olvidar además que el principio de la igualdad de los Estados ha sido diversamente interpretado por la doctrina y que algunos autores han visto en él un postulado de la razón o una construcción teórica más que una norma de derecho internacional positivo [10].

El principio de la igualdad jurídica de los Estados fue propugnado por los fundadores y clásicos de la doctrina del derecho internacional moderno, y especialmente por los autores pertenecientes a la escuela del derecho natural y de gentes de los siglos XVII y XVIII (Pufendorf, Wolff, Vattel), desde cuyas obras pasó a la jurisprudencia. Hasta entonces había predominado el principio de desigualdad y de jerarquía entre los Estados. El paso de uno a otro fue consecuencia de la desintegración de la Cristiandad medieval, de estructura jerárquica, y de la afirmación teórica y práctica de la soberanía estatal. Se partió de la idea de un estado de naturaleza de las comunidades políticas, iguales entre sí por definición, y que no reconocían otra instancia superior que el derecho natural. Aun así, no resultó fácil desplazar la anterior concepción de una desigualdad jerárquica, una y otra vez manifiesta en las disputas protocolarias y de preeminencia entre los soberanos y sus representantes [11]. Configurada así

[10]   Es el caso de los autores que Markus llama los «negadores» de la igualdad de los Estados, especialmente de A. PILLET, J. LORIMER, T. J. LAWRENCE, J. WESTLAKE (obra citada en la nota anterior, págs. 102-107). Cfr. también nuestra primera parte.

[11]   Tradicionalmente, los soberanos católicos, incluso el Emperador romanogermánico, concedían la precedencia a la persona del Papa en su calidad de cabeza de la Iglesia, pero sin perjuicio alguno de sus derechos de soberanía. En cuanto soberano temporal, el Papa fue gozando de la precedencia hasta con respecto a soberanos de religión protestante, pero nunca con respecto a Rusia y a la Puerta Otomana. Todas las potencias cristianas reconocían precedencia al Emperador romano-germánico. Frente a la Puerta Otomana el Emperador, en cuanto soberano de sus Estados hereditarios, tuvo perfecta igualdad. Entre los demás soberanos existía igualdad de principio. Las pretensiones de algunas potencias —Francia, España, luego Rusia, más tarde Austria— a una precedencia tropezaron siempre con resistencias. Las repúblicas cedían generalmente el paso a las monarquías ya existentes. (Cfr., sobre el particular, entre otros, a J. L. KLÜBER, *Droit des gens moderne de l'Europe,* ya citado).

por la tradición iusnaturalista la igualdad jurídica de los Estados como uno de los «derechos fundamentales» de los Estados, la escuela positivista, a partir del siglo XIX, la entiende en cambio como una simple atribución del derecho internacional positivo.

La mayor dificultad del principio de la igualdad jurídica de los Estados consiste en su carácter abstracto, que contrasta con la individualidad concreta de los Estados. El principio de la igualdad jurídica de los Estados implica una igualdad formal, que no cabe lícitamente negar; pero frente a él está la desigualdad material de los Estados, que no sólo es llamativa y múltiple, sino que resulta cualitativamente distinta de la que se da entre los individuos como sujetos jurídicos dentro del Estado. En el mundo de los Estados, éstos tienen una individualidad y unicidad que los delimita de tal manera, que no son sujetos intercambiables o genéricos, a la manera de los individuos en el ordenamiento jurídico interno global, como han subrayado entre otros, J. L. Brierly y Ch. de Visscher. De ahí la consecuencia de que la igualdad jurídica sea esencialmente igualdad de capacidad para adquirir derechos. De ahí también los esfuerzos por conciliar el principio de la igualdad jurídica de los Estados con las desigualdades de hecho que caracterizan la sociedad internacional en cuanto sociedad de Estados.

Es un hecho que a fines del siglo XIX, la evolución de las ideas acentuó el principio de la igualdad frente a la idea de una peculiar competencia jurídica de las grandes potencias, reactualizado, según veremos, en el Congreso de Viena (1815). Esta idea, que había plasmado en el directorio de las grandes potencias (sistema de los congresos, «concierto de las potencias»), fue entonces retrocediendo ante la de asambleas en las que estuviesen representados todos los Estados. Y es preciso reconocer que si el principio jerárquico anterior, como tendremos ocasión de ver, había prefigurado un gobierno internacional, ciertamente imperfecto, pero que apuntaba a una futura organización internacional, el principio de la igualdad jurídica pudo actuar, y actuó, como obstáculo en esta dirección. Se pretendió en efecto que la igualdad jurídica implicaba una igualdad de representación y la unanimidad para todas las decisiones. De ser ello así, resultaría evidentemente imposible una organización internacional eficaz. En realidad, si debe admitirse que todos los Estados tienen igual derecho a intervenir en la creación y la reglamentación de las instituciones internacionales, no cabe decir lo mismo del funcionamiento de éstas.

El principio de igualdad, observado rígidamente en la II Conferencia de la Paz de La Haya (1907), hizo fracasar el proyecto de instauración de un Tribunal Permanente de Justicia Arbitral (que en

cierto modo hubiera sido complemento del Tribunal Permanente
de Arbitraje, establecido en 1899), ante la insistencia de ciertos Estados, como Brasil, por obtener una representación igual.

Por eso, hubo de llegarse a un compromiso, que primero fue de
hecho, y luego, de derecho, entre la necesidad de una participación
de todos y las exigencias de la eficacia, en las conferencias y organizaciones internacionales. La clave ha consistido en la composición del
organismo rector, sin el cual no funciona ninguna asociación, y donde
las potencias mayores se han ido asegurando un lugar preeminente.

Ya a fines del siglo XIX, se fundaron uniones administrativas
internacionales que reconocieron ciertas desigualdades de representación, de capacidad de voto y de apoyo financiero (por ejemplo, mediante la constitución de grupos con número variable de votos). Y,
tras el fracaso antes mencionado del proyecto de Tribunal Permanente de Justicia Arbitral, en el Tribunal Permanente de Justicia
Internacional y el Tribunal Internacional de Justicia, que le ha sucedido, se estableció un sistema mixto de representación, con la
institución, en todo caso, de los jueces *ad hoc,* cuando el Tribunal
no incluya, por su composición, ningún magistrado de la nacionalidad
de una de las partes o de las dos.

En todo caso, el principio de la igualdad jurídica de los Estados
ha servido para poner fin al régimen de las capitulaciones en el Norte
de Africa y en el Próximo Oriente, a los «tratados desiguales» en
Extremo Oriente, etc. Hemos visto las condiciones históricas de
este proceso, y que obedeció también a la alteración de la anterior
relación de fuerzas.

Consecuencia del principio de igualdad jurídica de los Estados
en la actualidad, es la adopción del orden alfabético para la coloca-
ción de los delegados en las conferencias internacionales y la firma
de los tratados y convenios [12]. Lo es asimismo el que vayan genera-
lizándose al frente de las representaciones diplomáticas, y no sólo de
las de las potencias mayores como antes, los Embajadores, en lugar
de Ministros Plenipotenciarios.

Toda la problemática del principio de igualdad jurídica de los
Estados se refleja en el *Pacto de la S. d. N.,* y en la *Carta de la
O. N. U.* Tanto aquél (art. 1.º/2) como ésta (art. 2.º/1) se refieren
de manera expresa al «principio de la igualdad de derechos» y a la
«igualdad soberana» de los Estados miembros, respectivamente. Pues
bien, en uno y otro organismo la Asamblea y la Asamblea General,
representan el elemento igualitario, donde todos los miembros están

---

[12] Sirve generalmente de base el orden de las siglas inglesas. En las Comunidades Europeas, el orden es el que resulta de las siglas en cada uno de
los idiomas de los Estados miembros.

igualmente representados y disponen de un voto. En el Consejo de la S. d. N., las grandes potencias tenían un puesto permanente (pero eran minoría). En el Consejo de Seguridad de la O. N. U., la atribución de un puesto permanente a las grandes potencias (también minoritarias), fue reforzada, además, por el llamado derecho de *veto*, que les es propio, y que acrecienta su preponderancia [13]. Conviene, con todo, señalar lo que se ha denominado «rebelión de las pequeñas potencias» en la Asamblea General, y que se ha visto favorecida por la parálisis del Consejo de Seguridad como consecuencia del abuso del *veto* [14].

Por lo demás, la misma Asamblea General viene sufriendo de inoperancia en parte como consecuencia de la igualdad de voto entre Estados de entidad inconmensurable. Se ha señalado a menudo la irrealidad de muchas resoluciones, adoptadas por una gran mayoría de votos pertenecientes a Estados de escasa población y sin posibilidad real de asegurar eventualmente la aplicación de lo acordado. Esta situación se ha agravado con la presencia cada vez mayor de los Estados exiguos o microestados. De ahí la sugerencia de introducir «votos ponderados» en el sistema de votación de la O. N. U. No es preciso insistir en la dificultad de tal empresa.

Un sistema de representación o de votación ponderada o de ambas a la vez, que tuvo su precedente más inmediato en la Confederación germánica (1815-1866), existe en cambio ya en las *organizaciones europeas* existentes, especialmente en las *del tipo llamado supranacional*.

Así, en la Asamblea Parlamentaria Europea, o Parlamento Europeo, de los Seis, Alemania Federal, Francia e Italia tenían 36 re-

[13] Cfr. el artículo 27/2 de la Carta: («Las decisiones del Consejo de Seguridad sobre cuestiones de procedimiento serán tomadas por el voto afirmativo de nueve miembros») y el 27/3 («Las decisiones del Consejo de Seguridad sobre todas las demás cuestiones serán tomadas por el voto afirmativo de nueve miembros, incluso los votos afirmativos de todos los miembros permanentes...»). La práctica ulterior del Consejo ha interpretado este artículo en el sentido de que la abstención de un miembro permanente no rompe la unanimidad de los «votos positivos». Es sabido que en las conferencias de los tres Grandes en Yalta y Potsdam, la cláusula del derecho al veto se convirtió en condición *sine qua non* para su apoyo a la futura organización mundial.

[14] La resolución «Unión pro paz», adoptada por la Asamblea General el 3 de noviembre de 1950, establece por ejemplo, que si el Consejo de Seguridad deja de cumplir con sus responsabilidades primordiales en materia de mantenimiento de la paz y seguridad internacionales, la Asamblea General pasará a considerar el asunto inmediatamente, con miras a la adopción de recomendaciones al respecto. Para una visión de conjunto, remitimos a M. MEDINA ORTEGA, *La Organización de las Naciones Unidas,* Madrid, segunda edición 1974.

presentantes cada una, frente a 14 para Bélgica y los Países Bajos, y 6 para Luxemburgo. Se daba en ella, pues, una representación de los pueblos según su importancia numérica, aunque no en proporción exacta con ésta, ya que favorecía de todos modos a los más pequeños.

En cuanto a los ministros en el Consejo, los de Alemania Federal, Francia e Italia disponían de cuatro votos, los de Bélgica y los Países Bajos, dos, y el de Luxemburgo, uno.

Con la ampliación de la Comunidad de los Seis debida a la adhesión (22 de enero de 1972) del Reino Unido, Irlanda, Dinamarca y Noruega (esta última, no ratificada) se introdujeron algunos cambios, con el mismo propósito de mantener ponderaciones adecuadas. En el Parlamento Europeo, el Reino Unido tuvo 36 representantes, como los anteriores tres «Grandes» europeos; Bélgica y los Países Bajos, 14 (como antes); Irlanda y Dinamarca, 10; y Luxemburgo, 6. (Noruega hubiese tenido 10). En el Consejo, hubo un total de 58 votos, disponiendo Alemania Federal, Francia, Italia y el Reino Unido de diez votos cada uno (en vez de cuatro antes las tres primeras); Bélgica y los Países Bajos, de cinco (en vez de dos); Irlanda y Dinamarca, de tres; Luxemburgo, de dos (en vez de uno). (Noruega hubiese dispuesto de tres). En cuanto a la Comisión, que hasta la ampliación constaba de nueve miembros (dos para cada uno de los tres «Grandes» y uno para los restantes), tuvo ahora trece (a razón de dos para Alemania Federal, Francia, Italia y el Reino Unido y uno por cada uno de los demás miembros).

El acuerdo de los Nueve, firmado el 20 de septiembre de 1976, sobre la elección del Parlamento europeo por sufragio universal directo, dio lugar a una nueva distribución de los escaños a la vez que al aumento de su número, según el mismo principio de ponderación, si bien más ajustado que el anterior a una proporcionalidad. A tenor del mismo, Alemania Federal, el Reino Unido, Italia y Francia tienen 81 escaños, los Países Bajos 25, Bélgica 24, Dinamarca 16, Irlanda 15, conservando Luxemburgo los 6 de que ya disponía.

Al adherirse Grecia a las Comunidades como décimo Estado miembro (tratado de Atenas de 28 de mayo de 1979, que entró en vigor el 1 de enero de 1981), le han correspondido 24 representantes en el Parlamento europeo, cinco votos en el Consejo y un miembro en la Comisión. En cuanto a Portugal y España, que ingresaron el 12 de junio de 1985, se les asignaron respectivamente 24 y 58 parlamentarios, 5 y 8 votos en el Consejo, y uno y dos miembros cada uno en la Comisión.

Capítulo 2

LAS GRANDES POTENCIAS EN LA SOCIEDAD INTERNACIONAL

Las grandes potencias y su papel histórico. Sistema de Estados europeo, grandes potencias y potencias mundiales. La «vocación directorial» de las grandes potencias. Grandes potencias y hegemonía. Grandes potencias, Estados medios y pequeños Estados.

Lo que antecede nos lleva a un aspecto extremadamente importante del mundo político interestatal: al papel predominante que en él desempeñan las *grandes potencias*. La consideración de la realidad político-internacional nos revela, en efecto, la existencia de un grupo de potencias mayores, variable en cuanto al número y la composición, y cuyos miembros se destacan decisivamente en el escenario internacional.

En un sentido amplio, han existido siempre potencias de primera magnitud relativa en las distintas sociedades internacionales que han ido sucediéndose hasta el advenimiento de la actual sociedad internacional mundial (así, Esparta y Atenas en el mundo de los Estados-ciudades helénico). Pero en un sentido estricto, el concepto de «gran potencia», tal y como hoy nos es familiar, es un concepto moderno, aplicado a un fenómeno que alcanza su manifestación plena en el sistema de Estados moderno. Por eso la crisis sufrida por el sistema de Estados moderno, al transformarse de sistema europeo en sistema mundial, arrastraría consigo una crisis de las grandes potencias tradicionales, desbordadas y sustituidas por lo que se dio en llamar las superpotencias.

Toynbee ha caracterizado muy acertadamente a la gran potencia como la «potencia política cuya acción se ejerce en toda la extensión del ámbito máximo de la sociedad en cuyo marco opera» [1]. Esta sociedad puede ser una sociedad internacional particular, y existen «grandes potencias» a escala regional. En la sociedad internacional de hoy, de dimensiones planetarias, el concepto de gran potencia se identifica en un sentido estricto con el de potencia mundial.

No es fácil enunciar en términos generales los factores que convierten a un Estado en una gran potencia. Los conceptos de potencia y de poder son relativos por esencia. No son decisivas de suyo ni una gran superficie ni una gran población, aunque no pueden, a la larga, faltar, pues suministran desde luego una base adecuada, gracias a los recursos económicos, a las reservas de potencial humano y a las posibilidades de relación e irradiación que son su normal consecuencia. Son factores de especial importancia un determinado nivel de civilización y la cohesión interna, lo que un autor [2] ha llamado «cierta armonía constitucional», que crean un clima espiritual favorable; y asimismo, una clase dirigente consciente y dinámica.

No es necesario subrayar que, de hecho, las grandes potencias han determinado en última instancia el destino de la sociedad internacional. La historia política internacional es fundamentalmente historia de las grandes potencias. El brillo de su protagonismo deslumbró en particular a Leopold von Ranke: siendo la historia para él esencialmente historia política, y sus actores, los Estados nacionales, «pensamientos de Dios», la minoría dirigente de este mundo de Estados encarnaba, a sus ojos, la quintaesencia de los valores humanos. Pero no olvidemos que este papel brillante ha tenido a menudo como precio la angustia de caídas y de bruscos desastres, cuando no de melancólicos y nostálgicos ocasos. Las fluctuaciones del destino no son una exclusiva de los Estados pequeños y medianos, son también el atributo de los grandes. En la doctrina, a la exaltación del poder que, desde los legistas chinos y el *Artha-Sâstra* de Sanakya, más conocido como Cautilya («el Tortuoso»), en la antigua India, conduce, a través de Tucídides, hasta Maquiavelo y Nietzsche, hace eco una tradición tan constante, aunque menos vistosa, que, ya presente en el «Viejo Maestro», Lao-Tse, y más cerca de nosotros, en San Agustín, se despliega en Montesquieu y Rousseau, en Heeren,

---

[1] Citado por P. BRADLEY, artículo «Great Powers», en *Encyclopaedia of the Social Sciences,* tomo 7, pág. 160.
[2] R. KJELLÉN, *Die Grossmächte und die Weltkrise,* 2.ª ed., Leipzig-Berlín, página 238.

Sismondi y Jacobo Burckhardt: la apología del pequeño Estado [3]: de hecho la humanidad es acreedora a algunos de sus prototipos históricos, de los más altos valores de civilización (recordemos aquí tan sólo, ciñéndonos al mundo moderno, lo que las artes y las letras deben a Florencia y Weimar; la libertad intelectual, a los Países Bajos; las tareas humanitarias, a Suiza).

Es sabido que a raíz de la disolución de la sociedad medieval, en los orígenes del sistema moderno de Estados, emerge como primera potencia principal España, que bajo Carlos V y Felipe II ejerce una preponderancia iniciada con su unión al Imperio, pero que se mantendrá bajo los Austrias hasta la segunda mitad del siglo XVII. Siguieron Francia, a partir del reinado de Luis XIII, e Inglaterra, cuyo auge prepara la derrota de la Armada española bajo Isabel I; y junto a ellas algún tiempo Portugal, Polonia, Suecia y las Provincias Unidas. Una gran potencia *sui generis* fue la Casa de Austria, incluso después de la división de los dominios de Carlos V, tomando el relevo, ya desde el reinado de Leopoldo I, Austria como tal, que en 1867 se convertiría en Austria-Hungría. El grupo de las grandes potencias adquiere una notable estabilidad tras la ascensión de Rusia y de Prusia y el desdibujamiento de España en el siglo XVIII, pues resistirá la tormenta de las guerras de la Revolución Francesa y del Imperio napoleónico. Terminadas éstas, y vuelta Francia al redil, se instauró la *pentarquía,* compuesta por Francia, Gran Bretaña, Austria, Rusia y Prusia. Este sistema sólo fue alterado por las dos grandes revoluciones políticas del siglo XIX: la unificación de Alemania (1871), que como tal ocupa el lugar de Prusia bajo la dirección de ésta, y la unificación de Italia, considerada como gran potencia hacia 1867, pero sobre todo a partir de 1880. Hacia el final de este mismo siglo XIX, y a principios del XX, se agregan a dichas potencias dos no europeas: Estados Unidos y Japón. La primera guerra mundial sólo dio lugar a un eclipse momentáneo de Alemania y de Rusia, convertida en la Unión de Repúblicas Socialistas Soviéticas en 1922, mientras Austria desaparecía definitivamente como gran potencia.

El cambio provocado por la segunda guerra mundial ha sido mucho más profundo. Cabe hablar, a nuestro juicio, de una crisis de las grandes potencias tradicionales. Como consecuencia de su derrota, ni Italia, ni Japón gozan de una situación privilegiada en el

---

[3] Sobre este punto cfr., en particular W. KAEGI, «Der Kleinstaat im europäischen Denken» en sus *Historische Meditationen,* Zurich, 1942, páginas 249 y sigs., y L. LEDERMANN, *Considérations sur le petit Etat,* Neuchâtel, 1946.

Consejo de Seguridad de la O.N.U., mientras que Alemania, dividida, no podría llegar a ser miembro de la Organización hasta la serie de acuerdos que consagran el *status quo* surgido de la guerra y de la existencia de dos Estados Alemanes [4]. Por el contrario, China se encuentra entre los cinco miembros permanentes. Junto a la ascensión de China, el intento de la India por desempeñar un papel creciente en Asia es el hecho nuevo más destacable en este punto. Algo parecido cabría decir respecto de Canadá, en un plano más general. Pero en realidad, existe una crisis del concepto mismo de gran potencia, teniendo en cuenta la aparición de lo que se ha convenido en llamar «*superpotencias*», de carácter más bien imperial que estatal: Estados Unidos y la Unión Soviética. Los esfuerzos actuales dirigidos a realizar una unión europea, tanto en el plano político como en el económico, aparecen como un sucedáneo para remediar la disminución del potencial de los Estados europeos considerados individualmente. Si Gran Bretaña vino gozando, gracias a la *Commonwealth,* de una situación peculiar, intermedia, no pudo mantenerse en ella, lo cual explica la actitud ambigua que hasta hace poco fue la suya frente al movimiento de integración europea [5]. Independientemente de su posición en las Naciones Unidas, o fuera de ellas, Japón y la Alemania Federal vuelven a desempeñar un papel mayor, debido a su recobrada pujanza económica, que no puede dejar de capitalizarse políticamente [6]. Unido este resurgir al equilibrio que se ha establecido entre las superpotencias en materia de armamentos

[4]   Tratados germano-soviético de 12 de agosto y germano-polaco de 7 de diciembre de 1970; tratado relativo a los fundamentos *(Grundvertrag)* de las relaciones entre la República Federal de Alemania y la República Democrática Alemana de 21 de diciembre de 1972.

[5]   Después de haber impedido que el Consejo de Europa (1949) tuviese poderes reales, no respondió al llamamiento de Robert Schuman, Ministro francés de Asuntos Exteriores, que dio origen a la Comunidad Europea del Carbón y del Acero (1951), y posteriormente a la «Europa de los Seis». Creada la Comunidad Económica Europea en 1957, solicitó finalmente el Reino Unido su incorporación en 1961, si bien sus reticencias y vacilaciones contribuyeron no poco, además de la oposición del general De Gaulle, a que hasta 1972 no pudiese firmarse el correspondiente tratado de adhesión.

[6]   Se vino diciendo durante años de la República Federal de Alemania que era un «gigante económico» y un «enano político»: parábola de la que se ha comprobado certeramente que de hecho revela en definitiva ser lo que es, «un juego de palabras sin mayor significación» (P. J. FRANCESCHINI, «Bonn et la manière forte», *Le Monde,* 21 de agosto de 1971, pág. 2). Por lo que atañe al Japón, el presidente Nixon expresó el 1.º de agosto de 1973, con ocasión de la visita del primer Ministro japonés Kakuei Tanaka a Washington, su deseo de que este país sea miembro permanente del Consejo de Seguridad (*Le Monde* del 3 de agosto); propósito confirmado más solemnemente en la Asamblea General por el entonces Secretario de Estado H. Kissinger, en su primer discurso ante la misma, el 24 de septiembre.

atómicos («equilibrio del terror»), se vislumbra el fin de la bipolaridad de los años de la postguerra.

Esta crisis debe ser considerada en el marco de la evolución de conjunto del sistema mundial de Estados que ya hemos descrito. Es un reflejo de la nueva medida de las dimensiones del poder a raíz de esta evolución. Un atento observador del mundo de las grandes potencias, a las que consagró una obra que alcanzó numerosas reediciones, el politólogo sueco Rodolfo Kjellén, escribía ya, después de la primera guerra mundial, que los Estados que en una perspectiva europea parecían grandes, se reducen, considerados a escala mundial. «Evidentemente —añadía— el fenómeno de la gran potencia del siglo XIX correspondía, bajo más de un aspecto, a un período de transición que en lo relativo a la masa y a los elementos propios no se había adaptado aún completamente a las exigencias más amplias de la situación planetaria» [7].

Contrariamente a lo que ocurría en el mundo de los Estados soberanos, la condición de gran potencia no implica necesariamente un reconocimiento específico. La gran potencia acaba imponiéndose por su propio peso, y se la invita a cooperar con las demás porque no sería posible obtener resultados duraderos sin ella. Se da aquí la más rigurosa aplicación que cabe del principio de efectividad. Con todo, la calidad de gran potencia puede mantenerse durante algún tiempo, en virtud del prestigio adquirido, cuando su base es ya menos real. En cambio, la efectividad de los factores de la potencia debe ser más acentuada al principio, dado que los grandes suelen mostrarse poco inclinados a admitir a otros a su lado; lo cual trae consigo que los recién llegados tengan generalmente una entrada en escena brusca, cuando no espectacular (caso, por ejemplo, de Rusia bajo Pedro el Grande, de Prusia bajo Federico II, de Japón con su victoria sobre la Rusia zarista en 1905).

En cierto sentido, sin embargo, cabe hablar de un reconocimiento de gran potencia, cuando competencias de especial envergadura son atribuidas expresamente a ciertos Estados por el derecho internacional. Se ha llegado incluso a afirmar que existen dos nociones de gran potencia: la gran potencia *de iure* y la gran potencia *de facto* [8]. Nuestras consideraciones hasta el momento han girado en torno a esta última. Desde el punto de vista jurídico, la gran potencia será entonces «un Estado cuya situación en el conjunto del derecho internacional positivo es preponderante», y esta preponderancia se reconoce en la influencia que el Estado en cuestión ejerce tanto sobre

[7] *Die Grossmächte...*, ya cit., pág. 241.
[8] J. MARKUS, *op. cit.*, págs. 22 y sigs.

la creación como sobre el contenido del derecho internacional[9]. Acabamos de comprobar implícitamente que puede haber una disociación entre grandes potencias de hecho y grandes potencias de derecho. Pero es inherente a la naturaleza de la gran potencia el acabar siéndolo de derecho si lo es de hecho. Pues sin ella, ninguna regulación general de las relaciones públicas internacionales es viable. De ahí que Lord Cranborne, al tratar de la universalidad de la Sociedad de Naciones, viniese a distinguir los «Estados esenciales» y los demás, siendo los primeros, «aquellos sin cuya participación ningún plan de cooperación internacional podría producir los resultados deseados», los que aseguran propiamente la universalidad[10].

En definitiva, «lo que constituye la esencia de la gran potencia es la capacidad para tomar parte activamente en la política mundial»[11]. Las grandes potencias son las únicas que se aproximan al ideal de la soberanía si se la concibe como independencia absoluta de todo aquello que no sea la propia voluntad estatal, y decimos «se aproximan», ya que hasta la fecha ni siquiera la mayor de las potencias ha sido plenamente soberana en este sentido.

El grupo de las grandes potencias, cambiante pero, como tal, permanente, ha asumido funciones de gobierno internacional: primero de una manera difusa y discontinua, mediante acciones más o menos concertadas o paralelas, generalmente en forma de alianzas; pero luego, sobre todo después del Congreso de Viena, bajo la forma de una acción común ya prevista en el Tratado de Chaumont (9 de marzo de 1814). Las grandes potencias tienen la pretensión de representar la sociedad internacional en su conjunto. Es lo que M. Bourquin ha denominado la «vocación directorial» de las grandes potencias[12], o del Concierto europeo o Concierto de las potencias[13], según la expresión consagrada, que encierra la idea de una entidad propia.

[9] *Ibid., ibid.,* pág. 23. El autor subraya con razón que lo característico de la gran potencia *de iure* no es sólo el *contenido positivo* del derecho internacional; es también «lo que no ha llegado a ser una regla de derecho internacional debido a la actitud de una o varias grandes potencias» (pág. 32). Lo que dice con respecto al reconocimiento de un Estado como gran potencia *de iure* (página 38) nos parece, sin embargo, estar demasiado en función del sistema de la Sociedad de Naciones y de las Naciones Unidas, siendo así que el fenómeno de la gran potencia es muy anterior, incluso en su dimensión jurídica.
[10] Informe del Comité para la puesta en práctica de los principios del Pacto (1938) en *Documents S. d. N.,* Supplément spécial 180/1938, pág. 44, citado por J. MARKUS, *op. cit.,* págs. 40-41.
[11] H. MOSLER, *Die Grossmachtstellung im Völkerrecht,* Heidelberg, 1949, página 21.
[12] «Le Concert européen au XIXe siècle» en *Festschrift für Hans Wehberg,* Francfort, 1956, pág. 21.
[13] Recordemos aquí que la expresión «Concierto europeo» *(Concert euro-*

En el Congreso de Viena se afirmó el principio de que ciertos cometidos político-internacionales correspondían a la sociedad de las grandes potencias, y sólo a ella, pero en cuanto tal sociedad, y no a una o a varias potencias en particular. Con ello, el principio tradicional del equilibrio de fuerzas se convirtió en el de un equilibrio de las grandes potencias, en función del cual se fueron ordenando los sistemas de equilibrio particulares o regionales.

Esta dirección conjunta de la sociedad internacional por las grandes potencias adquirió la forma de una hegemonía colectiva y se realizó a través de una serie de congresos. El *sistema de los congresos,* característico de la hegemonía colectiva de las grandes potencias, florece de 1815 a 1884-85 (Congreso de Berlín sobre Africa), señalando el Congreso de Berlín de 1878 relativo a los Balcanes la culminación del mismo y a la vez el comienzo de su ocaso.

Desde 1818, fecha del Congreso de Aquisgrán, que inicia la puesta en marcha del sistema proyectado en Chaumont y en Viena, con la admisión de Francia en la pentarquía, hasta 1914, hubo alrededor de veinte Congresos y Conferencias importantes. En un primer momento, la finalidad primordial perseguida fue la oposición a las ideas liberales y nacionales (Congresos de Troppau, 1820; de Laibach, 1821; de Verona, 1822); pero no se consiguió mantenerla eficazmente, ante el ímpetu de las mismas y la actitud reticente de Gran Bretaña. Tampoco se logró conservar incólume el *status quo* de Viena tanto en el orden territorial como en el de la legitimidad dinástica (secesión de Bélgica y sustitución de los Borbones por los Orléans en Francia, en 1830). Y es bien sabido que no hubo intervención en las colonias españolas de América, por oponerse a ella los Estados Unidos, apoyados por Gran Bretaña.

Donde mayor resultado dio el sistema de los congresos en el período que consideramos, fue en la cuestión de los Balcanes y el Próximo Oriente (la llamada «cuestión de Oriente»). No se consiguió con todo impedir las guerras («guerra de Crimea», 1853-55; guerra ruso-turca de 1877; consiguientes congresos en París, 1856,

péen, Concert of Europe) ha sido usada en dos sentidos: bien para designar la totalidad de los Estados integrados en el sistema del derecho internacional europeo o derecho público de Europa, que constituía prácticamente el derecho internacional sin más, según vimos en la primera parte; bien para designar tan sólo el gobierno colectivo de las grandes potencias. Unicamente en el primer sentido cabe, pues, entender la incorporación de la Puerta Otomana al «Concierto europeo» en 1856, ya que no por ella alcanzó la consideración de gran potencia. Es por lo que creemos preferible, en lo que concierne a la acción conjunta de las grandes potencias, la fórmula «Concierto de las potencias».

y Berlín, 1878), aunque por lo menos se evitó que degenerasen en guerras generales.

Un éxito de especial importancia del sistema de los congresos, que merece ser destacado, fue el de la Conferencia de Londres sobre Luxemburgo (1867), en la que se estableció la neutralidad del Gran Ducado.

El sistema de congresos del Concierto de las potencias hubo de sucumbir finalmente, a consecuencia de las rivalidades más profundas propias del período que los historiadores [14] suelen denominar período del imperialismo, que va de la Conferencia de Berlín de 1878 a la guerra de 1914-1918. Frente al mínimo de cohesión que había caracterizado la fase anterior, resultan ahora las divergencias más acusadas que las coincidencias. Las grandes potencias europeas se dividen en dos bloques hostiles, cuyo antagonismo provocará la primera guerra mundial (llamada entonces «guerra europea») y la debilitación final de todas ellas.

Al término de aquella primera contienda asistimos al mismo fenómeno que se había producido a raíz de las guerras napoleónicas. En 1919, asumen la dirección de los asuntos mundiales las *Principales Potencias Aliadas y Asociadas,* que en la conferencia de la paz constituyeron el *Consejo Supremo.* Su papel determinante en la elaboración de los tratados de paz recuerda el precedente de Viena, y se justificó invocando los sacrificios por la causa común, mayores absolutamente (aunque tal vez no relativamente) por parte de las grandes potencias. Pero ahora, el objeto de su gobierno era el mundo en toda su amplitud: de ahí la intervención de los Estados Unidos y del Japón (si bien éste se mantenía apartado en las cuestiones que no le afectaban directamente). Como en Viena, la principal potencia vencida fue luego incorporada al gremio de los vencedores, con el propósito de garantizar mejor la permanencia del nuevo orden, y en reconocimiento del hecho de que seguía siendo un factor de poder de primera magnitud.

Algo idéntico se produjo al finalizar la segunda guerra mundial, dentro del cambio de circunstancias a que anteriormente nos hemos referido. Los Grandes de la coalición victoriosa se presentaron al mundo como gestores del interés común de la humanidad (conferencias de Teherán, 1943; de Yalta y de Potsdam, enero y julio de 1945). En el comunicado de la Conferencia de Yalta pudo léerse que la reunión había fortalecido la decisión de los participantes de *continuar e intensificar en la paz futura la unidad de objetivos y de actuación* que hiciera posible la victoria. Pero esta vez, el programa

---

[14] Así, H. FRIEDJUNG, *Geschichte des Imperialismus,* 3 tomos, 1919-22; G. W. H. HALLGARTEN, *Imperialismus vor 1914,* 2 tomos, 1951.

de cooperación ulterior resistió menos tiempo la prueba de la falta de aglutinante de un enemigo común, y naufragó en la división del mundo y la «guerra fría», que paulatinamente se transformaría en «coexistencia pacífica» y, a partir de 1972, en una «distensión más o menos precaria».

En el espacio de una generación ha habido, por consiguiente, dos directorios de las grandes potencias, de los que uno de sus más perspicaces conocedores ha escrito que «en su estructura, su funcionamiento y su destino, aparecen como herederos del Concierto europeo» [15].

Examinemos más de cerca, en su fundamentación y su alcance jurídico, esta actividad directorial.

Desde el punto de vista del gobierno de la sociedad internacional, las grandes potencias son aquellas que se ven afectadas por todas las cuestiones que en cualquier sector y aspecto del mundo interestatal se susciten, aunque no participen en ellas directamente. Son las potencias con intereses generales, que se contraponen a las potencias con intereses particulares o limitados, las pequeñas potencias. La expresión «*puissance à intérêts généraux*», más eufemística y «antiguo régimen» que «*puissance de premier ordre*», y no digamos que «Grande» a secas de la terminología actual, de sabor pragmático en su elemental brutalidad, se remonta también al período vienés de la diplomacia clásica: aparece en efecto en las instrucciones de Luis XVIII a la representación de Francia en el Congreso de Viena (procedentes por cierto de su propio destinatario, Talleyrand), y es manejada en los congresos a lo largo del siglo XIX [16]. Fue oficialmente consagrada, asimismo, en la Conferencia de París de 1919. En ella, los *États à intérêts limités* llegaron a constituir, en ocasiones, un comité propio, junto al Consejo Supremo, abierto sólo a los Estados con intereses generales [17].

Pues bien, la generalidad de los intereses de las grandes potencias justifica cabalmente la *competencia* especial que se atribuyen, a saber: la facultad de regular los intereses comunes de la sociedad

---

[15] STANLEY HOFFMANN, «Deux directoires des grandes puissances au XXe siècle» en *Revue Générale de Droit International Public*, 58 (1954), pág. 232.
[16] Cfr., MOSLER, *op. cit.*, págs. 22-23.
[17] Es notable que el mismo criterio haya reaparecido en el proyecto de «nueva Carta atlántica» presentado por Henry Kissinger, consejero privado para Asuntos Exteriores del presidente Nixon, el 23 de abril de 1973, en el que distingue los intereses globales de los Estados Unidos de los de Europa, que a su juicio son de carácter regional. «The United States has global interests and responsibilities. Our European allies have regional interest» (Cfr. *The Department of State Bulletin*, vol. LXVIII, núm. 1768, mayo 14, 1973, página 594).

internacional, que hoy es sociedad mundial. A esta competencia general se contrapone la competencia particular de las potencias menores, relativa a sus asuntos propios. Pero aquí el principio jerárquico del gobierno de las grandes potencias choca con el principio paritario de la igualdad jurídica de los Estados soberanos. Porque las grandes potencias, jurídicamente, eran y son Estados soberanos como los restantes. Y el principio de la igualdad jurídica de todos impone que no se pueda disponer de los interesados sin su consentimiento. Esto se llevó a cabo, asociando a las pequeñas potencias a las decisiones de las cuestiones que las atañen. También la formulación de este principio se remonta a Talleyrand. Y fue elevado a la categoría de principio del «derecho público europeo» en el Congreso de Aquisgrán, en cuyo protocolo final se comunicaba a todas las cortes el propósito de la Pentarquía de asumir la tutela del mundo europeo. Los miembros de la Pentarquía declaran: «... 4.º) que, en el caso de que tales reuniones tuvieren por objeto asuntos especialmente relacionados con los intereses de los demás Estados de Europa, sólo tendrán lugar a consecuencia de una invitación formal por parte de los Estados afectados por dichos asuntos, y bajo la reserva expresa de su derecho a participar en ellas directamente o por medio de sus plenipotenciarios...» [18].

Claro está que no siempre se respetó a la letra este principio. Por otra parte, las grandes potencias han tenido medios indirectos de presión para obtener un consentimiento formal de los interesados. En muchos casos, el derecho de participación activa de las potencias menores quedó reducido a un simple derecho de iniciativa.

El principio de la participación de todo Estado interesado en un asunto que le atañe, está consignado en el Pacto de la Sociedad de Naciones (art. 4.º, ap. 4.º) y en la Carta de la Organización de las Naciones Unidas (art. 31) [19]. A la vista de los textos, observa atinadamente Bourquin la identidad de la idea que en ellos plasma con la del Protocolo de Aquisgrán, y si las modalidades difieren, «no es en el Protocolo de 1818 donde —a su juicio— se muestran [las

---

[18]   Cfr., los trabajos ya citados de MOSLER y BOURQUIN.
[19]   Pacto de la S. d. N., artículo 4/4: «Todo miembro de la Sociedad que no esté representado en el Consejo será invitado a enviar a un representante cuando se lleve ante él una cuestión que le interese particularmente». Carta de la O. N. U., artículo 31: «Cualquier Miembro de las Naciones Unidas que no sea miembro del Consejo de Seguridad podrá participar sin derecho a voto en la discusión de toda cuestión llevada ante el Consejo de Seguridad cuando éste considere que los intereses de ese Miembro están afectados de manera especial».

grandes potencias] menos preocupadas de los intereses tomados en consideración» [20].

Esto nos conduce para terminar, a considerar el fenómeno típico del gobierno de la sociedad internacional por las grandes potencias, ya sea éste *de facto* o *de iure,* ejercido de forma individual o más o menos colectivamente («sistema de congresos» del Concierto de las Potencias): *la hegemonía.*

En un estudio fundamental de este fenómeno, hasta entonces más propio de los historiadores que de los sociólogos (en sus formas típicas), por no hablar de los juristas, H. Triepel *(Die Hegemonie,* Stuttgart, 1938) lo caracterizó certeramente como situado a medio camino entre la simple influencia y la dominación *(Herrschaft).* En la hegemonía, hay un reconocimiento de la posición particular del Estado hegemónico por parte del Estado dirigido. Siempre asoma la tentación de convertir la hegemonía en dominación (Roma, Napoleón, Piamonte-Cerdeña): nos encontramos entonces con lo que Triepel denomina «hegemonía de absorción». Pero una mayor madurez de los pueblos hace que, a su juicio, la dominación tienda a ser reemplazada por la hegemonía (incluso en el caso en que resulte posible la dominación), en virtud de la «ley de la fuerza decreciente» *(Gesetz der abnehmenden Gewalt),* de la que habla Friedrich von Wieser en su sociología del poder *(Das Gesetz der Macht,* 1926). Interviene, por otra parte, el reconocimiento de una superioridad axiológica, por lo demás variable: es necesario que por lo menos en un valor políticamente relevante haya superioridad del Estado hegemónico.

Una cuestión de especial interés es la de saber qué influencia tiene la homogeneidad o la heterogeneidad de los diversos Estados para el establecimiento de una hegemonía. De las investigaciones de Triepel se deduce que, en el seno de cualquier grupo, la aparición de un caudillaje, un *leadership,* es tanto más difícil cuanto más marcada sea su diferenciación; lo cual explicaría la dificultad que siempre se ha opuesto a una hegemonía duradera en Europa.

No menos interesantes son las conclusiones que cabe sacar en lo que se refiere a las relaciones entre la hegemonía y el derecho. La hegemonía puede ser institucional, es decir legalizada, o simplemente de hecho. Esta última no es menos importante, pues en realidad, la hegemonía se da siempre en función de una superioridad

[20] *Loc. cit.,* pág. 27. Sobre las implicaciones jurídicas de la situación de gran potencia, cfr. J. Markus, *op. cit.,* especialmente, págs. 22-23; H. Mosler, monografía citada; así como las páginas, densas y comedidas, que Ch. de Visscher consagra al tema en *Théories et réalités en droit international public,* 2.ª ed., París, 1955.

actuante. Pero si el derecho puede ser un medio para dar mayor
autoridad a una hegemonía, es también, por el contrario, un medio
para impedir el establecimiento de una hegemonía: es el caso, por
ejemplo, de los tratados que limitan la capacidad de acción de los
pequeños Estados o los neutralizan, impidiéndoles, por consiguiente,
vincularse excesivamente a otro más poderoso. El desarrollo de la
organización internacional no hace sino acentuar este papel del
derecho. Hasta entonces, era la aplicación del principio del equilibrio
de fuerzas (*balance of power*) la que había permitido poner coto
a las tentativas hegemónicas de una potencia o de un grupo de potencias. Teniendo en cuenta el carácter precario de la organización
internacional a escala mundial, es probable que este principio esté
aún llamado a seguir cumpliendo esta tarea, si bien las unidades en
cuestión vengan a ser cada vez más conjuntos regionales o grupos
basados en afinidades ideológicas o culturales. Habría, sin embargo,
bastante que decir sobre las relaciones entre el principio hegemónico
y el principio del equilibrio. Sin excluirse el uno al otro, se desarrollan en planos diferentes. Si el equilibrio ha sido con frecuencia un
arma de los Estados pequeños y medianos contra las aspiraciones
hegemónicas de uno mayor, ha sido también a su vez un instrumento
por el que potencias que ejercen una hegemonía regional se han
impuesto límites recíprocamente, como en el caso tan característico
de las «zonas de influencia» [21].

Al término de estas consideraciones no creemos sobrepasar los
límites de una perspectiva sociológica que excluya los juicios de
valor (que aquí corresponden a la filosofía jurídica y social), indi-
cando que en la realidad internacional grandes potencias, potencias
medias y pequeños Estados se complementan. No son creaciones ar-
bitrarias, sino el producto de una historia varias veces milenaria.
Queramos o no, las grandes potencias tienen una responsabilidad
mayor. Lo único que puede legitimar su acción, es que ésta se ponga
al servicio del bien común de toda la humanidad. Los demás Estados, si se inspiran también en estos intereses generales, pueden,
con su unión, contrarrestar en una medida que no debe ser subes-
timada el peso de los mayores; y ello tanto más cuanto los organismos
internacionales (en primer término, la Asamblea General de la
O. N. U.), les ofrecen nuevas posibilidades. Se ha subrayado a menudo que la promoción de los valores culturales y éticos es una tarea
para la cual parecen especialmente preparados los pequeños Estados,
por estar menos expuestos que los grandes a las tentaciones del
poder. Pero a la inversa, las dimensiones reducidas de un Estado no

[21]   Para una discusión más amplia, cfr., Markus, *op. cit.*, capítulo 4.

garantizan por sí solas que éste actuará siempre según los imperativos de la justicia. Esto es aún más evidente en el caso de los Estados medianos. En el mundo de los Estados como en el de los individuos, lo que parece virtud es a veces tan sólo necesidad, falta de ocasión o de posibilidades. En los pequeños Estados y los Estados medianos hay cabida, como en los grandes, pero en los límites modestos que impone su situación, para lo que los griegos, que fueron tantas veces su víctima, llamaron la *hybris,* la desmesura.

Fuera de esta hipótesis, los Estados pequeños y medianos están naturalmente llamados a promover con todas sus fuerzas la organización internacional, dado que ésta es para ellos en principio su más eficaz salvaguardia. El imperativo de hacer progresar el derecho internacional (que tanto les debe en el orden doctrinal y humanitario) y de poner a punto un orden internacional institucional, se les presenta, pues, con un carácter más apremiante.

Así pues, las grandes potencias y los pequeños Estados tienen trazados de antemano sus caminos, que son complementarios. Un gran apologista del pequeño Estado lo ha reconocido muy objetivamente. Sus palabras nos parecen la conclusión más adecuada a las consideraciones que anteceden: «El gran Estado existe en la historia para el cumplimiento de amplios objetivos exteriores, para la conservación y protección de ciertas civilizaciones que de otra forma perecerían, para la promoción de los sectores pasivos de la población que, abandonados a sí mismos como pequeños Estados, se marchitarían para el desarrollo de las grandes fuerzas colectivas. El pequeño Estado existe para que haya en el mundo un rincón en el que la mayor proporción posible de los súbditos sean ciudadanos en el sentido pleno del término. [...] Pues el pequeño Estado no tiene otra cosa que la libertad efectiva y real por la cual compensa plenamente en el plano ideal las enormes ventajas del gran Estado, incluso su poder [...]». Se trata de Jacobo Burckhardt en sus *Consideraciones sobre la historia universal* [22].

---

[22] *Weltgeschichtliche Betrachtungen,* capítulo II, 1 (ed. de la ed. Kröner, Stuttgart, 1955, págs. 34-35).

Capítulo 3

LAS FUERZAS TRANSNACIONALES Y EL INDIVIDUO EN LA SOCIEDAD INTERNACIONAL, I

Grupos de presión y organizaciones internacionales no-gubernamentales en la sociedad internacional. La actividad social espontánea en la sociedad internacional. Los grupos de presión. Los intereses privados y su acción. La intervención de las organizaciones internacionales no-gubernamentales en las decisiones de las organizaciones interestatales.

El papel dominante del Estado en la sociedad internacional, su calidad de centro de referencia para el criterio de lo que sea «internacional» y de sujeto primario del derecho internacional, no han de hacernos olvidar los demás grupos sociales que en aquélla actúan de hecho, operando, estableciendo contactos, entendiéndose o rivalizando por encima de las fronteras estatales. Estos grupos, y los individuos que los integran, que constituyen el «pueblo internacional», son el *elemento democrático* de la sociedad internacional. Veremos que sus relaciones con los Estados pueden variar. Forman el amplísimo círculo de las asociaciones de intereses económicos y sociales (medios financieros e industriales, sindicatos obreros), de carácter espiritual (Iglesias, grupos confesionales), ideológico y político (partidos), intelectual (asociaciones científicas, docentes, de investigación), humanitario, deportivo, etc. Su presencia activa influye sobre el comportamiento de los Estados en mayor o menor medida y contribuye de esta suerte indirectamente a configurar la política internacional, más aún, la fisonomía de la vida interna-

128

cional en un momento dado. «Algunas disponen de un poder material o moral superior al de no pocos Estados nacionales»[1]. Son las fuerzas «transnacionales» de la sociedad internacional[2]: fuerzas sociales no estatales, que actúan más allá del marco de cada Estado.

En general, estos grupos tratan de ejercer su acción en la esfera internacional de dos maneras: ya valiéndose del Estado y de su posición internacional privilegiada para sus fines; ya tratando por el contrario de que el Estado no interfiera en sus actividades. Y pueden llegar a pesar mucho, en uno u otro sentido, si bien resulta difícil determinar la medida exacta de su acción.

Ello hace que, si es cierto que son los Estados y los organismos internacionales los que directamente rigen las relaciones internacionales, tanto aquéllos como éstos se hallan inmersos en una trama de fuerzas sociales que en grado mayor o menor los condicionan.

De la trama asociativa que acabamos de evocar emergen con especial relieve lo que la sociología contemporánea ha caracterizado como *grupos de presión*. En un sentido amplio, los grupos de presión son intereses organizados que tratan de influir sobre los órganos de decisión política para que actúen en el sentido de sus fines particulares. Su nota peculiar es por tanto la *acción indirecta,* diferenciándose en esto principalmente de los partidos políticos. Los grupos de presión quieren conseguir la adopción y ejecución de determinada política sin intentar obtener un control pleno y completo de los órganos de decisión política. Se trata de asociaciones que, sin ser políticas de suyo, tienen sin embargo una actuación política oculta: en ellas, un interés toma cuerpo y se hace políticamente relevante.

Aunque en general la atención se ha fijado más en los grupos de intereses privados, hay que tener en cuenta que éstos no son los

---

[1] P. GERBET, *Les organisations internationales,* París, pág. 6.
[2] G. SCHWARZENBERGER (*Power Politics* ya cit., cap. 8) las designa como «miembros menores de la casta internacional». Ahora bien, no parece adecuada la expresión si tenemos en cuenta la realidad que acabamos de comprobar, es decir, el peso de dichas fuerzas, que sociológicamente puede ser mayor que el de ciertos Estados. Prescindiendo del peso sociológico de la Iglesia católica y otras comunidades religiosas o de las grandes uniones sindicales, cabe considerar que en 1965, 87 sociedades (de las que 60 estaban domiciliadas en los Estados Unidos, 25 en la Europa occidental y dos en el Japón) tenían un volumen de negocios superior a 1.000 millones de dólares —la mayor era la General Motors, con 21.000 millones—, siendo así que entonces no eran más de unos cuarenta los Estados con un presupuesto de igual cuantía, o sea, superior a los 1.000 millones de dólares; y únicamente 69 países (algo más de la mitad de los existentes) alcanzaban un producto nacional bruto por encima de dicha cifra. (G. MODELSKI, «The Corporation in World Society», *Year Book of World Affairs,* 1968, pág. 68).

únicos que intervienen de este modo. Organismos del poder público, como el ejército o determinados cuerpos de funcionarios, pueden tratar también de influir sobre las decisiones gubernamentales a través de una presión, informalmente.

El estudio de los grupos de presión, los *lobbies* de la terminología anglosajona, o, según se ha dicho, los «imperios anónimos» [3], ya muy desarrollado en lo que respecta a las sociedades políticas nacionales o estatales, empieza a constituir un tema importante de la teoría de las relaciones internacionales [4]. Porque, como ha dicho con razón Marcel Merle, «el estudio de los grupos de presión quedaría inconcluso si no se buscaran las posibles repercusiones de su acción en el plano internacional», y por otra parte «el estudio de las relaciones internacionales pudiera ser peligrosamente falseado si se hiciera abstracción de la intervención de los intereses particulares en el proceso de decisión» [5].

Ahora bien, la estructura de la sociedad internacional y el retraso con que se ha desarrollado la teoría de las relaciones internacionales como disciplina particular, hacen que la empresa sea más difícil en el aspecto internacional que en el nacional.

Entre los grupos de presión relevantes en la esfera internacional, unos son nacionales, y otros, internacionales.

Los grupos de presión *nacionales* actúan fundamentalmente sobre sus gobiernos para orientar su política exterior en el sentido de sus intereses. Los medios de que se valen son muchos: gestiones directas cerca de los poderes públicos, corrupción de parlamentarios y agentes del ejecutivo, demostraciones de fuerza, recurso a la opinión pública mediante campañas de prensa, radio, televisión, etc. Sólo en casos excepcionales pueden actuar en la esfera internacional al margen de su propio gobierno, pues ello requiere una fuerza y unos medios que se salen de lo normal. En este orden de cosas, baste recordar la actuación de las compañías fruteras norteamericanas con intereses en Centroamérica y las islas del Caribe, opuesta a los gobiernos y grupos políticos que propugnan una mayor independencia económica y el correspondiente cambio de las estructuras sociales, y favorable, por el contrario, a sus respectivas clientelas, en el contexto reflejado con tanto realismo en las novelas de un Miguel Ángel Asturias. Cuando actúan directamente en la esfera internacional, son a menudo pantallas de intereses estatales (como en el caso de la Anglo-

[3] Cfr. S. FINER, *El imperio anónimo,* trad. castell. con un estudio preliminar de J. FERRANDO, Madrid, 1966.
[4] Véase en particular J. MEYNAUD, *Les groupes de pression internationaux,* Lausana, 1961.
[5] «Los grupos de presión y la vida internacional», *Revista de Estudios Políticos,* núm. 107, septiembre-octubre de 1959, pág. 101.

Iranian Oil Company, la mayoría de cuyas acciones estaban controladas por el Gobierno británico).

Los grupos de presión *internacionales* tratan de actuar directamente en el plano internacional, como, por ejemplo, en su día la Compañía Universal del Canal de Suez, o en ciertas circunstancias las internacionales sindicales (boicots, etc.). Procuran especialmente movilizar la opinión pública mundial. Un ejemplo espectacular de la acción de semejantes grupos fue la Declaración Balfour, que el Movimiento sionista consiguió arrancar en 1917 al Gobierno británico y en la que se prometía la intervención de éste en favor de la creación de un «Hogar judío» en Palestina, punto de partida del futuro Estado de Israel. Más recientemente, la acción de grupos federalistas y europeístas privados ha sido un resorte esencial de la integración europea intergubernamental (recuérdese el papel fundamental desempeñado por el «congreso europeo» de La Haya en mayo de 1947)[6].

Independientemente de la «presión» que puedan ejercer, hemos de estudiar los grupos no estatales transnacionales como *fenómeno asociativo* en sí mismo. Estos grupos o asociaciones se dividen en dos clases: los que tienen y los que no tienen un fin lucrativo.

Las *asociaciones* internacionales *que tienen un fin lucrativo* están constituidas por lo general en forma de *sociedades mercantiles* («corporations») que, si bien han de adoptar la nacionalidad de uno u otro Estado y atenerse a su legislación (siendo formalmente «nacionales»), son plurinacionales o multinacionales por su capital social y transnacionales por su radio de acción.

Estas sociedades tienen precedentes históricamente relevantes: así, las grandes dinastías comerciales y bancarias de los Fugger, de Augsburgo (siglos XV-XVI), y los Rothschild, de Francfort (siglos XIX-XX). Si los primeros prestaron ingentes cantidades a los emperadores Maximiliano I de Austria y Carlos V, la casa Rothschild, con ramas en Viena y Londres, alcanzó un poderío de alcance europeo apoyando activamente el esfuerzo británico en las guerras napoleónicas, y se instaló luego también en París y en Nápoles. Pero las sociedades de esta índole se han desarrollado especialmente en nuestro siglo, sobre todo después de la segunda guerra mundial. Vinculadas al desarrollo del capitalismo y del neocapitalismo en relación con el progreso tecnológico, implican un principio de planificación y de or-

---

[6] Sobre esta acción de las fuerzas privadas en la construcción europea, véase entre otros: H. BRUGMANS, *La idea europea*, trad. cast. de M. A. RUIZ DE AZÚA, Madrid, 1973; y TRUYOL Y SERRA, *La integración europea. Idea y realidad*, nueva ed. con textos y documentos, Madrid, 1972.

ganización de la economía más allá de lo nacional, en el plano de la iniciativa privada. El problema fundamental reside en hallar las fórmulas jurídicas adecuadas a su situación transnacional efectiva, que hagan factible el control de sus actividades, subordinándolas a las exigencias del interés general. Su situación respecto del poder estatal recuerda la de los grandes señores feudales con respecto a la Corona en los comienzos del Estado moderno.

Las *asociaciones* internacionales *que no tienen un fin lucrativo* son las que se constituyen como tales entre particulares para la defensa y promoción de valores de diversa índole. Se las designa comúnmente como *organizaciones internacionales no-gubernamentales,* para distinguirlas de las intergubernamentales (internacionales en sentido estricto, interestatales). También ellas han de acogerse, hoy por hoy, al ordenamiento jurídico del país donde establecen su sede, pudiendo constituir secciones nacionales [7].

Pues bien, el número creciente y el papel cada vez más destacado de las organizaciones internacionales no-gubernamentales es uno de los rasgos más llamativos de nuestra época. Podemos seguir su progresión a través de las sucesivas ediciones del «Anuario de las organizaciones internacionales» (*Year Book of International Organizations*), que publica la Unión de Asociaciones internacionales con sede en Bruselas, creada en 1910 [8].

Por ello se ha podido ver en la multiplicación de los intercambios espontáneos y de los contactos personales que en las organizaciones internacionales no-gubernamentales se institucionalizan, el índice de una virtualidad de vida social humana cada vez más rica e intensa [9]. El autor de una monografía muy completa sobre dichas organizaciones [10] señala con razón que «olvidar el aspecto no-gubernamental de la organización internacional, es olvidar el fundamento mismo de la vida internacional así como el aspecto más estimulante y constructivo de los asuntos internacionales». Nosotros diríamos que en realidad las relaciones intergubernamentales no son un fin, sino un medio al servicio de la vida de relación internacional que en estas relaciones privadas se expresa.

A este respecto, ya Max Huber había observado que tendemos a veces a minimizar las relaciones internacionales del pasado en

[7]   Bélgica, sin embargo, ha creado para ellas un régimen especial.
[8]   Véase el Anexo correspondiente. Sobre esta institución, el opúsculo por ella publicado con ocasión de su LX aniversario: *L'Union des Associations internationales, 1910-1970. Passé, Présent, Avenir,* Bruselas, 1970.
[9]   TH. RUYSSEN, «Les caractères sociologiques de la communauté humaine», *Rec. des Cours...,* 67 (1939-I), pág. 136.
[10]   L. C. WHYTE, *International Non-Governmental Organizations,* pág. 16. (New Brunswick, 1951.)

cuanto a su intensidad e importancia, porque pensamos demasiado en estas relaciones (dentro de nuestra perspectiva moderna) desde el punto de vista de las relaciones interestatales [11]. Ahora bien, en épocas en que el control de las sociedades políticas sobre sus miembros era menor, y en que el contacto directo entre unas y otras resultaba escaso, o tan sólo intermitente, el grueso de las relaciones internacionales se componía de las relaciones entre individuos y grupos de individuos, y especialmente en los ámbitos comercial, religioso, intelectual, técnico. En la Cristiandad los desplazamientos por motivos religiosos (peregrinaciones, creación por las órdenes religiosas de nuevos monasterios «filiales», etc.), revistieron indudablemente un papel internacional importante. Entre la Cristiandad y el Islam fueron muy numerosos, y de gran alcance, los contactos de índole comercial e intelectual, yendo éstos con frecuencia contra los deseos de los monarcas o de las ciudades. Tal fue entre otros el caso de los renegados cristianos de las regiones mediterráneas al servicio del Islam, especialmente del Imperio Otomano, en los siglos XVI y XVII (los llamados «Turcos de profesión»), que representaron para éste un auxilio técnico considerable [12].

Aun cuando la presión de tales grupos puede ejercerse sobre las organizaciones internacionales como tales, suele ser más fácil y eficaz la que ejercen sobre los gobiernos, y ésta, de preferencia a través de los grupos de presión nacionales o de las secciones nacionales de los grupos internacionales, que gozan de mayor libertad de acción. Por otra parte los Estados, dada la distribución del poder en la sociedad internacional, son quienes siguen pesando directamente sobre las decisiones, incluso en las organizaciones internacionales —si bien es indiscutible el creciente papel de éstas como tales.

Un hecho que merece ser especialmente destacado hoy, es que los Estados han ido y van asociando los intereses privados organizados no sólo a sus decisiones de política exterior, sino también a la actividad de las organizaciones internacionales. Hay aquí una diferencia entre los grupos que persiguen una finalidad lucrativa y los que no persiguen semejante finalidad. *La acción de las sociedades mercantiles* en la vida política internacional no es oficial, ni está reconocida formalmente. Dicha acción es la auténtica acción indirecta de presión, y lo es en un sentido estricto [13]. En cuanto a las organi-

[11] *Soziol. Grundl. des Völkerr.*, ya cit., págs. 27-28.
[12] R. MOUSNIER, *Les XVIe et XVIIe siècles,* tomo IV de la *Histoire générale des civilisations,* dirigida por M. CROUZET, 2.ª ed., París, 1956, página 463.
[13] Su impacto, denunciado especialmente por el presidente de Chile, Salvador Allende, en relación con dicho país y en general la América Latina y sus

zaciones internacionales privadas, las más importantes han sido asociadas de una u otra manera a las decisiones de los organismos internacionales, reconociéndose *formalmente* su papel. En tal supuesto, no cabe hablar ya propiamente de «presión», ya que están en condiciones de hacer sentir públicamente una influencia cuya intensidad desde luego varía, pero debe en todo caso ser tenida en cuenta.

Dejando ahora a un lado la situación peculiar de la Organización Internacional del Trabajo (a la que más adelante nos referiremos), esta asociación de los intereses privados organizados a las decisiones internacionales ofrece dos modalidades:

Unas veces, *los intereses privados tienen derecho como tales a una representación de carácter consultivo*. Así, en las Comunidades europeas hay mecanismos especiales para la representación de las distintas categorías de intereses (de los industriales, trabajadores, comerciantes, usuarios). Se trata de una especie de representación corporativa.

Más importancia ofrece el hecho de que otras veces, *los grupos de intereses encarnados en las organizaciones no-gubernamentales* más importantes *han alcanzado el estatuto de organizaciones consultivas de los grandes organismos intergubernamentales*. Esto ha ocurrido en virtud de lo estipulado en el artículo 71 de la Carta de la O. N. U., completado, en la X sesión, por una Resolución del Consejo Económico y Social. Se instauró así una actividad de consulta que se ha desarrollado no sólo en el Consejo Económico y Social, sino también en los organismos especializados.

Dentro de estas organizaciones privadas con estatuto consultivo [14], hay que destacar las que el Consejo ha incluido en las categorías A y B. Las de la *categoría A* son aquellas que tienen un interés fundamental en la mayoría de las actividades del Consejo; pueden enviar representantes y presentar comunicaciones al Consejo y a las Comisiones; pueden pedir también que se incluya un tema en el programa provisional del Consejo y hacer declaraciones verbales sobre los temas propuestos [15].

problemas de desarrollo peculiares, en su alocución del 4 de diciembre de 1972 ante la Asamblea General de las Naciones Unidas (cfr. *O.N.U., Crónica mensual*, vol. X, núm. 1, enero de 1973, pág. 19-21), ha motivado que la Organización mundial instituyera una comisión para su estudio. En los Estados Unidos, el Senado, haciéndose eco de acusaciones semejantes, ha abierto también una investigación. La cuestión está planteada igualmente en las Comunidades Europeas.

[14] Cfr. M. Díez de Velasco, «Estructura orgánica de la O.N.U.» en la obra colectiva *O.N.U., año XX*, Madrid, 1966, págs. 32-35.

[15] Son en número de once, a saber: la Alianza Cooperativa Internacional, la Cámara de Comercio Internacional, la Confederación Internacional de Sindicatos Libres, la Confederación Mundial del Trabajo (que en 1969 sustituyó

Las de la *categoría B* son las que se interesan en algunos aspectos de la actividad del Consejo; pueden presentar comunicaciones escritas al Consejo y a las Comisiones y hacer declaraciones ante el Comité encargado de las organizaciones no-gubernamentales y ante las Comisiones. Son naturalmente mucho más numerosas que las anteriores [16].

La tercera categoría de las organizaciones no-gubernamentales a estos efectos es la de las organizaciones inscritas en el Registro: son aquellas que pueden contribuir a la labor del Consejo por medio de consultas especiales. Existe para ellas un registro que lleva el Secretario General. Su número es todavía mayor [17].

Los intereses privados organizados, a escala nacional e internacional, han alcanzado, pues, un reconocimiento jurídico-internacional limitado (en cuanto organizaciones consultivas), pero no por ello insignificante: las organizaciones no-gubernamentales (las nacionales, pero sobre todo las internacionales) empiezan a intervenir a través de esta función consultiva en la vida internacional oficial. Ello es un primer paso, que supone una atenuación del carácter interestatal de la sociedad internacional. Todos estos grupos y organizaciones de carácter privado corresponden a la esfera intermedia entre el individuo y el Estado, pero también entre el individuo y la sociedad internacional como tal. El principal problema que siguen teniendo, es el de un estatuto jurídico-internacional adecuado.

Es cierto que dicha evolución se ha visto frenada últimamente (resolución del Consejo Económico y Social de 25 de junio de 1968), al hacerse más estrictas las condiciones de representatividad y financiación de las organizaciones no-gubernamentales y las finalidades perseguidas, para la obtención y el mantenimiento del estatuto con-

a la Federación Internacional de Sindicatos Cristianos), la Federación de Antiguos Combatientes, la Federación Internacional de Productores Agrícolas, la Federación Mundial de Asociaciones pro Naciones Unidas, la Federación Sindical Mundial, la Organización Internacional de Patronos, la Unión Internacional de Autoridades Locales y la Unión Interparlamentaria.

[16] De las 152 que gozan de ese estatuto, mencionemos tan sólo: la Asociación Internacional de Abogados, la Comisión de las Iglesias para los Asuntos Internacionales, la Comisión Internacional de Juristas, el Comité Internacional de la Cruz Roja, el Congreso Judío Mundial, la Dotación Carnegie para la Paz Internacional, la Federación Internacional de Abogados, la Federación Internacional de Periodistas, la Federación Internacional pro Derechos del Hombre, la Liga Internacional de los Derechos del Hombre, el Movimiento Internacional de Estudiantes Católicos (Pax Romana), el Movimiento Internacional de Intelectuales Católicos (Pax Romana), el Rotary Internacional, la Unión Internacional de Demócratas Cristianos, la Unión Internacional de Juventudes Socialistas, etc.

[17] El citado *Anuario* indica 2223. Para la U.N.E.S.C.O., las cifras de dichas categorías son respectivamente 26, 144 y 105.

sultivo. Ahora bien, estas precauciones mismas son buena prueba de la importancia de su acción.

En conjunto, podemos concluir haciendo nuestro el ponderado juicio de M. Merle: «Incluso teniendo en cuenta esta evolución reciente, la solución a la que se ha llegado tiene el mérito de resolver, por lo menos parcialmente, el problema, tan espinoso en el orden interno, del estatuto de los grupos de presión: como contrapartida del papel que se les reconoce, las organizaciones privadas han de actuar a la luz del día, y sus intervenciones son canalizadas por los órganos de decisión. Pero el problema sigue incólume para los organismos con un fin lucrativo, que no tienen ningún derecho ni obligación alguna en la esfera de las relaciones internacionales» [18].

[18]   *La vie intern.*, ed. citada, pág. 224.

Capítulo 4

LAS FUERZAS TRANSNACIONALES Y EL INDIVIDUO EN LA SOCIEDAD INTERNACIONAL, II

FUERZAS RELIGIOSAS Y ESPIRITUALES
Motivaciones religiosas y relaciones internacionales. El cristianismo. Las religiones no cristianas.

FUERZAS IDEOLÓGICAS, POLÍTICAS Y SINDICALES
Internacionales obreras y partidos políticos en la sociedad internacional. Las internacionales sindicales.

FUERZAS INTELECTUALES Y CULTURALES
La cooperación intelectual como factor de integración internacional. Su institucionalización.

FUERZAS ECONÓMICAS
Motivaciones económicas y relaciones internacionales. La importancia histórica del comercio internacional. Organización privada e intervención estatal coordinada en la sociedad internacional.

EL INDIVIDUO Y LA OPINIÓN PÚBLICA
El problema de la personalidad jurídico-internacional del individuo. Opinión pública y educación. Psicología social y relaciones internacionales.

LAS FUERZAS RELIGIOSAS Y ESPIRITUALES

En ciertas épocas, para determinados pueblos, las motivaciones religiosas pueden tener mayor relevancia internacional que las propiamente políticas; e incluso cuando los grupos religiosos no se han confundido con los políticos o se han impuesto a ellos (como en el caso de los regímenes «teocráticos» o «hierocráticos»), influyeron en todo caso sobre los mismos. Esta influencia, desde el punto de vista internacional, ha sido doble, y de signo opuesto, según que lo religioso y lo político estuviesen unidos o separados.

En el primer supuesto, el impacto de lo religioso sobre las relaciones internacionales ha sido negativo. Bastará recordar el papel de la religión de la Ciudad o de la religión de Imperio en la Antigüedad oriental y grecorromana, con su exclusivismo, en la línea de las primitivas religiones étnicas y tribales, en cuanto factor de antagonismo de los grupos humanos organizados. Consecuencia de la vinculación de la religión al respectivo grupo era la necesidad de que el monarca conquistador de una comarca adoptase la religión local, o incluso fuese divinizado, como medio de legitimación de su nuevo poder. Por el contrario, las religiones superiores, a las que hay que asociar algunos idearios filosóficos universalistas, han sido poderosos factores de integración internacional, si bien con la doble condición de que permaneciesen fieles a su misión y no se escindiesen en confesiones intolerantes, promotoras de guerras de religión, y asimismo de que no se enfrentasen unas a otras, pues entonces la integración sólo era operante en el ámbito de su respectiva vigencia, trasladándose el antagonismo a un plano geográfico más amplio (así, por ejemplo, en la lucha entre el Islam y la Cristiandad en la Edad Media).

La primacía de lo religioso sobre lo político en la vida internacional de la Edad Media cristiana se manifiesta paradigmáticamente en la humillación del emperador Enrique IV, abandonado por sus súbditos en su lucha contra el Papa Gregorio VII, en Canossa (1077). El cambio de la situación espiritual aparece muy claramente reflejado, por el contrario, en la controversia entre Felipe el Hermoso de Francia y Bonifacio VIII, por cuanto el rey obtuvo el apoyo decidido de sus súbditos (1202-03). Un caso no menos notable de interferencia de lo religioso y lo político, que buscaba mantener la unidad religiosa del Estado en una Europa ya dividida confesionalmente, salvando el derecho del disidente a la emigración, fue, en los siglos XVI y XVII, la instauración del principio *cujus regio, ejus religio*, admitido en la Paz religiosa de Augsburgo para el Imperio (1555) y consagrado más tarde a escala internacional por los tratados de Westfalia (1648).

El factor religioso adquiere un peculiar relieve político-internacional cuando va unido a la idea de la elección divina de un pueblo como tal, o simplemente a la idea de una misión colectiva providencial. Dejando aparte al pueblo elegido por antonomasia, Israel, y el caso de Roma (ideología de la *Roma aeterna,* panegíricos de Roma en la época de Augusto y en los siglos posteriores, lo mismo entre los paganos que entre los cristianos [1]), esto ocurrió en el Islam («guerra santa» como deber a la vez religioso y político del jefe de la comunidad musulmana) y en las diferentes ideas de «cruzada» y de «misión nacional». El ejemplo clásico en Occidente se recoge en la fórmula *«gesta Dei per Francos»*, según la cual los francos tenían a su cargo llevar a cabo las «hazañas de Dios», y a la que harían eco otras muchas [2]. Comoquiera que en tales concepciones el interés de la colectividad en cuestión coincide *a priori* con el valor absoluto de una verdad religiosa, el resultado es una convicción que engendra, con la consiguiente buena conciencia, la mayor eficacia histórica.

Formas laicizadas de estas soteriologías políticas son ciertas manifestaciones del imperialismo de las grandes potencias modernas, en algunas de las cuales el Espíritu o la Historia y las leyes de la Evolución social hacen las veces de Dios y de la providencia: así, en corrientes del expansionismo anglosajón en las que subyace la idea calvinista de una predestinación colectiva, en la «misión civilizadora» (y su variante, la *«white man's burden»* de R. Kipling) como justificadora de la colonización a fines del siglo XIX y comienzos del XX, por un lado, y por otro, en idearios militantes de *pathos* religioso formalmente más aparente, como el paneslavismo en la Rusia zarista (idea de Moscú como «Tercera Roma») y el internacionalismo comunista, teñido de mesianismo, o la idea de la *«manifest destiny»* unida a la idea democrática en los Estados Unidos, cuyo ingrediente religioso ya percibió con lucidez el joven Tocqueville en *La démocratie en Amérique* (1836-40), por no hablar del racismo germánico y su sueño milenarista (idea del «Tercer Reich»). Es lícito, pues, considerar a no pocos de los movimientos ideológicos presentes en el mundo político-internacional contemporáneo como motivos religiosos secularizados. El más importante ha sido, sin duda alguna, el nacionalismo en el sentido propio del término, el cual convierte a la nación en valor absoluto y pone los demás intereses y valores, incluyendo los religiosos, a su servicio, erigiéndose para muchos en el sucedáneo de la religión o su complemento, cuando no su usufructuario [3].

[1] Cfr. sobre el particular nuestra *Historia de la Filosofía del Derecho y del Estado*, I, 7.ª ed., Madrid, 1981, págs. 53 y sigs., 218 y sigs., 257 y sigs.
[2] Recordemos tan sólo el «Gott mit uns!» («Dios con nosotros») de la Alemania guillermina o el «Por el Imperio hacia Dios» hispánico de hace unos decenios.
[3] Tendrían cabida aquí las concepciones que vinculan el ser nacional a la defensa o profesión (asumidas por iniciativa y mandato propios) de una determinada religión, aunque sea universal; o las que han conducido a una Iglesia

Antes de considerar brevemente el impacto político-internacional de las religiones universales actuales, es necesario subrayar que faltan todavía estudios monográficos rigurosos sobre esta materia, por lo demás amplia y compleja. Y no es la menor la dificultad inicial de determinar la fuerza numérica de las distintas religiones, seguida inmediatamente de otra: la de los criterios adecuados para comparar su influencia a este respecto, dadas las grandes diversidades que entre ellas existen en orden a las exigencias de la práctica y al grado de su organización o institucionalización[4].

El *cristianismo* posee una fuerza de irradiación en principio indefinida de sentido integrador, gracias al dogma de la unidad de origen y naturaleza del género humano, dogma que tiene como corolario el principio de la igualdad moral de todos los hombres y todos los pueblos. En cierta medida, preparó su acción, en Occidente, el estoicismo.

Dentro del cristianismo, el *catolicismo* ejerce la influencia más marcada, en cuanto tal, como consecuencia de su organización en Iglesia jerárquica y centralizada de carácter transnacional. Por otra parte, goza de la subjetividad jurídico-internacional. Si los Estados Pontificios hubieron de ser sacrificados en aras de la unidad italiana, los Acuerdos de Letrán de 1929 entre Italia y la Santa Sede volvieron a establecer, con el Estado de la Ciudad del Vaticano, una base territorial (asegurada entre tanto unilateralmente por la Ley italiana de Garantías de 1871), que da lugar a un Estado *sui generis* cuyo jefe es el Papa, el cual concierta con los Estados tratados internacionales[5].

Al perder el Pontificado en 1870 su poder temporal, se convirtió de una manera más exclusiva en cabeza de lo espiritual, gozando

nacional; asimismo, reivindicaciones como la de Francia de ser «hija mayor de la Iglesia», cultos como el de Santiago en España, etc.

[4] Véase el Anexo correspondiente. Independientemente de la dificultad de establecer las respectivas estadísticas, hay que tener en cuenta las incidencias de la evolución demográfica en las distintas áreas religiosas. Por lo que se refiere al budismo, un obstáculo adicional procede de que ha formado a menudo parte de la religión popular en China, unido al confucianismo. Este, a su vez, parece ser más una ética social que una religión propiamente dicha. Y hoy hay que contar con el impacto del marxismo.

[5] Son tratados peculiares de la Santa Sede con los Estados, los concordatos. Por otra parte, la Santa Sede se ha adherido, por razones morales, a ciertos tratados multilaterales, como el de no-proliferación de las armas nucleares de 1968. Las mismas razones de apoyo a una iniciativa considerada como beneficiosa la han movido a estar representada cerca de las Comunidades Europeas y a participar en determinadas conferencias internacionales, como la Conferencia sobre seguridad y cooperación en Europa.

de una audiencia que rebasa ampliamente los límites de los fieles propiamente dichos. La influencia política del catolicismo varía naturalmente según los países. Parece más acentuada en la esfera interna que en la internacional. En política exterior, la situación de la conciencia cristiana y de la Iglesia es especialmente difícil cuando se oponen entre sí Estados que tienen una común tradición cristiana.

La Iglesia católica está muy desigualmente repartida entre los continentes. Corresponden a Europa y a América aproximadamente el noventa por ciento de sus fieles, mientras el diez por ciento restante vive en Asia, Africa y Oceanía. Más importante quizás que esta desproporción numérica, es la diversidad de las condiciones en las que se desenvuelve. Estas varían mucho según que el catolicismo sea religión mayoritaria (y eventualmente oficial), conviva con Iglesias protestantes en proporción mayor o menor, se halle rodeada de musulmanes o de poblaciones paganas, o prosiga su actividad en países de régimen comunista. En Africa y Asia, la Iglesia apareció a menudo vinculada, a los ojos de los autóctonos, a las potencias colonizadoras, si bien veremos que ha tratado de independizar su acción, aun a costa de roces con las metrópolis.

Todas estas circunstancias explican que la Iglesia haya adquirido una sensibilidad especial para los problemas internacionales, sobre todo en lo que se refiere a los contactos entre civilizaciones diferentes. Desde sus orígenes, asumió como misión específica, predicar el Evangelio *a todas las gentes*. A partir de las «grandes invasiones» hasta nuestros días, su acción se ha ido extendiendo a los pueblos que con respecto al mundo grecorromano, primero, y luego al mundo occidental, venían a ser «marginales». La Iglesia no es sólo transnacional, es además transcultural, como subrayó Pío XII en más de una ocasión [6]. Juan XXIII y numerosos Padres del Concilio Vaticano II, y asimismo Pablo VI, han confirmado con creciente vigor esta afirmación [7].

Así se explica que la mayor aportación de la Iglesia en el ámbito de las relaciones internacionales se haya producido en el problema de la guerra y en el de los contactos con el mundo no europeo, y luego no occidental.

La preocupación por el problema de la guerra se remonta a los primeros siglos del cristianismo. Dio lugar en la teología moral a la

[6] Así, en el radiomensaje navideño de 1955, § 6; en «Unión, unidad, ¿dónde, cómo?», al obispo de Augsburgo, 27 de junio de 1955.
[7] Sobre este aspecto de la situación del cristianismo en general en la sociedad mundial de nuestros días, junto a las demás religiones, cfr. el sugestivo libro de A. TOYNBEE, *Christianity Among the Religions of the World*, Londres, 1958.

teoría de la «guerra justa» *(justum bellum)*, cuyas principales etapas de elaboración van asociadas a los nombres de San Agustín, Santo Tomás de Aquino, Vitoria, Suárez y Taparelli D'Azeglio. En la actualidad, la transformación radical de las condiciones de la guerra como consecuencia del armamento nuclear y la creciente importancia de las «guerras de liberación» nacional o colonial, han alterado los supuestos de la doctrina tradicional y ésta se aplica en un sentido cada vez más restrictivo [8].

En lo que toca al proceso de unificación del mundo, la Iglesia, universal («católica») por definición y por vocación, se ha venido adaptando a él tanto más cuanto que ha sido uno de los factores del mismo. Así, ha ido dando responsabilidades crecientes a las Iglesias de los países sometidos al régimen colonial desde antes de la descolonización. Una manifestación de ese estado de espíritu ha sido, en particular, la evolución de la composición del colegio cardenalicio (proporción creciente de miembros no europeos). Otras iniciativas, posteriores al Concilio Vaticano II, presentan asimismo interés en esta línea. Baste mencionar, en la reforma litúrgica, la revalorización de las lenguas vernáculas, que actúa en el sentido de promover el respeto a las minorías.

Es de destacar finalmente la preocupación de la Iglesia católica por lo que ya podemos llamar una política social internacional. Elemento esencial de la misma es la aplicación de los conceptos de justicia distributiva y de justicia social a la esfera internacional, especialmente en lo que atañe a las relaciones de los países desarrollados y ricos con los subdesarrollados y pobres. Se trata de una idea ya claramente desentrañada por Francisco de Vitoria en el siglo XVI con ocasión de los problemas suscitados por el descubrimiento y la colonización del Nuevo Mundo. Ha sido nuevamente formulada, a la luz de los datos actuales, en las Encíclicas *Mater et Magistra* (1961) y *Pacem in Terris* (1962) de Juan XXIII; en la *Declaración conciliar sobre la Iglesia en el mundo* (1965) y, en abril de 1967, la encíclica *Populorum Progressio* de Pablo VI. Los viajes de Pablo VI a la India (1964), Uganda (1969) y a Colombia (1970), y los de Juan Pablo II a una serie de países de América, Africa y Asia, se insertan en este orden de preocupaciones.

Otro aspecto, más nuevo, es una más intensa participación de los católicos (después de una fase de recelo, en tiempos de la Socie-

---

[8] Cfr. especialmente, en la cuarta sesión del Concilio Vaticano II, las intervenciones de los PP. A. Liénart, cardenal obispo de Lille, P. E. Léger, cardenal arzobispo de Montreal, J. Martin, cardenal arzobispo de Rouen, y P. Boillon, obispo de Verdún, en las congregaciones generales del 6, 7 y 8 de octubre de 1965.

dad de Naciones) en los organismos internacionales, especialmente en los europeos. Las comunidades europeas existentes han sido en gran parte obra de estadistas católicos (entre ellos Robert Schuman, Konrad Adenauer, Alcide de Gasperi) y de fuerzas políticas predominantemente católicas (Movimiento Republicano Popular francés, cristiano-sociales belgas y neerlandeses, Unión cristiano-democrática alemana, Democracia cristiana italiana)[9]. Las visitas de los Papas Pablo VI y Juan Pablo II a la O.N.U. y a la O.I.T. son a este respecto simbólicas [10].

En conjunto, el hecho más trascendental de la actividad de la Iglesia católica, en relación también con el mundo que la rodea, ha sido la celebración del Concilio Vaticano II (11 de octubre de 1962 a 8 de diciembre de 1965), cuyo objetivo principal, según la fórmula de Juan XXIII, era el *aggiornamento,* la búsqueda de un diálogo con el mundo moderno, a base de una actitud de confianza en los hombres y los tiempos de hoy, y asimismo de una reforma interior que facilitase el restablecimiento de la unidad de los cristianos. Que como consecuencia de la evolución eclesiástica anterior hasta León XIII, excesivamente tributaria de una óptica «romano-mediterránea» menos sensible a las implicaciones de la revolución científica, tecnológica e industrial moderna, el trauma del *aggiornamento* ha sido intenso y la aplicación de las decisiones conciliares se revela difícil, entre corrientes encontradas, es algo que no podía menos de ocurrir.

También el *protestantismo* está muy desigualmente repartido en la superficie de nuestro planeta. Su centro de gravedad, como el del catolicismo más o menos, está en Europa y en América, sobre todo en América del Norte, que llegó a ser su tierra de promisión.

La acción del protestantismo en las relaciones internacionales es

---

[9] Esta acción y el reiterado aliento que recibió por parte de la Santa Sede llevaron incluso a que en ciertos círculos de opinión británicos y escandinavos se calificase a veces a la Europa de los Seis de «Europa vaticana». Ello implicaba la injusticia de minimizar el papel de liberales como el conde Sforza y de socialistas como P. H. Spaak en la construcción europea; y por otra parte, no cabe olvidar que otros estadistas católicos, entre ellos el general De Gaulle y el presidente Pompidou, fueron siempre reacios a una integración europea propiamente dicha, a saber, la que implica una limitación de la soberanía nacional y la instauración de una autoridad supranacional, precisamente la que Pío XII había ensalzado en relación con la creación de la Comunidad Europea del Carbón y del Acero. Lo decisivo, en el activo de Robert Schuman, Adenauer y De Gasperi con respecto a la construcción europea, es que actuaron en calidad de miembros y exponentes de partidos y fuerzas políticas en cuanto tales. (Si bien la C.D.U. alemana es interconfesional, su base electoral es predominantemente católica).

[10] Como lo es el nombramiento de un representante oficial ante las Comunidades Europeas, en Bruselas.

más diluida que la del catolicismo, por varias razones. La primera es la falta de unidad. Por otra parte, el protestantismo como tal no ha desarrollado hasta hace poco una doctrina social y política. El calvinismo confiaba más en la sociedad que en el Estado. El luteranismo, en cambio, adolecía de pasividad ante el Estado, pudiendo caracterizarse su actitud general como un «quietismo político».

En política, las posiciones de las confesiones protestantes varían mucho, por el peso que en el protestantismo tiene la decisión personal (eco de los principios del libre examen y del sacerdocio universal).

Para remediar en lo posible los inconvenientes de la fragmentación y la falta de unidad, se creó en 1948 el *Consejo Ecuménico de las Iglesias,* que ha sido reconocido como organización consultiva por la O. N. U., y la U. N. E. S. C. O.

Desde entonces, las reuniones del Consejo Ecuménico de las Iglesias son factores de importancia creciente en la vida internacional. Estas reuniones tuvieron lugar sucesivamente en Amsterdam (1948); Evanston (Illinois) (1954); Nueva Delhi (1961); Upsala (1968); Nairobi (1975). Después de Upsala, el número de Iglesias integradas en el Consejo era de 263, de las cuales 121 pertenecen a Europa y América del Norte, y 142 a América del Sur, África, Asia y Oceanía.

Antes del movimiento ecuménico, la acción del protestantismo en la esfera internacional se hizo sentir especialmente en el movimiento para la abolición de la esclavitud. En el problema de la guerra, frente a la pasividad luterana que la acepta como fruto del pecado, ha hecho sentir su presencia el pacifismo de ciertas sectas (batistas, cuáqueros), que fueron consiguiendo la aceptación legal de la objeción de conciencia en una serie de países. En este orden de ideas se sitúa el auge del movimiento y la literatura pacifistas en los países protestantes (recuérdese en particular a Carnegie y a Nobel y sus fundaciones).

Después de la Segunda Guerra Mundial puede decirse que el protestantismo ha tratado de enfrentarse con mayor intensidad, y en cuanto tal, con los problemas internacionales. Se debe especialmente al Consejo Ecuménico de las Iglesias la definición de la libertad religiosa, tal y como fue finalmente incorporada a la Declaración universal de los derechos humanos en la O. N. U. También en la reunión de Nairobi se hizo especial hincapié en los derechos humanos.

Hay en el protestantismo actual una preocupación por la guerra, paralela a la de la Iglesia católica. En Amsterdam, se suscitó la idea de una «objeción de conciencia» colectiva. Se ha llegado a la oposición a la guerra total, que conduce a no pocos a admitir incluso una renuncia unilateral a las armas nucleares [11].

Otra preocupación del protestantismo actual es el problema de los países subdesarrollados. Sus posiciones suelen ser más radicales que las de la Iglesia católica; por un lado, se ha enfrentado más directamente con el problema demográfico mundial y la necesidad de intentar resolverlo con rapidez, pero en segundo término, propugna, juntamente con la ayuda económica y técnica a los países subdesarrollados, un esfuerzo por parte de éstos en el sentido de una democratización de las estructuras sociales y políticas, sin la cual no podrán darse los supuestos del desarrollo y sus frutos quedarán repartidos demasiado desigualmente. Ello corresponde a una mayor toma de conciencia de las responsabilidades cívicas.

En la reunión del Consejo en Nueva Delhi, se acentuó la preocupación por las misiones, especialmente en lo que respecta a Asia. También allí se dio la admisión en el Consejo Ecuménico de la Iglesia ortodoxa rusa y de otras de los países del Este europeo. La presencia por primera vez en una reunión de este tipo de observadores católicos oficiales fue el precedente de la presencia de observadores protestantes en el Concilio Vaticano II.

La Iglesia llamada «ortodoxa» griega ha tenido en conjunto una influencia práctica menor que la católica y las protestantes. Ello se debe en primer término a su situación peculiar de dependencia con respecto al poder civil en ciertos Estados, heredada de la tradición césaro-papista de Bizancio. Pero también se debe a su división en iglesias autocéfalas, a veces opuestas en sus directrices. Sin embargo, en Rusia la ortodoxia se asoció en ocasiones al paneslavismo (tradición de Moscú como «tercera Roma», habiendo sido Bizancio la segunda).

Algunas de estas iglesias autocéfalas ofrecen mayor resistencia que otras a la cooperación con la Iglesia católica. La mayor parte enviaron observadores al Concilio Vaticano II. Las reservas de la Iglesia griega se han visto contrarrestadas por la actitud positiva de la mayoría, dirigida especialmente por Atenágoras (entrevista con Pablo VI en Palestina, con ocasión del primer viaje de éste fuera de Italia, en enero de 1964).

El levantamiento de las excomuniones mutuas de la época del cisma de Oriente, al término del Concilio Vaticano II, en diciembre de 1965, abrió una nueva era de paz religiosa entre las Iglesias católica romana y ortodoxa.

[11] Cfr. sobre el particular, por su valor representativo, el libro de R. H. BAINTON, *Actitudes cristianas ante la guerra y la paz,* trad. cast. de R. MUÑOZ-ROJAS, Madrid, 1963.

Por su parte, el *Islam* se ha caracterizado por una capacidad de expansión y una impermeabilidad doctrinal innegables. Este último rasgo lo aproxima al judaísmo. Su radical proselitismo, apoyado en siglos pasados a menudo sobre la fuerza, sólo se atenuó en la práctica por la especial consideración manifestada hacia los otros dos «pueblos del Libro»: judíos y cristianos, tradicionalmente sometidos a tributo en los países conquistados. Esta rigidez, ante las exigencias de los nuevos tiempos, ha conducido a algunos caudillos políticos del Islam a la alternativa de la desislamización y la secularización de impronta occidental como camino para la modernización de las estructuras y los modos de vida (así, ante todo, Mustafa Kemal en Turquía después de la primera guerra mundial). La adaptación al mundo moderno es evidentemente más difícil para el Islam que para cualquiera de las confesiones cristianas. Pero, fuera del dilema antes indicado, amplios sectores la propugnan y buscan por caminos diversos (destaca entre ellos, en la fase más reciente, el «socialismo árabe»).

Una manifestación político-internacional especialmente importante de la fe islámica es el panislamismo. Dentro de él, el panarabismo tiene también como uno de sus ingredientes básicos la comunidad de la religión musulmana. Por último, hay que consignar un intenso proselitismo y progresos sustanciales del Islam en el Africa negra, en nuestros días.

A diferencia de lo que ocurre con el cristianismo, el movimiento panislámico ha plasmado institucionalmente en el plano estatal, dando lugar a las conferencias islámicas de Jefes de Estado, la primera de las cuales se reunió en Rabat (22 a 24 de septiembre de 1969), y la segunda, en Lahore (22 a 24 de febrero de 1974). En cuanto al panarabismo, que, como hemos apuntado ya, no es exclusivamente de base religiosa, se ha traducido políticamente en la Liga Arabe, basada en el Tratado de El Cairo de 22 de marzo de 1945. Su cohesión durante la crisis del Oriente Medio consecutiva a la guerra árabe-israelí de octubre de 1973, especialmente en relación con la presión ejercida gracias a la producción petrolífera de algunos de los Estados miembros, no ha logrado mantenerse después. En la conferencia islámica de Lahore, los buenos oficios de los participantes invitados lograron de Pakistán que reconociese a Bangla Desh (22 de febrero) y que éste pudiese asistir.

Parangonable históricamente con el papel del cristianismo en Occidente, ha sido el papel del *budismo* en el Asia oriental y suroriental, como factor de integración espiritual con incidencias políticas indirectas. Su penetración en el Imperio chino, que en esta región del mundo ejerció la misma función unificadora que el Imperio romano en el mundo mediterráneo, refuerza este paralelismo.

El budismo implica, como el cristianismo, una tendencia igualitaria y universalista, o —por servirnos del término de René Grousset— humanística [12].

En cuanto al *confucianismo* y al *taoísmo* (frecuentemente impregnados de budismo en mayor o menor grado, sobre todo el segundo), son como la réplica del estoicismo occidental.

A diferencia de estas religiones de vocación universal, el judaísmo y el hinduismo, por ingente que sea su desnivel cuantitativo, tienen en común el que no hayan rebasado un determinado marco étnico y cultural, si bien el primero, por efecto de la dispersión de Israel entre las naciones, ha quedado menos localizado que el segundo.

Por lo que se refiere al *judaísmo,* ya hemos aludido al Movimiento sionista. Este, al promover y conseguir la creación del Estado de Israel (1948), ha introducido en el mundo internacional un factor nuevo, cuyas repercusiones en el Próximo Oriente y más allá no guardan relación con el número de adeptos de esta religión, comparado con los de las otras grandes religiones.

El *hinduismo,* por ser religión privativa de la India brahamánica y por sus caracteres peculiares (inmovilismo social del régimen de las castas, preceptos alimenticios, etc.), ha carecido de influencia internacional. Es un factor que dificulta la vía del desarrollo, por desplegarse totalmente al margen de las exigencias de una economía moderna. Ahora bien, su predominio social no ha impedido que la Unión India se constituyese como Estado pluriconfesional.

Al término de este sucinto análisis, es preciso subrayar que así como en el orden político las grandes potencias tradicionales han experimentado una crisis como consecuencia de las dimensiones mundiales de la sociedad internacional de hoy, así también las religiones sufren una crisis derivada del proceso de secularización de la cultura, al que varias veces hemos aludido. Todas acusan el impacto de dicho reto, si bien el hecho de haberse iniciado éste en el seno de la cultura occidental hace que el cristianismo pueda adaptarse más fácilmente a tal evolución. Una de las grandes incógnitas del futuro es acaso la reacción del mundo no-occidental, pasado sin transición de la situación religiosa tradicional (con la excepción tal vez de China, dada la índole peculiar del confucianismo) a un tipo de civilización cuyos valores, si bien brotaron de la matriz cristiana, tienden a una autonomía, a una vida propia cada vez más pronunciada [13].

[12] *L'homme et son histoire,* París, Plon, 1954, págs. 31 y sig.
[13] Sobre el problema de la secularización y su relación con el cristianismo y las religiones no-cristianas, cfr. en particular A. van Leeuwen, *Christianity in World History,* Edimburgo, 1964.

LAS FUERZAS IDEOLÓGICAS, POLÍTICAS Y SINDICALES

Ya hemos aludido a los *movimientos ideológicos,* que son como religiones secularizadas. Su influencia sobre las relaciones internacionales es innegable, aunque menos a nivel de gobiernos que de grupos políticos. También en ellos se aprecia el impacto de lo nacional. En ocasiones, el factor nacional puede llegar a cambiar incluso su signo, o a identificarlo con él (lo mismo que ocurre a menudo, según vimos, con respecto a lo religioso). Ejemplos de esta «nacionalización» de la ideología los tendríamos en la Revolución francesa, cuyo ideario emancipador de política internacional dio pronto paso a una política de anexiones; en el comunismo soviético, convertido en buena parte en instrumento de la política rusa, especialmente bajo Stalin, como antes lo fuera, bajo los zares, el paneslavismo; en el «democratismo» estadounidense y su idea de la «libre empresa», con respecto al imperialismo de los Estados Unidos. Ilustra también este fenómeno, aunque de otra manera, el fracaso de los partidos socialistas alemán y francés integrados en la II Internacional, en 1914, para hacer frente a la amenaza bélica, imponiéndose finalmente en ellos la adhesión a sus respectivos Estados, tenidos respectivamente por agredidos.

Si en el siglo XVIII la aristocracia había sido cosmopolita, en el siglo XIX fue el proletariado el que más decididamente superó el marco nacional, en contraste con el nacionalismo de la burguesía. Este internacionalismo proletario tuvo su punto de arranque y su fuente de inspiración en el *Manifiesto comunista* de Marx y Engels (1848).

Puede decirse que el *movimiento obrero internacional* se inició, institucionalmente, en 1864, con la creación en Londres de la Asociación Internacional de Trabajadores (A. I. T.). En su origen, sólo era una entidad franco-británica, con participación de miembros de otras nacionalidades. Marx intervino en la redacción de sus estatutos. Esta asociación, conocida como la Primera Internacional, tuvo su auge entre 1868 y 1870. La derrota de la Comuna de París señala su ocaso, debido a la durísima represión que siguió, en Francia y en otros países, y se disolvió en 1876.

Vino a sustituirla en 1891 la Segunda Internacional, fundada en el congreso de Bruselas. Representó una victoria del marxismo en orden a la doctrina y a la táctica. Luego, se produjeron divisiones de tendencias (revisionismo, reformismo, etc.). Después del eclipse debido a la primera guerra mundial, fue reconstituida en 1923 en Hamburgo, por los dirigentes que no aceptaron las condiciones del partido comunista ruso, que entre tanto había creado un nuevo movimiento obrero internacional. Sus divisiones internas, en aquella época, le quitaron fuerza frente al fascismo ascendente y en general frente a los regímenes autoritarios de los años treinta. El triunfo de éstos, y en particular del nacionalsocialismo, y la Segunda Guerra Mundial, ocasionaron una nueva crisis. Establecido en 1947 el Comité de la Conferencia socialista internacional bajo el influjo predominante de los laboristas británicos, se procedió en 1951 a la reconstitución, en Francfort, de la Internacional socialista, que agrupa actualmente a más de cincuenta partidos pertenecientes a unos cincuenta países. Se trata de una asociación laxa, con poca cohesión fuera de algunos puntos generales comunes (promoción de los valores democráticos, reformismo político y planificación económica, oposición al comunismo).

Un viraje en el movimiento obrero internacional vino a ser la creación de la Tercera Internacional, la Internacional Comunista (Comintern), en Lausana y Moscú, en 1919, bajo el impulso decisivo de Lenin. Desde un principio, la Tercera Internacional se distinguió de la Segunda por su credo revolucionario y su estructura centralizada, que desde el punto de vista de la organización ha podido ser comparada con la de la Iglesia católica. Pero dado que entonces el comunismo quedó limitado a la Unión Soviética, la Tercera Internacional quedó ampliamente subordinada a los objetivos de la política exterior del Kremlin, mediante una estricta dependencia de los partidos comunistas de los demás países respecto del ruso.

Así, las necesidades derivadas de la alianza de la U. R. S. S. con las democracias occidentales durante la guerra con el Tercer Reich hicieron que la Comintern fuera disuelta oficialmente el 10 de junio de 1943. En cambio, la situación de guerra fría, al término de las hostilidades, movió a Stalin a buscar una nueva fórmula de coordinación entre los distintos partidos comunistas: fue la Oficina (Buró) de información de los partidos comunistas, la Cominform, establecida el 5 de octubre de 1947, cuya sede iba a ser Belgrado. Pero el «cisma» yugoslavo y la consiguiente crisis del movimiento comunista internacional provocaron la disolución del nuevo organismo en abril de 1956. El fracaso de la Cominform preludiaba a una nueva fase, que resultaba de la implantación del comunismo en otros países fuera de la Unión Soviética, y de la división del mundo en bloques: la fase del «policentrismo», el cual se vería acentuado a partir de los años sesenta por la ruptura ideológica entre la U. R. S. S. y China [14]

[14] La diferencia de clima se advierte en los comunicados finales de las conferencias de partidos comunistas reunidas en Moscú en 1960 y en 1969. En el primero, se declaraba por unanimidad «que el partido comunista de la

El movimiento comunista internacional carece, pues, hoy de una organización permanente y colectiva. La situación varía para él según que los partidos comunistas estén en el poder o fuera de él. En el primer caso, lo esencial de las relaciones se lleva a cabo a nivel de los Estados, ora en el marco de la integración de éstos en el bloque de los Estados comunistas, ora sobre la base de una no alineación (Yugoslavia) o una divergencia (China, Albania). En el segundo supuesto, la dependencia de los distintos partidos con respecto a Moscú varía en función del contexto nacional. Algunos partidos comunistas occidentales, entre ellos el italiano y el francés, manifestaron su disconformidad con la ocupación de Checoeslovaquia por tropas de países del Pacto de Varsovia en agosto de 1968. El antagonismo Moscú-Pekín ha introducido un factor más de complejidad.

El grado de organización a escala internacional de las *otras fuerzas políticas* no difiere mucho de la que hemos comprobado en los partidos socialistas. Entre dichas fuerzas, ocupan un primer plano las que se sitúan bajo el signo de la democracia cristiana, agrupadas en uniones regionales (europea, latinoamericana) y, desde 1961, en la Unión mundial cristiano-demócrata, con sede en Roma. Ya hemos aludido al papel asumido por la democracia cristiana en el proceso de la construcción europea, y es de justicia subrayar su decidida adhesión a la idea de supranacionalidad en la configuración de las instituciones comunitarias [15]. Fenómeno de especial interés en cuanto a la cooperación transnacional fue en los años cuarenta y cincuenta,

Unión Soviética es y seguirá siendo la vanguardia universalmente reconocida del movimiento comunista mundial, en tanto que adelantado más experimentado y más adiestrado de este movimiento». En la última conferencia, en la que destacó la postura autonomista y crítica del partido comunista italiano, se proclamó que «todos los partidos son iguales de derecho», que en nuestra época no existe un centro dirigente del movimiento comunista internacional», «cada partido comunista es responsable de su actividad ante su clase obrera, ante su pueblo y al mismo tiempo ante la clase obrera internacional», por lo que, «partiendo de los principios del marxismo-leninismo, y teniendo en cuenta las condiciones nacionales concretas, elabora con toda independencia su política, define la dirección, las formas y los métodos de su lucha, determina su vía, pacífica o no pacífica, según las circunstancias, del paso al socialismo, así como las formas y los métodos de construcción del socialismo en su país». La aparición en Occidente del llamado «eurocomunismo» ha acentuado las divergencias, como se advirtió en la reunión de Berlín-Este, de junio de 1976.

[15] Así, el buró político de la Unión Europea demócrata-cristiana, reunido en París los días 10 y 11 de julio de 1972, con vistas a la reunión de Jefes de Estado o de Gobierno de la Comunidad Europea ampliada que iba a celebrarse en octubre, aprobó una resolución según la cual, dada la amplitud de las metas propuestas, importa prever la transferencia gradual de las competencias nacionales al nivel comunitario y la creación de un centro único de decisión (*Le Monde,* 15 de julio de 1972).

el de los Nuevos Equipos Internacionales (sustituidos hoy por la Unión cristiano-demócrata europea), que se caracterizaron por la «mística europeísta» y la proyección de su ideario hacia Latinoamérica. Un proceso de paulatina desconfesionalización, que veremos afectará tanto al campo sindical como al político, explica una cierta disminución de la influencia de estos partidos en cuanto tales a partir de los años sesenta [16].

Mayor laxitud todavía que la cooperación internacional de los partidos socialistas y cristiano-demócratas tiene la de los partidos liberales, agrupados en la Unión liberal mundial, creada en Londres en 1947.

Donde apreciamos, en cambio, el germen de fuerzas políticas genuinamente transnacionales, es en el seno de organizaciones europeas como el Consejo de Europa y las Comunidades Europeas, toda vez que la Asamblea Consultiva (que ha pasado a llamarse Asamblea parlamentaria) de aquél y la Asamblea (Parlamento europeo) de éstas ofrecen ya un marco institucional idóneo. En ambas, los representantes de los países miembros (elegidos ya, desde junio de 1979, por sufragio universal directo) ocupan sus escaños, actúan o votan no por grupos nacionales, sino por sus afinidades ideológicas.

Tendencias parecidas se manifiestan en el *campo sindical internacional*. En la actualidad, son tres las grandes organizaciones que reúnen las fuerzas laborales en el plano internacional. La Federación Sindical Mundial (F.S.M.), fundada en 1945 y dominada prácticamente por los comunistas desde 1947, afirma agrupar más de 150 millones de trabajadores de casi cien países. La Confederación Internacional de Sindicatos Libres (C.I.S.L.) surgió como consecuencia de la escisión de 1947, del seno de la anterior. Constituida en Londres en 1949, tiene su sede en Bruselas y pretende incluir más de 70 millones de miembros, pertenecientes a unas 130 organizaciones en más de noventa países. La tercera de estas organizaciones era la Confederación Internacional de Sindicatos Cristianos (C.I.S.C.), fundada en La Haya en 1919, y que en 1968 se convirtió en la Confederación Mundial del Trabajo. Sin vínculos confesionales, sigue adherida a los valores fundamentales de un cristianismo abierto a las inquietudes del mundo contemporáneo, y especialmente del Tercer Mundo. Dice contar con unos 12 millones de adheridos de más de 70 organizaciones en más de setenta países.

Las internacionales sindicales reflejan un internacionalismo más acentuado que las de los partidos políticos, menos europeo y más mun-

---

[16] En ciertos países, sobre todo en Francia y en los Países Bajos, el electorado católico o cristiano se divide hoy entre diversos partidos.

dial que éstas. Sin embargo, un resultado de la integración europea
ha sido la creación, en el marco de la Confederación Mundial de
Sindicatos Libres, de la Confederación Sindical Europea, el 10 de
febrero de 1973. Por lo demás, la acción de las internacionales sindicales, por la extensión misma de su despliegue, queda limitada debido a las divergencias que se dan entre ellas y dentro de cada una,
en las que se reflejan las tensiones entre los bloques, las fracciones,
las situaciones nacionales, etc. Su mayor posibilidad de acción conjunta en el ámbito profesional es, como en el caso de los partidos
políticos, la que brindan las instituciones internacionales, universales
o regionales, en las que gozan de estatuto consultivo o están representadas —y muy especialmente, como más adelante veremos, dentro de la Organización Internacional del Trabajo.

LAS FUERZAS INTELECTUALES Y CULTURALES

Las tareas intelectuales han sido siempre un factor de cooperación internacional. El común interés por la verdad científica une en
efecto a los hombres por encima de las fronteras como pocos. Hoy,
las posibilidades de comunicación se extienden en principio a todo el
orbe y a todas las civilizaciones.

Si nos remontamos a épocas pasadas, resulta sintomático el
hecho de que en Grecia la tradición nos hable de viajes de pensadores y científicos helénicos a los países del Cercano Oriente, lo
cual muestra que, fuesen reales o imaginarios tales viajes, se atribuía
importancia al contacto con una sabiduría distinta y más antigua,
aunque hubiese brotado entre los «bárbaros», como manera de adquirir una visión más amplia de las cosas. Baste recordar aquí a este
respecto los nombres de Heródoto, Demócrito, Platón.

Cabe mencionar, por otra parte, el factor de unidad intelectual
que ha representado durante siglos la existencia de una lengua común
para la vida internacional, como el arameo babilónico y la *koiné*
helenística en la Antigüedad, el latín en la Antigüedad y la Edad
Media e incluso en la época del Renacimiento (y en algunos sectores,
como la diplomacia y la enseñanza, hasta los siglos XVII y XVIII, el
francés en los siglos XVIII y XIX, y en la actualidad el inglés. La
permanencia del latín como lengua de la docencia superior explica
en buena parte la influencia de las universidades en el plano internacional durante siglos, especialmente porque facilitaba los desplazamientos de profesores y alumnos de un país a otro; también
se debe a ella la homogeneidad «europea» del humanismo renacentista. No hay que olvidar, por lo demás, que la Universidad medieval

no tenía siquiera carácter nacional: era una institución de la Cristiandad en cuanto tal.

A ello hemos de añadir la importancia histórica de las *traducciones* (sobre todo cuando lo eran de obras pertenecientes a una cultura diferente), por sus consecuencias para la difusión de los conocimientos y la formación de perspectivas humanas más abiertas. Pensemos a este respecto en el papel decisivo que en la Edad Media desempeñaron las obras de medicina, de filosofía y de náutica árabes y las traducciones de Aristóteles hechas del árabe y del siríaco, llevadas a cabo en Toledo y en Sicilia antes del conocimiento directo del gran pensador griego (exceptuados algunos de sus tratados) por Occidente. Recuérdese asimismo lo que más tarde significaron para el humanismo renacentista, en el Occidente latino, los eruditos bizantinos que emigraron a Italia al producirse el avance de los Turcos en los Balcanes y la caída de Constantinopla.

El cosmopolitismo del siglo XVIII vino a ser el heredero del universalismo medieval y renacentista sobre otros supuestos, llegando a convertirse entonces (como con razón se ha dicho) la «república de las letras» en algo más que una figura retórica [17]. Expresión de tal espíritu fue, entre otras, la creación de las Academias, a partir del Renacimiento, en la línea de la de Florencia (destinadas más bien a los propios docentes y a los investigadores), con sus miembros correspondientes extranjeros. También las revistas científicas especializadas contaron desde un principio con colaboraciones de más allá de las fronteras de los respectivos países.

A partir del siglo XIX la cooperación intelectual, gracias al desarrollo de los medios de comunicación, se hace más tangible a través de *congresos* y *reuniones* internacionales convertidos hoy en pan cotidiano de la actualidad en todos los campos.

Un aspecto de especial interés en el movimiento de cooperación intelectual son las *uniones internacionales,* algunas de las cuales tienen un objeto intelectual inmediato (la exploración del mar, la protección del patrimonio artístico y literario, etc.), y otras favorecen en gran medida los intercambios intelectuales (Unión Postal Universal, 1874; Unión Telegráfica Universal, 1875; Unión de Pesas y Medidas, 1875).

Lo mismo que de las actividades intelectuales cabe decir de las artísticas y literarias.

Hoy es de señalar además la influencia decisiva que vuelven a ejercer las traducciones (a una escala antes desconocida). También

---

[17] TH. RUYSSEN, *La société internationale*, París, 1950, pág. 51.

hay que subrayar el papel de los nuevos «medios de comunicación social»: cine, radio y televisión, como factores que actúan sobre masas cada vez más amplias.

En cuanto a la *enseñanza*, los intercambios de profesores y alumnos deben a las mayores facilidades de los transportes y al nuevo espíritu universal el desarrollo creciente que alcanzan en sus distintos grados.

Era natural que la cooperación en todos estos ámbitos fuese especialmente estrecha entre países de una misma tradición cultural, que hablan la misma lengua o participan de una ideología común. En todo caso, dicha cooperación espontánea se ha manifestado con peculiar calor en la Europa occidental después de la Segunda Guerra Mundial, en conexión con el movimiento de integración europea. Nos bastará mencionar aquí las actividades del Centro Europeo de la Cultura, preocupado de recordar a los pueblos de nuestro continente la unidad fundamental de su cultura, «el único hogar vivo de una civilización efectivamente universal» [18], y las del Colegio de Europa en Brujas. El número cada vez mayor de Institutos de estudios europeos ha conducido a la creación de una asociación (Asociación de Institutos de Estudios Europeos, A. I. E. E.), que coordina sus actividades. Paralelamente, habría que evocar aquí la cooperación intelectual en el ámbito panamericano, iberoamericano e hispanoamericano, el luso-brasileño, el «latino» (Unión Latina), el anglófono, el francófono, el mediterráneo, árabe, etc.

¿Como extrañarse, ante tales hechos, de que la cooperación cultural internacional haya finalmente alcanzado una proyección en el plano intergubernamental? El resultado ha sido que la «expansión cultural» se haya incorporado a las tareas del Estado en materia de política exterior, y que hayan ido apareciendo y multiplicándose los llamados «tratados culturales», la creación de institutos y centros de cultura en el extranjero, etc.

Por lo que hace a los tratados culturales observamos, como en el caso de las organizaciones internacionales no-gubernamentales, un aumento ininterrumpido. En 1951 publicó la U.N.E.S.C.O. una colección de unos 150 textos de acuerdos de esta índole. Una nueva edición de la misma contenía, a fines de julio de 1954, más de 300 textos. En 1938, el Instituto Internacional de Cooperación Intelectual de la Sociedad de Naciones había publicado una colección que sólo incluía 36 acuerdos bilaterales [19]. Es cierto que tales tratados

---

[18] *Bulletin* del Centro, núm. 1, mayo de 1954, presentación por Denis de ROUGEMONT.

[19] C. DOKA, *Les relations culturelles sur le plan international*, trad. fran-

han sido a menudo discutidos, y que incluso se ha puesto en tela de juicio su conveniencia, pues implican indiscutiblemente un dirigismo cultural que puede no estar desprovisto de peligros [20]. Pero el mismo especialista que acabamos de citar observa que, a juzgar por su extensión, tales tratados parecen desde luego responder a una necesidad e incluso, según otros pareceres, a un imperativo [21].

A los acuerdos culturales de carácter bilateral han venido a sumarse los acuerdos multilaterales, ya sea en el ámbito regional, ya sea en el universal.

En el plano regional, cláusulas culturales suelen incluirse hoy en los grandes tratados colectivos aun en el caso de que no se refieran de suyo primordialmente a la esfera cultural. Es lo que ocurre por ejemplo en el Tratado de Bruselas por el que se instituye la Unión de la Europa Occidental, en el Estatuto del Consejo de Europa, en las organizaciones de cooperación en el campo de la energía nuclear —especialmente en la Comunidad Europea de la Energía atómica—, en el Consejo Nórdico, la Liga Arabe, la Organización de Estados Americanos, la Organización del Tratado del Sureste Asiático, la Comisión del Caribe (integrada por los Estados Unidos, Francia, Países Bajos y Reino Unido), en la Comisión del Pacífico Sur, y en la Comisión regional del Mar del Sur. En la Conferencia de Bandung (19-24 de abril de 1955) se estableció una declaración de principios en la que se propugnaba la cooperación cultural entre los países de Asia y Africa. Entre las realizaciones prácticas, conviene resaltar la actividad de la Convención Cultural Europea, encuadrada en el Consejo de Europa (19 de diciembre de 1954), a la que pueden adherirse los Estados europeos no miembros según las normas dictadas por el Comité de Ministros [22]. Esta Convención entró en vigor el 5 de mayo de 1955.

A escala universal, aparece en primer lugar la O. N. U., cuya Carta (artículo 1/3, y artículo 55) prevé la promoción de la cooperación internacional para solucionar los problemas internacionales de carácter económico, social, cultural, humanitario, educativo. Sobre sus huellas, hay que indicar en segundo lugar la Organización de las Naciones Unidas para la Educación, la Ciencia y la Cultura (U.N.E.S.C.O.), con sede en París, organismo que colabora con las

cesa, pág. 163. Nos remitimos a esta importante monografía para toda esta materia (Neuchâtel, 1959).

[20] «En suma —observa certeramente Doka—, el acuerdo cultural bilateral está ahí para confirmarnos que el espíritu no sopla ya «donde quiere —incluso en Occidente» (ibid., pág. 235).

[21] Ibid., pág. 163.

[22] España, cuando no era miembro del Consejo de Europa, se adhirió a este convenio.

organizaciones internacionales de carácter privado y ha vuelto a
asumir las funciones de la Organización de Cooperación Intelectual
de la Sociedad de Naciones y del Instituto de Cooperación Intelectual. Sería preciso añadir la Comunidad de Estados para la protección de los bienes culturales en casos de conflictos armados (Convención de La Haya del 14 de mayo de 1954), que tiene por objeto
la promoción del intercambio de objetos de carácter educativo, científico y cultural (22 de noviembre de 1950), la Agencia Internacional
de Energía Atómica (26 de octubre de 1956).

Es interesante observar, pues ello pone de relieve una vez más
la situación privilegiada que sigue ocupando el Estado en la sociedad
internacional, que incluso las convenciones multilaterales recomien-
dan en este punto la conclusión de acuerdos bilaterales para su rea-
lización efectiva. Como en otros sectores, la única excepción que
abre un camino hacia una posible integración supranacional se encuentra en el ámbito europeo occidental: la Comunidad Europea de
la Energía Atómica, que comparte este privilegio con la Comunidad
Europea del Carbón y del Acero y con la Comunidad Económica
Europea.

El eminente filósofo alemán del derecho, Gustav Radbruch, en
uno de sus últimos artículos publicado poco antes de su muerte [23],
proponía el reconocimiento de la personalidad jurídico-internacional
de lo que él denominaba las potencias espirituales (geistige Mächte)
—Iglesias, centros superiores de enseñanza e investigación científica,
etcétera—, según el precedente que constituyen hoy la Iglesia católica representada por la Santa Sede, la Cruz Roja internacional, e
incluso, aunque en medida mucho menor, la Soberana Orden de
Malta. Es evidente que ello implicaría una ruptura decisiva en la
estructura aristocrática y oligárquica de la sociedad internacional y
en la situación jurídicamente privilegiada de los Estados soberanos,
y entre ellos, de las grandes potencias.

LAS FUERZAS ECONÓMICAS

El problema del papel que desempeñan los intereses económicos
en la vida internacional es sumamente complejo. Por lo demás, no es
sino un aspecto del problema general de la relación entre economía
y sociedad, que desde Marx es uno de los temas centrales de la
sociología y se refleja en el título de la obra capital de Max Weber,
Wirtschaft und Gesellschaft (1922).

[23] «Geistige Mächte als Subjekte des Völkerrechts», en Zeitschrift für die
gesamte Staatswissenschaft, 106 (1950), págs. 385-89.

Sabido es que el materialismo histórico afirma la primacía de lo económico sobre lo político en el sentido de que los factores económicos determinan los factores culturales en general, y por consiguiente también la política internacional. En este campo, es especialmente la referencia al fenómeno del imperialismo la que sirve de punto de apoyo. El imperialismo sería la consecuencia necesaria del capitalismo, el cual no podría salir de sus crisis periódicas sin recurrir a esta proyección hacia el exterior que conduce a conflictos entre las potencias.

Es sabido que la teoría clásica del imperialismo desde la perspectiva marxista fue desarrollada sucesivamente por Rudolf Hilferding, Rosa Luxemburgo y Lenin en el segundo decenio del siglo XX. Para el primero, en su obra fundamental sobre el capital financiero [24], existe una conexión entre el capital bancario invertido en la industria, la formación de *cartels,* la política proteccionista y la exportación de capitales, de una parte, y de otra, el expansionismo imperialista resultante de la conjunción de todos estos factores. Según Rosa Luxemburgo, la plus-valía devengada no puede ser realizada en el espacio dominado por el capitalismo, por faltar en él consumidores con suficiente capacidad adquisitiva; de aquí que el capitalismo busque consumidores fuera de su órbita; pero se encuentra en los nuevos mercados con concurrentes también nuevos, con lo que el derrumbamiento de su sistema sólo queda aplazado [25]. La doctrina culminaría con Lenin (especialmente en *El imperialismo como último estadio del capitalismo,* 1916), que se apoya ampliamente en Hilferding, pero, a diferencia de éste, ve la característica esencial del imperialismo en la formación de monopolios que resulta del aumento de la concentración de la producción y del capital. El imperialismo es para él la época del «capitalismo moribundo».

En lo que se refiere al imperialismo, es curioso constatar una coincidencia entre el materialismo histórico y ciertos economistas liberales, tanto en el análisis del fenómeno como en el juicio que les merece éste. A la cabeza de dichos economistas figura J. A. Hobson, autor de la primera consideración crítica de conjunto del imperialismo, cuya influencia ha sido grande, sin que escapasen a la misma los teóricos marxistas [26].

Hobson ve la raíz del imperialismo en la necesidad de exportar un sobrante de objetos manufacturados y de capital. Pero no estima, a diferencia de los autores marxistas, que el imperialismo sea

---

[24] *Das Finanzkapital,* Viena, 1910; 3.ª ed., 1927; trad. castellana por R. GARCÍA, Madrid, 1963.
[25] *Die Akkumulation des Kapitals,* Berlín, 1913.
[26] *Imperialism,* Londres, 1902, 3.ª ed. totalmente revisada, 1938.

una consecuencia inevitable del capitalismo. Hobson era de tendencia pacifista e internacionalista. El imperialismo es para él una perversión de la naturaleza y de la propia finalidad de un nacionalismo genuino. Refuta también el imperialismo en lo económico, por cuanto, si es cierto que abre mercados, no lo es menos que impone como contrapartida una costosa carrera de armamentos. Por lo que toca a Estados democráticos, conduce a la paradoja de instituciones libres en el interior y una dominación autocrática en el exterior.

Esta coincidencia en el análisis y en el juicio ético entre la interpretación liberal y la marxista del imperialismo se debe a la tendencia, común a una y a otra, a reducir todo imperialismo al imperialismo económico, siendo así que puede tener otras motivaciones (religiosas, ideológicas, nacionales, etc.). Pero ambas se separan en la cuestión de la índole del nexo existente entre imperialismo y capitalismo: para la interpretación liberal, el imperialismo no es una consecuencia inevitable del capitalismo: es una posibilidad entre otras de resolver ciertas dificultades de la economía capitalista, una posibilidad que a corto plazo parece ofrecer una solución más fácil, sin por ello ser ventajosa a largo plazo. Para los autores marxistas clásicos, en cambio, el imperialismo es inseparable por naturaleza del capitalismo y de sus contradicciones.

A estas interpretaciones económicas del imperialismo se han opuesto otras, que hacen hincapié en sus motivaciones políticas. La más célebre es la de Schumpeter [27]. Para él, el imperialismo no es un producto del capitalismo, como tampoco lo son el militarismo y el nacionalismo. Estos tres fenómenos de la vida internacional son una herencia de los Estados dinásticos precapitalistas; pero fueron «capitalizados», y finalmente tomaron la mayor parte de su fuerza del capitalismo. Por lo demás, advierte Schumpeter que las conquistas en masa no favorecen al pueblo en cuyo nombre se realizan: al no confundirse el interés del pueblo con el interés del Estado, la expansión beneficiará únicamente a un sector de la población [28]. Si Schumpeter se refiere, sin duda demasiado, a los imperialismos del pasado, otros defensores de la interpretación política del imperialismo la desarrollan en relación más estricta con el imperialismo moderno, históricamente el más caracterizado [29]. Ante la dificultad de una distinción clara entre lo económico y lo político, otros análi-

---

[27] «Zur Soziologie der Imperialismen», *Archiv für Sozialwissenschaft und Sozialpolitik*, 46 (1919), y en trad. a varios idiomas.
[28] El ejemplo clásico de ello fue, según Schumpeter, el de la aristocracia senatorial, propugnadora y beneficiaria de la expansión romana.
[29] Así, W. LANGER, *The Diplomacy of Imperialism*, 1935.

sis del fenómeno ven la cuestión como la del predominio de uno u otro factor, indisolublemente presentes en su génesis [30].

Por otra parte, se ha tendido a confundir el imperialismo con una de sus formas, sin duda la más ostensible por su radio de acción mundial: el imperialismo colonial. En éste, los móviles económicos desempeñaron evidentemente un papel de primer plano, aunque siempre en concurrencia con otros, políticos, estratégicos, e incluso psicológicos (razones de prestigio, deseo de no quedar «al margen» de un reparto del mundo, etc.).

Ahora bien, el imperialismo es todo afán de «imperio», de dominación o control de cualquier índole, directo o indirecto, de un Estado, una nación o un pueblo sobre otros. Además de los imperialismos coloniales, hubo imperialismos que podríamos llamar «metropolitanos», que en Europa misma buscaban el dominio de un espacio europeo el mayor posible, y de los que fueron prototipos sin duda el de un Napoleón I y un Hitler. En esta segunda modalidad, ocupaba por lo general el primer plano un resorte de política de poder, de *Machtpolitik* elevada al máximo. El imperialismo de la Rusia zarista participó de ambos en Asia central y oriental y en los Balcanes, respectivamente, resultando el segundo de carácter colonial menos aparente, por no mediar entre el centro metropolitano y las adquisiciones, por remotas que fuesen, una discontinuidad territorial, es decir, por no interponerse «agua salada», según la fórmula de un diplomático británico que ha ironizado así sobre la referencia exclusiva al carácter ultramarino o ultraoceánico de una expansión para calificarla de colonial. El hecho de haber asumido la Unión Soviética la herencia del zarismo en el Asia central y oriental, que en los confines con China se configuró en parte, ya en en el siglo XIX, sobre la base de «tratados desiguales», es precisamente, para China, una de las raíces de su divergencia con aquélla. En cuanto a los Estados Unidos, su expansión continental hacia el Oeste no fue menos colonial en su despliegue. Pero al proyectarse fuera de sus límites continentales, se ha hecho esencialmente indirecta a través de la penetración económica.

A la vista de la evolución del capitalismo en los decenios posteriores a la segunda guerra mundial, con la aparición de un «neocapitalismo» en busca de adaptaciones al cambiante contexto histórico, y a la vista también de las contradicciones que se han manifestado en el mundo socialista, que ha dejado de estar constituido por un solo país y se ha extendido a una serie de Estados de creciente heterogeneidad, se hace más perentorio un nuevo análisis del imperialismo como fenómeno histórico. La doctrina de inspiración marxista ha de

[30] Representan esta corriente, entre otros, P. Renouvin y J.-B. Duroselle.

enfrentarse con una reinterpretación que tenga en cuenta las nuevas contradicciones surgidas sobre su propia base. La polémica al respecto ha dado lugar, en la terminología china y albanesa y en la de algún autor occidental de idéntica inspiración, al concepto de «social-imperialismo», aplicado a la U.R.S.S. en cuanto superpotencia [31]. En esta asociación de términos, y dada la connotación peyorativa que en ella adquiere la noción de «superpotencia», de intrínseca vocación hegemónica (connotación que, como en el caso de la vinculación intelectual entre Lenin y el liberal Hobson en su consideración del imperialismo, hace eco aquí a la que en el liberal Jacobo Burckhardt tiene el poder en general), el imperialismo en su forma clásica y el nuevo socialimperialismo parecen volver a un contacto más estrecho con lo político que con lo económico.

Globalmente considerada, la cuestión de la relación entre la economía y la política (nacional e internacional) es compleja, por el nexo que se da entre una y otra. En primer lugar, la economía misma es un factor esencial del poder estatal, lo que hace necesario considerarla en función de la política, de la cual es un elemento [32]. En un plano más general, no se puede aislar la economía del resto de las actividades humanas, ni ignorar que entre todas ellas existen influencias recíprocas. En la diversidad de sus tendencias y de sus concepciones, el hombre es un factor de la economía, a la cual da en definitiva su lugar en el conjunto de la civilización. Es notoria, v. gr., desde las investigaciones de Max Weber (fundamentales, aunque sujetas a correcciones parciales), la influencia decisiva de las ideas religiosas sobre la actividad económica del hombre. Para resumir en pocas palabras diremos que la economía, si bien condicio-

---

[31] Cfr. a nivel oficial, el discurso del representante de Albania en la Asamblea General al saludar el ingreso del gobierno de Pekín en la O.N.U. (sesión del 15 de noviembre de 1971, en O.N.U., *Crónica mensual,* vol. VIII, número 11, diciembre de 1971, pág. 29), y el del representante chino en la O.N.U., Huang Hua, en el debate sobre choques armados entre la Unión India y Pakistán en el Consejo de Seguridad (sesión del 5 de diciembre de 1971, en *ibid.,* vol. IX, núm. 1, enero de 1972, págs. 21-22); asimismo, con especial relieve, Chu En-lai en su informe ante el X congreso del partido comunista chino, el 24 de agosto de 1973 (*Le Monde,* 2-3 de septiembre). La conclusión lógica, para cada postura, es que la otra se ha desviado del marxismo-leninismo. En la perspectiva china, la superpotencia es, más que una realidad de poder estatal máximo, un estado de espíritu que pone este poder al servicio de una hegemonía. De ahí la reiterada afirmación de que, cualquiera que sea el desarrollo que alcance su poder, China no será una superpotencia; es decir, que no actuará como tal. De ahí también que a su juicio la distensión entre las dos superpotencias sólo pueda ser relativa y temporal, siendo su rivalidad absoluta y duradera.

[32] Insiste particularmente en este punto G. SCHWARZENBERGER (*Power Politics,* cap. 8).

na los demás factores culturales, no los determina, y éstos conservan su autonomía propia dentro de los límites de sus interrelaciones. De igual manera, en la teoría contemporánea de las diversas capas de la personalidad, tal y como ha sido desarrollada por Nicolaï Hartmann, la capa inferior condiciona la aparición de la superior sin que por ello ésta pueda ser reducida a aquélla (lo físico es condición de lo orgánico; lo orgánico, la condición de lo psíquico; lo psíquico, condición de lo espiritual). Esto no significa en modo alguno desconocimiento del papel de lo económico en la vida humana, tanto individual como colectiva. Pero esto sitúa lo económico en el conjunto de la actividad libre de los hombres.

Ciertos economistas han llegado a esta misma conclusión desde el punto de vista de su disciplina. Wilhelm Röpke la sostiene con especial vigor en términos que merecen ser recordados. Para Röpke, la creencia en la autonomía del sector económico ha sido un error desastroso, «puesto que en realidad la vida económica depende y está condicionada por un conjunto de circunstancias que podemos llamar meta-económicas, por un contexto que es moral, político, social y jurídico...»[33]. Por otra parte, sitúa el problema en la perspectiva más amplia de una filosofía de la historia económica: «Vemos ... que el secreto último de los altibajos de la integración económica a través de la historia —en otros términos, la ascensión y el ocaso de la prosperidad con el incremento o la disminución del nivel de división del trabajo— se encuentra en los altibajos de la integración general o «social». Esta parece ser la ley última de la historia económica. Esto significa que en ningún sistema económico la integración puede sobrepasar la integración que se apoya en fuerzas psicológicas, leyes e instituciones... La ascensión y el ocaso de los imperios o de los sistemas de Estados no se produce por la ascensión o el ocaso de la economía; sino que la ascensión y el ocaso de la economía se producen por la ascensión y el ocaso de los imperios y sistemas de Estados»; de donde se concluye que «para que la economía internacional se desarrolle y se mantenga, es necesario siempre resolver un problema de carácter mucho más general: el problema del orden internacional»[34].

Está fuera de toda duda que el desarrollo de la economía en economía monetaria de gran radio de acción desempeñó un importante papel en la formación del Estado moderno. Con el mercantilismo se afianzó la idea de autarquía. En el plano internacional ello significa una fragmentación de la vida económica sobre una base estatal, así

[33] «Economic Order and International Law», *Rec. des cours,* 86 (1954-II), página 211.
[34] *Ibid., ibid.,* pág. 212.

como una desconfianza recíproca, desfavorables, ambas, para las relaciones internacionales. Su ideal teórico sería el «Estado comercial cerrado» (*Der geschlossene Handelsstaat,* 1800) de Fichte. Por el contrario, el liberalismo económico, con su ideal de libre cambio, favorecía las relaciones entre los diferentes países a través de la libre circulación de bienes y capitales. Es cierto que, abandonado este principio a su ley inmanente, podía representar para las economías más débiles un peligro: el de caer bajo la dependencia de las más fuertes. Según sus defensores, los vínculos económicos estrechos son un factor de paz por la simple razón de que su interrupción altera profundamente los miembros de un sistema que han llegado a ser interdependientes. Röpke, uno de sus defensores más fervientes, dice que el liberalismo había creado «una especie de super-Estado», es decir, que gracias a este sistema todo ocurría como si el marco político (en este caso, supraestatal) existiese realmente[35]. Un término medio está representado por el intervencionismo estatal que, como veremos, se manifiesta tanto en el plano nacional como en el internacional.

Desde tiempos inmemoriales el comercio (impuesto a toda comunidad humana mínimamente desarrollada por necesidades que se incrementan precisamente a tenor de su nivel de civilización) ha sido, junto con la guerra, a la que en cierta medida vino a sustituir, el instrumento más eficaz para la constitución de sociedades internacionales cada vez más amplias y que en este aspecto sobrepasan incluso los límites de la respectiva civilización, tendiendo un puente entre sistemas político-internacionales y culturales por lo demás cerrados. Es el caso, por ejemplo, del comercio europeo con el Extremo Oriente, antes de la penetración hegemónica del siglo XIX. Desde los albores de la historia, vemos surgir vías de intercambios comerciales que anuncian las de épocas históricas posteriores. Si algunas de ellas sufrieron eclipses debidos a diversas causas, otras en cambio han revelado una vitalidad notable a través de las edades (por ejemplo, la famosa «ruta de la seda» en Asia Central). La desviación de las corrientes de intercambio comercial como secuela de revoluciones técnicas ha tenido en muchas ocasiones graves consecuencias para todo el sistema de las relaciones internacionales, incluso políticas. Así, la introducción en Occidente, en los siglos XV y XVI, de los barcos de altura, que permitió, por vez primera, la navegación prolongada lejos de las costas, tuvo repercusiones negativas para las regiones de Asia que se beneficiaban del tráfico de caravanas, contribuyendo a su decadencia. Asi-

---

[35] *Loc. cit.,* págs. 224-25.

mismo, el Mediterráneo perdió su importancia cuando, por la misma causa, las corrientes mundiales tomaron los rumbos oceánicos, hasta que la apertura del canal de Suez le permitió recobrar su papel para el tráfico. Hoy en día, vemos cómo la aviación corrige de nuevo el mapa de las comunicaciones y la importancia relativa de las posiciones geográficas. El hombre, factor de la economía, lo es también de la geografía, cuyo determinismo es únicamente de índole funcional [36].

Un capítulo interesante de las relaciones económicas internacionales, que revela su carácter peculiar con respecto a las relaciones interestatales de naturaleza jurídica e incluso política, es la historia de las compañías comerciales encargadas del tráfico con Ultramar en los comienzos de la expansión colonial europea (especialmente, la de la Compañía inglesa y la Compañía neerlandesa de las Indias Orientales). Es notoria su importancia, debida a las prerrogativas que les eran concedidas por el Estado. Encontramos aquí una vez más el reflejo de ese derecho internacional existente al margen del derecho público europeo, al que ya hemos aludido. Hoy, caducado el papel directo que antes tenían dichas compañías, queda el papel indirecto de las compañías multinacionales, producto de una situación diferente, basado en concesiones por parte de los países en los que llevan a cabo sus negocios, sin reconocimiento de una personalidad internacional ni siquiera delegada (por ejemplo, las concesiones fruteras y mineras en América Latina, petrolíferas en Asia Menor o Venezuela, etc.).

Otro aspecto de la incidencia de los intereses económicos sobre la sociedad internacional fue el establecimiento de «zonas de influencia». Su consideración nos coloca de nuevo ante la acción especialmente señalada de las grandes potencias en la vida internacional, a la que ya nos hemos referido. Hemos visto que la influencia es un grado inferior de imperio (en el sentido más amplio y común del término) en relación con la hegemonía y la dominación pura y simple. Cuando varias potencias tratan de ejercer su influencia sobre una determinada región del planeta y ninguna de ellas consigue imponerse, se llega generalmente a una internacionalización de hecho de esa región y a lo que se ha llamado principio de la «puerta abierta», que asegura en teoría a todos las mismas oportunidades. La división en zonas de influencia parece más adecuada cuando son pocos los interesados en ejercerla. Según la definición recogida anteriormente, son zonas de influencia las partes de un Estado o Estados formalmente independientes en las que otros Estados, generalmente mediante acuerdo previo, pretenden ejercer un monopolio de explotación económica, que arrastra consigo inmediatamente la imposición

---

[36] Cfr. sobre este punto la excelente obra de J. Gottmann, *La politique des Etats et leur géographie*, París, 1952.

de medidas de carácter abiertamente político [37]. La independencia
formal de la zona es favorable por el hecho de que no ofrece dema-
siados motivos de oposición por parte de terceros, y porque además
reserva el futuro frente a los rivales, de los que se supone que en
una coyuntura favorable podrán ser excluidos. China en el siglo xix,
y luego Persia, son ejemplos históricos clásicos de tales divisiones en
zonas de influencia: la primera, entre Rusia, Japón, Alemania, Gran
Bretaña y Francia; la segunda (1907), entre Rusia y Gran Bretaña.

Pero es necesario considerar también, junto a la acción de los
Estados motivada por razones económicas (aunque tiendan en definitiva a vigorizar el papel del Estado y su influencia política), la
acción de los propios intereses económicos organizados y su eco en
la política internacional.

Efectivamente, las condiciones de la economía mundial han producido una organización espontánea de los intereses económicos.
El alcance de esta organización es grande y está reconocido por los
economistas, aunque existen entre ellos divergencias cuando se trata
de formular un juicio de valor al respecto. Se ha señalado que los
acuerdos económicos privados de carácter internacional son más independientes de los Estados que los que se conciertan en el marco
nacional. Como dijo en forma sugestiva un autor (J. Donaldson),
dichos acuerdos actúan «en una especie de *no man's land* político».
Encontramos en ellos un embrión de racionalización internacional de
la economía, que los Estados no podían por cierto dejar de ver con
ojos vigilantes. Y ello da pie a T. Ruyssen [38] para concluir que en
conjunto las formaciones más importantes que emergen del vasto
océano de la producción y el consumo individuales son los acuerdos
internacionales privados y los Estados. Los primeros, en el marco
de la espontaneidad, surgen en virtud de acuerdos libremente con-
sentidos para la reglamentación de la producción y de la estabiliza-
ción de los precios; los Estados, en cambio, por medio de la coerción
y la protección de sus súbditos con medidas a veces negativas (derechos de aduana, contingentes, control de cambios) y a veces positivas
(primas a la producción y a la exportación).

Ante la importancia del factor económico en la vida internacional
contemporánea, y teniendo en cuenta la situación anárquica nacida
de las dos guerras mundiales, los Estados han emprendido una acción económica internacional concertada cada vez más intensa, en
colaboración con los intereses económicos privados organizados, es-

[37] J. A. van Houtte, *Géopolitique*, Bruselas, 1946, pág. 101.
[38] *La société intern.*, págs. 73-74.

pecialmente en el marco de la Sociedad de Naciones y de la Organización de las Naciones Unidas.

En el ámbito que estamos considerando, existe una organización que merece especial atención tanto por lo ya logrado cuanto por las perspectivas que ofrece, de cara al futuro. Se trata de la Organización Internacional del Trabajo (O. I. T.), que gozaba de autonomía y se asoció a la O. N. U., como organismo especializado. A nuestro juicio lo más importante es que en la Conferencia Internacional del Trabajo y en el Consejo de Administración de la Oficina de la O. I. T., tienen asiento, junto a los delegados gubernamentales, delegaciones patronales y obreras (pues si bien las designan los gobiernos, tienen evidentemente una posición propia); lo cual supone la aparición de un elemento corporativo y social en este aspecto (económico) de una incipiente legislación internacional.

Por lo que se refiere a las iniciativas privadas en el plano de la economía internacional, es igualmente preciso recordar la Cámara de Comercio Internacional, con sus agrupaciones nacionales y sus conferencias periódicas.

La importancia de los factores económicos en la vida internacional se refleja en el paralelismo que existe hoy entre los esfuerzos de integración económica y de integración política en Europa. Una cooperación política entre los diferentes Estados de nuestro viejo continente es a todas luces esencial para dar nuevas posibilidades a la economía europea, fragmentada en economías nacionales que hoy resultan insuficientes frente a los grandes espacios económicos constituidos por Estados Unidos y la Unión Soviética. Pero la integración económica, a su vez, incrementa el poder de los países asociados. Ahora bien, al ser más facil conseguir e intensificar la cooperación económica (sobre todo en un campo restringido), puede ser el mejor punto de partida para una ulterior integración política. En el contexto de la economía política nació la moderna noción de «gran espacio» (*Grossraum*), que es la articulación de un «gran mercado» en función de su unidad global por encima de las fronteras estatales, cuya importancia disminuye y que pueden llegar incluso a desaparecer si el proceso unificador se extiende a la esfera política [39]. Si esta noción pudo ponerse al servicio de fines hegemónicos, no los implica necesariamente. En todo caso, la constitución de áreas económicas comunes a entes políticos diferenciados origina zonas de intercambios pacíficos que, si bien plantean el problema de la coordinación con los demás Estados o zonas análogas (problema inherente a toda organización internacional regional), no por ello dejan de ser

---

[39] Cfr. sobre este punto C. Schmitt, «Raum und Grossraum im Völkerrecht», *Zeitschrift für Völkerrecht*, 24 (1940) 145-179.

un paso adelante decisivo para la consecución de un orden mundial justo y estable.

Desde esta perspectiva, se ha podido ver en la unidad económica entre sociedades políticas diferenciadas un instrumento para la ulterior unidad política de dichas sociedades. Un ejemplo clásico de semejante proceso sería la unión aduanera, el *Zollverein,* en la Alemania del siglo XIX, que no sólo condujo a una elevación del potencial económico de los Estados que en él se asociaron, sino que preparó decisivamente la unidad alemana. En nuestros días, el establecimiento de la Comunidad Europea del Carbón y del Acero (C.E.C.A.), de la Comunidad Económica Europea (C.E.E. o Mercado Común) y de la Comunidad Europea de la Energía Atómica (C.E.E.A. o Euratom), obedeció a la vez al designio de favorecer el resurgimiento de las economías de los Estados miembros y al de crear, tras superar el antagonismo franco-alemán, el núcleo de una Europa unida. Como reiteradamente han proclamado sus miembros (los originarios y los ulteriormente ingresados), la finalidad última de la Comunidad Económica Europea es la Unión política [40], una Unión que, por desgracia, se aleja más allá del plazo previsto.

Ahora bien, sería ilusorio pensar que la comunidad económica engendra por sí sola la unidad política. Prescindiendo de que el propio establecimiento de la unidad económica obedece a una decisión política, la unidad económica podrá ser la etapa previa o la condición de la ulterior unidad política. Sólo una voluntad política será capaz de conducirla a la culminación deseada. En el caso del *Zollverein,* la acción económica recibió el respaldo del impulso político, decisivo, de Prusia. En las Comunidades Europeas, los logros económicos alcanzados no dispensan de un impulso análogo, que en ausencia de un federador hegemónico ha de manifestarse en un concierto de la voluntad libre de los asociados.

EL INDIVIDUO Y LA OPINIÓN PÚBLICA

La situación del *individuo* en la trama de las relaciones internacionales no es brillante. Tal es la conclusión sin ilusiones que se

[40] Véase su solemne reafirmación en la Declaración de la conferencia de jefes de Estado o de Gobierno de París de 20 de octubre de 1972, en dos pasajes, con la mayor claridad: «Los Estados miembros de la Comunidad, elemento motor de la construcción europea, afirman su intención de transformar, antes del fin del presente decenio, el conjunto de sus relaciones en una Unión europea»; y: «Los jefes de Estado o de Gobierno, habiéndose propuesto como objetivo mayor transformar, antes de que finalice el actual decenio, y en el respeto absoluto de los tratados ya suscritos, el conjunto de las relaciones de los Estados miembros en una Unión europea, ...»

manifiesta lo mismo entre los juristas que entre los sociólogos. Como escribe G. Schwarzenberger, «la dura realidad de la posición del hombre de la calle en la sociedad internacional halla su expresión tajante en el derecho internacional. Aunque nada impida a los actuales sujetos del derecho internacional reconocer al individuo como persona internacional, hasta la fecha ello no ha ocurrido»[41]. Bien es verdad que en torno a la subjetividad jurídico-internacional del individuo existe una polémica que a menudo no carece de acritud. Es sabido, asimismo, que la cuestión se trata muchas veces, sin distinguir suficientemente entre la perspectiva de lege ferenda, de la política del derecho, y la del derecho vigente, pero también entre la del derecho internacional común y la del derecho internacional particular (en éste, en el marco del Consejo de Europa, es donde se ha dado el verdadero primer paso en un sentido progresivo). Pues bien, esta situación jurídico-internacional del individuo no hace sino reflejar su situación de hecho en la sociedad internacional. De este individuo ha dicho B. Landheer, como si hiciera eco al autor antes citado, que cabría llamarlo «el hombre olvidado» del siglo XX[42].

Porque en la sociedad internacional, el individuo aislado es impotente ante las fuerzas colectivas, estatales o no, que la dominan. Sólo en la medida en que esté integrado en los grupos actuantes, Estados, organizaciones no-gubernamentales, o grupos de presión, alcanzará alguna significación real. Incluso en la protección concedida a las minorías (especialmente entre las dos guerras mundiales) el hecho determinante no fue tanto la preocupación por los individuos como tales, cuanto el interés por las comunidades religiosas, étnicas, lingüísticas, etc., como tales, y el papel que representaban como factores de poder (positiva o negativamente) en la esfera internacional.

De todos modos, la evolución actual del derecho internacional apunta a un cambio en el estatuto del individuo en la sociedad internacional. Ello es debido sobre todo a un renacimiento de las concepciones iusnaturalistas que se ha generalizado como reacción ante los horrores de la II Guerra Mundial. El resultado ha sido una serie de declaraciones y convenios que afirman la existencia de derechos humanos fundamentales, internacionalmente válidos frente al arbitrio estatal. En el plano mundial, la Declaración Universal de los derechos humanos, aprobada por la Asamblea General de las Naciones Unidas el 10 de diciembre de 1948, ha sido completada por los Pactos internacionales de derechos económicos, so-

[41] *Power Politics*, 2.ª ed. cit., pág. 143.
[42] *Rec. des cours*, t. 91, pág. 23.

ciales y culturales, y de derechos civiles y políticos, de 16 de diciembre de 1966. Dentro del derecho regional europeo, el Convenio europeo para la protección de los derechos humanos y las libertades fundamentales (Roma, 4 de noviembre de 1950), en el marco del Consejo de Europa, completado por varios Protocolos adicionales, representa un paso decisivo. Se trata de un documento internacional en vigor que establece la garantía efectiva de los derechos del hombre a través de una Comisión a la que tienen acceso los individuos, y de un Tribunal al que la Comisión puede someter los casos que estime fundados si no los somete al Comité de Ministros, siempre que los respectivos Estados hayan aceptado su jurisdicción. Mediante este sistema, para los Estados que han aceptado el recurso individual ante la Comisión y la jurisdicción obligatoria del Tribunal, el Estado deja de ser la instancia suprema para sus súbditos en materia tan importante como los derechos fundamentales del individuo [43].

Si no individualmente, los particulares pueden tener una influencia no despreciable en la sociedad internacional por el cauce de la *opinión pública,* conjunto de sentimientos, ideas y valoraciones que indudablemente presiona a los Estados. Su papel es difícil de precisar, pero evidente. En todo caso se le ha concedido siempre especial importancia en el mundo anglosajón. Hay incluso autores que, reduciendo el derecho internacional a una moral internacional, a una cortesía internacional o *comitas gentium* (en particular John Austin, padre de la *Analytical school of jurisprudence),* a un conjunto de normas *sui generis* (F. Somló), o a una especie de derecho imperfecto (Woodrow Wilson) [44], ven en la opinión pública su única sanción, en realidad su sanción específica.

Es obvio que el papel de la opinión pública ha sido menos importante en el pasado, cuando la política internacional formaba parte de los misterios de Estado, los *arcana imperii,* ciencia esotérica reservada a una minoría de elegidos en torno al soberano y sustraída al juicio del vulgo. Pero incluso entonces no se descuidaban sus reacciones y se buscaba el apoyo de los estamentos influyentes del país: la «querella de las investiduras», la Reforma (piénsese en los opúsculos de Lutero en alemán), las guerras de religión, las guerras de Luis XIV (en cuya dimensión propagandística intervino un

[43] Cfr. sobre el particular nuestro libro *Los derechos humanos. Textos y convenios internacionales,* con un Estudio preliminar y un epílogo, nueva edición, Madrid, 1977.
[44] Cfr. nuestros *Fundamentos de Derecho internacional público,* 4.ª ed., refundida y aumentada, Madrid, §§ 10 y 11.

Leibniz), las de la Revolución Francesa y de Napoleón, dieron lugar a verdaderas guerras de escritos y panfletos, lo que atestigua un interés de los bandos en pugna por captarse la opinión pública. Lo que ocurre es que esta opinión ha variado en su composición según las épocas. El proceso de democratización de la sociedad y de la política ha traído como consecuencia una ampliación de los círculos que abarca la opinión pública, a la vez que el desarrollo de los medios de comunicación presta unos inapreciables vehículos al intercambio de pareceres y a la formación de un estado de opinión. Además, fenómeno nuevo, puede hablarse ya de una auténtica opinión pública internacional, que ningún Estado particular puede controlar.

Hoy, todos los gobiernos pretenden ser intérpretes y emanación de su opinión pública, e incluso cuando no la tienen realmente en cuenta, se preocupan de sus reacciones y tratan de presentarle los hechos de la manera más adecuada a sus fines. El paso ulterior consiste en el intento de configurar «convenientemente» la opinión pública.

En principio, y por definición, la opinión pública es algo espontáneo, que refleja la conciencia de un grupo mayor o menor de hombres frente a los problemas de la vida colectiva, nacional e internacional. Ahora bien, las condiciones de organización y de técnica de toda índole en la difusión y presentación de las noticias, acrecientan las posibilidades del Estado y de los grupos privados más fuertes en la configuración y manipulación de la opinión pública [45]. Posibilidades que, sin embargo, se ven en parte contrarrestadas por la presencia en las ondas, debido a la radiodifusión, de la información presentada por otros Estados («guerra de las frecuencias», perturbación de emisiones extranjeras, etc.)

En este orden de cosas, es de señalar aquí el *papel de la educación*. Ya Platón y Aristóteles pusieron de relieve su importancia social cuando subrayaron la correlación existente entre los sistemas de educación y las formas de gobierno, explicando desde este punto de vista las diferencias pedagógicas entre Atenas y Lacedemonia. Igualmente se puede decir que la educación tiene una importancia que está llamada a crecer, en la configuración de las

---

[45] Frente al monopolio estatal de la radio y televisión, que la convierte virtualmente en instrumento del gobierno que en cada momento está en el poder (en cuyo caso, el mayor o menor control parlamentario del mismo podrá atenuar en diversa medida el carácter unilateral, según que el Estado sea democrático, autoritario y totalitario), el antídoto parece ser, juntamente con la descentralización, una intervención eficaz de la sociedad en la gestión de estos medios de comunicación social que refleje el pluralismo de sus sectores de opinión.

relaciones internacionales. En este campo precisamente correspondería un papel esencial, junto a las instituciones culturales, a las «potencias espirituales» de que hablaba Radbruch, de horizonte transnacional.

Dentro de la educación, hay que subrayar la trascendencia de la enseñanza de la historia, sobre todo en los primeros estadios de la formación. La importancia del problema ha generado acuerdos internacionales y otras iniciativas de carácter público o privado, tendentes a hacer la enseñanza de la historia lo más objetiva posible, eliminando de ella la estrecha visión particularista y el prejuicio nacionalista que han sido tantas veces su lote. Así, existe un Convenio panamericano sobre la enseñanza de la historia (Montevideo, 1933). El Consejo de Europa, por su parte, ha patrocinado coloquios de educadores para enfocar el estudio y la enseñanza de la historia dentro del marco europeo y tratar de que éste a su vez quede íntimamente unido al de la humanidad en general.

Que esta exigencia no implica en modo alguno el abandono de criterios científicos objetivamente válidos, lo prueba el hecho de que converge con lo que precisamente constituye un postulado de la más rigurosa historiografía contemporánea, a saber: la consideración de la historia no ya a escala de las distintas comunidades estatales o nacionales, del *parochial approach* que parece erigir cada Estado o nación en centro en torno al cual gira toda la historia (y cuya flaqueza científica ha puesto de relieve certeramente Toynbee), sino a escala de las grandes sociedades globales o civilizaciones (hoy, de la civilización mundial), la única que permite una verdadera comprensión de los destinos particulares de los grupos nacionales que las integran.

Ello nos conduce a un aspecto del problema sobre el que se llevan a cabo numerosos estudios en la actualidad, principalmente en los Estados Unidos: la utilización de los datos de la *psicología social* para el encauzamiento de las relaciones internacionales. Se han hecho investigaciones sobre la psicología (y el psicoanálisis) de los conflictos raciales, la xenofobia, las tensiones bélicas, etc.

Preciso es objetar que una utilización empírica de tales datos se realizó siempre más o menos, principalmente en los sistemas de gobierno más empeñados en asegurarse un conformismo general, y al servicio de los fines perseguidos por los titulares del poder. Y si el estudio científico de este campo es nuevo, no hay que pasar por alto los atisbos de pensadores políticos de pasados siglos. Ya Botero, en el siglo XVI (*Della ragion di Stato, ed. def.,* 1958), señala cómo uno de los medios de distraer la atención popular de las dificultades interiores, era la provocación de una guerra exterior o por lo menos de una tensión con algún Estado vecino. Maquiavelo (*Il Principe,* redactado en 1513, publicado en 1532) propugna que se pongan al servicio de los objetivos del príncipe los sentimientos y las pasiones del pueblo. Ambos, por lo demás, no hacían sino volver a decir lo que ya Cautilya, en su tratado de la política (*Arthâsastra*) había sentado como axioma de la conducta del rey en la India antigua.

Hoy, cabe que un mejor conocimiento del comportamiento colectivo ayude a una labor positiva sistemática en pro de una integración internacional, y no como ha sido el caso demasiadas veces, para manipularlo negativamente. Una vez conocidos los resortes de ciertas actitudes (recelo hacia lo extraño, impaciencia y propensión a altibajos emocionales, etc.), se podrá contrarrestarlos en lo que quepa.

De la consideración del papel desempeñado por el individuo en la sociedad internacional se desprende que, por lo menos en la fase en que nos encontramos, el relieve de su posición depende estrechamente del que posee el grupo al que pertenece o del que es portavoz: de momento, es el grupo estatal o nacional el que proyecta sobre él su sombra decisiva. Desde el punto de vista sociológico, el resultado es una situación de hecho de algún modo privilegiada de los súbditos de una gran potencia, cuyo precedente clásico es la del ciudadano romano en el mundo antiguo.

EPILOGO
EL FIN DE LA ERA DE YALTA
Y LA REVOLUCION DEL ESTE EUROPEO

Andrer Bürger.
Nichts Bessers weiss ich mir an Sonn- und Feiertagen,
Als ein Gespräch von Krieg und Kriegsgeschrei,
Wenn hinten, weit, in der Türkei,
Die Völker aufeinander schlagen,
Man steht am Fenster, trinkt sein Gläschen aus
Und sieht den Fluss hinab die bunten Schiffe gleiten;
Dann kehrt man abends froh nach Haus
Und segnet Fried' und Friedenszeiten.

Dritter Bürger.
Herr Nachbar, ja! so lass' ich's auch geschehn:
Sie mögen sich die Köpfe spalten,
Mag alles durcheinander gehn;
Doch nur zu Hause bleib's beim alten.

Otro vecino.
Nada se me antoja mejor, los domingos y días de fiesta, que
platicar de guerras y bullicios de guerra, mientras allá, lejos, en
Turquía, los pueblos se machacan unos a otros; está uno junto a la
ventana, apura su copita, viendo cómo los barcos multicolores se
deslizan, río abajo; y al caer la tarde, se regresa contento a casa,
bendiciendo la paz y los tiempos de paz.

Tercer vecino.
Señor vecino, ¡sí! También yo dejo correr así las cosas: ya pueden
aquéllos partirse la cabeza, ya puede todo andar revuelto; con tal
que en casa todo siga igual.

GOETHE, *Fausto,* I, versos 860-871

El año de 1989 es ya sin duda para la historia, dos siglos después
de la Revolución francesa, el de la Revolución de la Europa central y

173

oriental en su conjunto, cuyo símbolo ha sido la caída del Muro de
Berlín en la noche del 9 de noviembre de ese año —equivalente en
cierto modo, por su valor de tal, a la toma de la Bastilla el 14 de julio
de 1789.

Esta revolución, tras cuatro décadas de una situación endurecida
que reflejaba los equilibrios resultantes de la segunda Guerra mundial, es de una magnitud que recuerda la producida por la primera,
de 1917 a 1922, que trajo consigo el derrumbamiento de tres
imperios —el ruso, el austro-húngaro y el otomano—, la creación de
nuevos Estados sobre sus ruinas y la renovación parcial del primero
de aquéllos en una federación, la Unión de Repúblicas Socialistas
Soviéticas, inspirada por la idea de una revolución mundial que
estuvo a punto de instaurarse también en la Europa central y actuó
por de pronto como fermento de agitación en los imperios coloniales
de las potencias occidentales vencedoras; o la que siguió a la
capitulación apocalíptica del Tercer Reich, en 1945, en la que éste,
que había desafiado una coalición no sólo militar, sino también
ideológica, sin precedentes, daba paso a una Alemania reducida y
dividida, moralmente al margen de la sociedad internacional, y que
debió a la desconfianza mutua entre sus heterogéneos adversarios el
haberse reintegrado a ésta antes de lo previsto, en espera de una
unidad que parecía reservada cuando menos a la próxima generación. También ahora, en el breve espacio de unos cinco años, hemos
presenciado la dislocación de uno de los Grandes de esta segunda
postguerra, cuyo peso gravitaba sobre una Europa cuya mitad
oriental dominaba, mientras la occidental buscaba su salvaguardia en
su unión, conjugada con un apoyo estadounidense a la vez requerido
y cuestionado. Y como en las ingentes sacudidas anteriores, la
agitación de las nacionalidades hasta entonces contenidas en un
marco imperial engendra una serie de Estados en pugna por sus
fronteras y con sus minorías reivindicantes.

Pero la singularidad propia de los fenómenos históricos lleva
consigo el que, aun presentando semejanzas, por llamativas que
resulten, sean irreductibles unos a otros. Y así, la revolución de la
Europa central y oriental ofrece rasgos particulares que la diferen-
cian de las anteriores y que es preciso considerar.

Es la primera, y sin duda la más notable, que esta revolución no
ha surgido, como las otras dos de este siglo, de las entrañas de una
guerra total de dimensiones hasta entonces desconocidas, pues la
situación en la que se generó era de «guerra fría» cuando ésta se
encontraba en una fase de «distensión» (Acta final de la Conferencia
sobre la Seguridad y la Cooperación en Europa, Helsinki, 1.º de
agosto de 1975); una situación que se parece más a la de «paz armada»

imperante en las décadas anteriores a 1914, que a la anterior a 1939, repleta de agitaciones internas y tensiones externas, engendradoras de crisis ahora cada vez más explosivas (crisis del *Anschluss,* de los Sudetes, del protectorado alemán sobre Bohemia y Moravia, del pasillo de Danzig). En 1985, cuando Mijail Gorbachov fue designado Secretario general del Partido comunista de la Unión Soviética, Europa parecía instalada, no sin haber pasado por pruebas graves, como las represiones de movimientos de disidencia en Hungría, Checoslovaquia y Polonia por el Ejército rojo, en la aceptación resignada de un *statu quo* tenido por inmutable a plazo previsible.

En segundo lugar, la revolución en curso de la Europa central y oriental ha consistido en una serie de revoluciones internas en los distintos países afectados, provocadas por el hundimiento de sus respectivos regímenes comunistas, no sin una relación estrecha entre unas y otras, una vez que el «nuevo curso» reformador de Gorbachov y su equipo, centrado en las ideas de *perestroika* y *glasnost,* hubiese puesto en tela de juicio en la propia Unión Soviética aspectos importantes de la política del Partido. La profundidad del malestar ante el estado de cosas imperante se revela en el hecho de que se manifestara en todos los regímenes en cuestión, según un movimiento de derribo en cadena que resultó ser irresistible.

Ya hemos apuntado que esta revolución se ha producido en un período de tiempo asombrosamente breve. Como en la mayoría de los casos, por lo que concierne a la Unión Soviética, dio comienzo sin que hubiese intención alguna de provocarla, y ha terminado rebasando los propósitos de quienes, en busca de una simple reforma de un sistema político y social obviamente en quiebra, la hicieron objetivamente inevitable.

Conscientes del colapso del régimen comunista en lo económico y del retraso tecnológico en el que el dogmatismo inmovilista y la incuria habían sumido a la Unión Soviética, Gorbachov y su equipo trataron de superarlos mediante reformas que mejorasen el funcionamiento del sistema, en dirección de un clima de apertura *(perestroika)* y transparencia *(glasnost)*, o sea, de una mayor libertad intelectual y un pluralismo político, para, en definitiva, mejorarlo y por consiguiente consolidarlo, sin pensar en modo alguno en su supresión. Pero con ello, dieron pie a un proceso de cambio, cuyo control perdieron ante la dinámica de las energías liberadas.

En los demás países, donde el régimen comunista había sido impuesto y mantenido por la presión política y militar de la Unión Soviética y los partidos comunistas locales que en ella se apoyaron al término de la segunda Guerra mundial, sí se quería su eliminación.

Ahora bien, ante la experiencia de los intentos reprimidos por el Ejército rojo o el del propio país (como en la Polonia de Jaruzelski), se trataba por de pronto de arrancar concesiones parciales dentro del sistema establecido. Sólo cuando se vio que la Unión Soviética (seguramente sorprendida por la fuerza de la oposición al régimen) no usaría en adelante la fuerza, fuera de sus fronteras, para sostenerlo, la presión popular se radicalizó, provocando su progresiva liberalización y finalmente su hundimiento, en Polonia, en Hungría, en Checoslovaquia, en la llamada República Democrática Alemana, yendo las conquistas democráticas cada vez más lejos en menos tiempo, y culminando, en esta última, con la caída del Muro. No deja de ser significativo del impulso del movimiento popular protestatario el que todo ello se hiciera sin derramamiento de sangre. Sólo lo hubo, en un «fin de reinado» que es preciso calificar de sórdido para los máximos dirigentes, en Rumania, donde no se había tolerado la menor expresión de reivindicación política y social. Veremos que también ha corrido la sangre, en un grado inimaginable, en Yugoslavia, por la incidencia mayor de la cuestión de las nacionalidades, unida al hecho de que el partido comunista (transformado en «socialista») logró mantenerse, al socaire del panserbismo, de la «gran Serbia», en Serbia y Montenegro, que acabarían (27 de abril de 1992) constituyendo una federación, la República Federal de Yugoslavia (Serbia y Montenegro), que pretende ser la sucesora de la anterior República Federativa Socialista de Yugoslavia. Pero esta pretensión no ha sido aceptada por las Naciones Unidas, cuya Asamblea General la excluyó (22 de septiembre), por lo que tendrá que presentar una solicitud de adhesión desde su situación actual.

Más tardíamente, Bulgaria y Albania han seguido el camino de una transición al postcomunismo, más laboriosa y agitada en esta última.

En esta sucesión en cadena de revoluciones, la que desmanteló la República Democrática Alemana tuvo especial relevancia, por haber desembocado en el hecho espectacular de la reunificación de Alemania. Caído el Muro de Berlín y restablecida la libre circulación entre las dos Alemanias, el colapso de la oriental hacía inevitable la unidad. La potencialidad migratoria de la población de la Alemania oriental hacia la occidental y la fluidez del entorno europeo movieron al canciller Kohl a quemar las etapas, en una acción cuya vertiente interna corría paralela a la externa, en una doble relación con las Comunidades Europeas y los Aliados. En realidad, el interlocutor principal fue la Unión Soviética, quedando los demás en un segundo plano. Admitida la reunificación por la Unión Soviética en febrero de 1990, el paso decisivo se dio en la entrevista histórica de Kohl y Gorbachov, acompañados de sus ministros de Asuntos Exteriores, Genscher y Shevardnadze, en Piatigorsk (Cáucaso), el 16 de julio de 1990, durante la cual los soviéticos aceptaron la permanencia de la Alemania reunificada en la O.T.A.N. En el ámbito interalemán, los Tratados relativos a la unión monetaria, económica y social (18 de mayo de 1990) y a las elecciones por un sistema único para el próximo *Bundestag* (2 de agosto) culminaron en el Tratado sobre la Unión, de 31 de agosto. En el ámbito externo, el Tratado de Moscú de regulación definitiva con respecto a Alemania (el llamado Tratado de los Dos más los Cuatro), de 12 de septiembre, fue completado por el de Bonn, de 25 del mismo mes, sobre determinadas cuestiones relativas a Berlín. Despejado así jurídicamente el camino, la unificación se llevó a cabo el 3 de octubre de 1990.

Poco más de un mes después, el 21 de noviembre de 1990, los treinta y cuatro jefes de Estado o de Gobierno de la Conferencia para la Seguridad y la Cooperación en Europa (C.S.C.E.) firmaban en París la Carta para una nueva Europa.

Un hecho decisivo, en este proceso global, fue evidentemente, en la Unión Soviética, el intento fracasado del golpe de Estado militar (19 al 21 de agosto de 1991), por cuanto precipitó los acontecimientos en el epicentro del terremoto que sacudía a media Europa.

Hasta entonces, la pasividad que los autores del fallido golpe reprochaban a Gorbachov ante el desmoronamiento del imperio exterior a la Unión Soviética se debió tanto al imperativo de la realidad cuanto a la proyección del «nuevo curso» al ámbito de la política exterior. Estas dos motivaciones están también en la raíz de la política de acercamiento a los Estados Unidos y a la Europa occidental. El «nuevo pensamiento político», que encontró seguramente en Shevardnadze su formulación más clara en su aplicación a la política internacional, abandonando la doctrina de la coexistencia pacífica, postulaba una «interdependencia global», con la voluntad de buscar la cooperación y el consenso en las relaciones internacionales. Sobre esta base, la existencia de los bloques carece de la justificación que pudiera atribuírsele en un contexto de rivalidad y enfrentamiento, y pudieron Gorbachov y Shevardnadze practicar una política de desarme y acometer con sentido realista el problema de Alemania, una vez desmoronado el régimen de la República Democrática Alemana.

Pero la *perestroika* no podía menos de despertar las fuerzas centrífugas latentes no sólo en el bloque soviético en cuanto tal, sino también en el interior de la propia Unión Soviética, bajo el impulso de las nacionalidades. De ahí el doble resultado del derrumbamiento del bloque del Este y de la disolución de la Unión Soviética por lo que, con la distinguida sovietóloga francesa que previó el para la generalidad de observadores inesperado fenómeno, Hélène Carrère d'Encausse[1], podemos denominar el «estallido» de su Imperio. Estallido que Gorbachov se empeñó en impedir, sin lograrlo. Acaso esta oposición a lo que resultaría ser inevitable, dado el rechazo general al peso de un poder ruso dominante de carácter imperial, haya sido causa finalmente de su caída.

La integración de los países del centro y el este europeo en un bloque político, económico y militar, y la heterogeneidad nacional imperante en la zona, y en particular en la Unión Soviética y Yugoslavia, implicó el que los cambios producidos tuvieran unas repercusiones internacionales de tal alcance, que, juntamente con la reunificación de Alemania, hecha posible como consecuencia de estos cambios, han traído consigo una transformación fundamental del escenario político mundial.

El bloque socialista se basaba en la posición hegemónica de la U.R.S.S. y la presencia del Ejército rojo en los países llamados satélites. Su formalización era doble: la Asociación de Asistencia Económica Mutua, o Comecón (creado el 25 de enero de 1949), y el Pacto de Varsovia (14 de mayo de 1955). La nueva orientación de las economías de los países miembros hacia Occidente y la Comunidad Económica Europea, el cambio de la situación estratégica producido por la nueva política exterior del Kremlin, y el espíritu de independencia de los socios de la Unión Soviética, les vaciaron de contenido. La disolución de una y otro se produjo, pues, rápidamente y con facilidad, por la tenaz voluntad de los nuevos gobiernos de Hungría, Checoslovaquia y Polonia y la resignación de Gorbachov y de los mandos soviéticos. La del Pacto de Varsovia se formalizó en dos etapas, el 25 de febrero y el 26 de junio de 1991; la del Comecón, el 1 de julio del mismo año. Es interesante señalar que en ambos casos fue ya antes del golpe de Estado fallido.

La extinción del Pacto de Varsovia, unida a la conclusión del Tratado de reducción de armas estratégicas (START) con los Estados Unidos, de 30 de julio de 1991, era un hecho trascendental: significaba el fin del enfrentamiento de los dos bloques que había caracterizado la situación política mundial desde los años cuarenta, y de la pesadilla del «equilibrio del terror». El hecho es tanto más llamativo, cuanto que la Organización del Tratado del Atlántico Norte (O.T.A.N.) ha subsistido, en busca, por cierto, de una nueva razón de ser.

---

[1] *L'Empire éclaté. La révolte des nations en U.R.S.S.*, París, Flammarion, 1978.

El desmoronamiento del bloque soviético significaba también el fin de la división de Europa. La reunificación de Alemania, algo menos de un año después de la caída del Muro de Berlín, es asimismo en este aspecto un dato de primera magnitud, por la alteración que implica del equilibrio de fuerzas anterior. Restablecida en su plena soberanía, Alemania recobra, con ella, su papel de primera potencia no sólo ya en lo económico (que ya venía desempeñando la República Federal), sino también en lo político.

En cuanto a la simultánea desintegración de la Unión Soviética, iniciada tímidamente, en cierta relación con los movimientos de despegue de los países satélites respecto de la Unión, se celebró velozmente después del golpe de Estado fallido, que obviamente tenía como objetivo principal, poner coto a los movimientos secesionistas.

Era lógico que las Repúblicas bálticas fuesen las primeras en separase de la Unión, pues tenían a su favor el hecho de que con ello, en realidad, recobraban la independencia que les fuera arrebatada en 1940, cuando, a raíz del Pacto de no-agresión germano-soviético, quedaron incorporadas a la Unión por la fuerza; una incorporación que por lo demás no había sido reconocida *de iure* por ciertas potencias occidentales. Tras vicisitudes no exentas de medidas represoras, Lituania, Estonia y Letonia, ampliamente reconocidas por la comunidad internacional (así, por los miembros de la Comunidad Europea el 27 de agosto de 1991 y por la propia Unión el 6 de septiembre), fueron admitidas como miembros de las Naciones Unidas el 17 de septiembre.

Luego, sucesivamente, las restantes doce repúblicas de la Unión Soviética fueron proclamando su soberanía y su independencia. Así, la Unión Soviética ha dado lugar a quince nuevos Estados; además de los tres Estados bálticos y los tres eslavos —Rusia, Ucrania y Bielorrusia—: Armenia, Azerbaiyán, Georgia, Kazajstán, Kirguizistán, Moldavia, Tajikistán, Turkmenistán, Uzbekistán. El mayor de ellos, Rusia, se convirtió en el sucesor de la Unión en las Naciones Unidas, titular de su sillón permanente en el Consejo de Seguridad y de las prerrogativas consiguientes. Ucrania y Bielorrusia, en virtud de un arreglo atípico entre los tres Grandes, ya eran miembros de las Naciones Unidas desde su fundación. Planteado el ingreso de las demás repúblicas en la Organización mundial tras su reconocimiento generalizado, fueron admitidas en bloque el 2 de marzo de 1992 (salvo Georgia, que ingresó el 31 de julio), dando origen a un incremento significativo de los miembros de ésta que recuerda, a una menor escala, el provocado en los años sesenta por la descolonización, especialmente en Africa.

Tanto las Repúblicas bálticas como las restantes han sido admitidas en la Conferencia sobre la Seguridad y la Cooperación en Europa (1992), con lo que el ámbito de ésta se extiende geográficamente hasta el Asia central. Albania lo había sido el 19 de junio de 1991.

La evocación de la descolonización no es gratuita, pues la desintegración de la Unión Soviética no ha sido propiamente la de un Estado federal clásico, sino de un imperio colonial, según palabras del general De Gaulle, cuando, en su conferencia de prensa del Elíseo de 23 de julio de 1964, se refería al «Imperio de los Soviets» como «la última y la mayor potencia colonial de este tiempo»[2]. Tal afirmación, hoy ya ampliamente admitida, no lo era entonces a los ojos de la mayor parte de la intelectualidad y la diplomacia occidentales, y la Unión Soviética había fomentado en las Naciones Unidas con ahínco la descolonización de las dependencias de las potencias occidentales. En cuanto imperio colonial, ofrecía el soviético la ventaja de la continuidad territorial, que no se daba en los imperios de las potencias occidentales, y una estructura formalmente federal pero materialmente compensada por el papel nivelador del Partido y del aparato de un poder central totalitario.

La consecuencia político-internacional del proceso que acabamos de describir no es otro que el fin de la bipolaridad del poder internacional, característico de lo que podemos llamar la era de Yalta. Ello no quiere decir que Rusia, más allá de sus actuales dificultades, no sea una gran potencia, como lo ha sido desde Pedro el Grande, teniendo, como tiene, los elementos humanos y materiales necesarios (y es también significativo que el general De Gaulle solía hablar de Rusia cuando se refería a la Unión Soviética, viendo en ella con razón su núcleo político y base de su poder). Pero de hecho, la desintegración de su imperio implica de momento el fin de lo que se parecía a un condominio sobre el mundo, compartido con los Estados Unidos. Es interesante comprobar cómo, en el Asia central, los nuevos Estados de la antigua Unión Soviética de mayoría musulmana, aun perteneciendo a la Conferencia sobre la Seguridad y la Cooperación en Europa, se están integrando también en un sistema de Estados regional cuya dirección se disputan Irán y Turquía, entre otros.

Los vínculos históricos establecidos por la pertenencia al Imperio zarista y luego a la Unión Soviética y los imperativos económicos

---

[2] V. extractos del texto en nuestro libro *La integración europea. Idea y realidad,* nueva edición revisada, con textos y documentos, Madrid, Ed. Tecnos, 1972, pp. 171-173.

movieron a mantener una unidad mínima entre las repúblicas emancipadas. Y así se constituyó una comunidad cuyo nombre ya es significativo del recelo ante cuanto evocase el mantenimiento de un poder central fuerte como el que deseaba Gorbachov: la Comunidad de Estados independientes (C.E.I.), establecida primero, en Minsk (Bielorrusia), entre los tres Estados eslavos, Rusia, Ucrania y Bielorrusia, el 8 de diciembre de 1991, y a la que se adhirieron las demás (salvo Georgia), en Alma Ata (Kazajstán), el 21 del mismo mes. Pero esta Comunidad no fue dotada de órganos propios y actúa fundamentalmente a base de reuniones de los presidentes de las repúblicas.

El tratado de Minsk daba por finalizada la existencia de la U.R.S.S., cuya bandera fue arriada en el Kremlin el 25 de diciembre, al término de una alocución televisada de Gorbachov, quien, después de un balance de su gestión, comunicó su retirada de la presidencia de la Unión, a la que había sido elevado por el Congreso de los Diputados del Pueblo el 15 de marzo de 1990.

Entre tanto, un problema de gran alcance movía a la cautela a las cancillerías occidentales ante el proceso en curso (y explica el apoyo que expresa y reiteradamente dieron a Gorbachov en su defensa del mantenimiento de la Unión): el de la existencia en la Unión Soviética de un considerable arsenal de armas nucleares, establecidas en cuatro repúblicas (Rusia, Ucrania, Bielorrusia y Kazajstán), y el de su control ante el peligro de su diseminación y eventual uso. Para ello se creó un mando único encargado de velar por la seguridad, en espera de la destrucción, por lo demás técnicamente compleja y costosa, de la mayoría de ellas. En efecto, la política de desarme nuclear de las dos primeras potencias atómicas ha seguido adelante, y el año de 1992 se ha cerrado con un acuerdo, suscrito en Ginebra por el secretario de Estado norteamericano, Lawrence Eagleburger, y el ministro de Asuntos Exteriores ruso, Andrei Kozirev, el 29 de diciembre, de reducción de armas nucleares estratégicas: el llamado Tratado START II, que habrán de firmar los presidentes Bush y Yeltsin el 3 de enero de 1993 en Moscú y que prevé la eliminación de dos tercios de los respectivos arsenales nucleares estratégicos; lo cual viene a ser el paso de mayor alcance, con mucho, dado hasta la fecha en esta decisiva materia, no sin reservas de ciertos medios políticos y militares rusos y de Ucrania, a tener en cuenta de cara a la ratificación (Ucrania y Bielorrusia todavía no han ratificado el START I, especialmente por requerir ayuda para hacer frente al coste de la reducción).

En el proceso de desintegración dotado de un elemento mínimo de unidad de cooperación, la complejidad étnica de la Unión, agravada, bajo Stalin, por los traslados forzosos de poblaciones por motivos políticos, no podía menos de engendrar numerosos problemas de minorías, que han dado lugar a enfrentamientos y luchas armadas, cuya difícil solución constituye, con la conversión de la economía planificada en economía de mercado, uno de los grandes retos de la Comunidad de Estados independientes.

Los problemas de nacionalidades y minorías han provocado en la antigua Yugoslavia el desenlace más sangriento y destructor, con mucho, de la revolución de la Europa central y oriental —si bien aquí deberíamos hablar, más exactamente, de la Europa balcánica. Sólo el desconocimiento de la génesis del que, significativamente, al constituirse, en 1918, bajo la égida de Serbia y de los Aliados, se denominó «Estado» o «Reino de los serbios, croatas y eslovenos», y el olvido de su turbulenta historia, llena de violencias, pueden explicar la sorpresa que ha motivado el conflicto y sobre todo su encarnizamiento y duración. Notorio para todos, con sus destrucciones sistemáticas de ciudades, malos tratos generalizados a civiles y prisioneros en campos de concentración e implacables «limpiezas étnicas», si bien ha dado lugar al envío de una ayuda humanitaria ciertamente elogiable, ésta por sí misma no llega a cortar la raíz de las desgracias. Eslovenia y Croacia fueron reconocidas por la Comunidad Europea el 15 de enero de 1992, Bosnia-Herzegovina lo fue el 6 de abril, y las tres tienen, desde el 22 de mayo siguiente, la condición de miembros de las Naciones Unidas. Siendo esto así, no deja de extrañar la resignación con que el Consejo de Seguridad, que fue capaz (enero-febrero de 1991) de restablecer la independencia de Kuwait frente a la invasión de Irak, con un despliegue de fuerzas no visto desde la segunda Guerra mundial, asiste al imperio de la ley del más fuerte en un rincón de Europa ya harto machacado por los fuertes de turno a lo largo de siglos. Sería injusto no señalar también la responsabilidad de la Europa comunitaria, en la que parecen revivir los sentimientos de quienes, al desintegrarse el Imperio austro-húngaro, patrocinaron unilateralmente la formación del Estado multinacional ahora extinto y los que lo padecieron. Otra de las repúblicas incorporadas al «Estado» o «Reino de los serbios, croatas y eslovenos», Macedonia, que por su diversidad étnica no quedaba incluida en la denominación, está pendiente de ser reconocida internacionalmente por la oposición de Grecia, que reivindica el nombre para su patrimonio histórico-cultural y pide que se cambie, a lo que se viene oponiendo la república en cuestión.

Otro caso, que afortunadamente evoca más bien un divorcio amigable, de dislocación de un Estado creado en la Conferencia de la

Paz de París, es el de Checoslovaquia, transformada en República federativa Checa y Eslovaca, que ha de dividirse el día 1 de enero de 1993 en dos Estados independientes (Ley federal de 25 de noviembre de 1992).

Por lo dicho se ve cuán profundamente se ha transformado en pocos años el mapa político de Europa.

En el nuevo contexto europeo, todavía fluido e inseguro (pero ¿podía no serlo, tras la conmoción continental sufrida?), una primera tendencia es el acercamiento de las dos Europas tanto tiempo separadas, y en particular el de los Estados del Este a la Comunidad Europea, a la que hasta la *perestroika* se negaban a reconocer. La Comunidad ha firmado importantes tratados (de cooperación con la antigua Unión Soviética el 12 de diciembre de 1989; de asociación con Hungría, Checoslovaquia y Polonia, el 16 de diciembre de 1991). También va produciéndose una paulatina homologación de los regímenes políticos sobre el modelo de la democracia representativa y pluralista. Por de pronto, el desarrollo democrático de sus instituciones ha permitido a Hungría (1990), a la República Federativa Checa y Eslovaca y a Polonia (1991), y por último a Bulgaria (1992), ingresar en el Consejo de Europa.

Especial importancia reviste, por último, la nueva situación europea desde el punto de vista de los asuntos mundiales. Se ha cerrado la era de Yalta y han variado las relaciones de poder entre los Estados. Lo cual mueve a considerar la conveniencia de modificar las instituciones que podemos llamar de Yalta, y adaptarlas al nuevo estado de cosas. Es la cuestión de la formalización de los nuevos equilibrios mundiales. En un primer plano parece requerir la atención la composición del Consejo de Seguridad de las Naciones Unidas, cuyo protagonismo, desde la crisis del Golfo, se ha incrementado, aunque la de Bosnia-Herzegovina registre un retroceso. Se plantea en particular la adscripción de un puesto permanente a nuevos miembros, y en primer término a Alemania y a Japón. También cabe pensar en una ampliación del número de miembros, teniendo en cuenta la incorporación de los nuevos Estados surgidos de la desintegración de la Unión Soviética y de Yugoslavia. A ellos hay que añadir, desde 1984, cuatro Estados exiguos —Liechtenstein en 1990, las islas Marshall y Micronesia en 1991, San Marino en 1992—, y, en 1991, Corea del Norte y Corea del Sur. En cambio, la República Arabe del Yemen (Yemen del Norte) y la República Popular y Democrática del Yemen (Yemen del Sur) se unieron, el 22 de mayo de 1990, formando la República del Yemen. Con todo ello, el número de miembros de las Naciones Unidas al finalizar 1992 es de 179.

En conclusión, estamos ante una Europa fluida, en busca de un nuevo equilibrio, y llena de interrogantes; pero por fortuna, ante una Europa íntegra, la Europa global histórica.

En esta Europa, cabría distinguir tres círculos internos: la Europa norte-occidental y central, la Europa mediterránea y la nueva Europa oriental, con esta cadena de Estados que, en cuanto miembros de la Conferencia sobre la Seguridad y la Cooperación en Europa y herederos de la condición euroasiática de la antigua Unión Soviética, la enlazan con el corazón de Asia. A caballo sobre las dos primeras, la Comunidad Europea busca una unión política, económica y monetaria plasmada en el Tratado de Maastricht de 7 de febrero del año en curso, pero cuya gestación, en el actual entorno mundial, se revela más laboriosa de lo previsto.

Entre tanto, el mercado interior de la Europa comunitaria implicando «un espacio sin fronteras interiores, en el que la libre circulación de mercancías, personas, servicios y capitales estará garantizada», incorporado al Tratado constitutivo de la Comunidad Económica Europea (C.E.E.) por el art. 13 del Acta Unica Europea (17/28 de febrero de 1986), empezará su marcha el 1.º de enero de 1993, salvo (previsiblemente por unos meses) en lo relativo a las personas; y a partir de esta fecha han de dar comienzo las negociaciones para el ingreso en la Comunidad de Austria, Finlandia y Suecia, y otras seguirán con Noruega.

En cuanto al entorno mundial, uno de sus rasgos salientes es la creciente importancia económica y política del sudeste asiático; otro, la dificultad del proceso de paz en Oriente Medio iniciado después de la crisis del Golfo. La situación de anarquía y hambre en Somalia, que por fin ha movido a una intervención humanitaria, emprendida por los Estados Unidos y cubierta por el Consejo de Seguridad, ha venido a recordar, con sus imágenes televisivas de una miseria sin límites, los agobiantes problemas de un amplísimo sector de la humanidad. A todo lo cual se añade la conciencia de que el tremendo deterioro ecológico del planeta se presenta cada vez más nítidamente como la mayor amenaza global. Superada la guerra fría entre los dos bloques opuestos, el «nuevo orden internacional» anunciado a raíz de la crisis del Golfo aparece como condición necesaria para buscar los adecuados remedios de una supervivencia humana digna en un mundo más justo y moralmente solidario, pues ya lo es, quiera o no, de hecho.

(Diciembre de 1992)

ANEXOS

1. LA CONFEDERACION GERMANICA (DER DEUTSCHE BUND)

Fue establecida por los artículos 53 a 64 del Acta del congreso de Viena, que firmaron el 9 de junio de 1815 los plenipotenciarios de Austria, Francia, Inglaterra, Portugal, Prusia, Rusia y Suecia, habiendo dilatado dar su accesión el rey de España hasta el 7 de mayo de 1817. Dichos artículos constitutivos fueron acordados por «los príncipes soberanos y ciudades libres de Alemania, comprendiendo en esta transacción a sus Majestades el emperador de Austria, reyes de Prusia y Dinamarca, y el de los Países Bajos, y señaladamente el emperador de Austria y el rey de Prusia por todas aquellas de sus posesiones que en lo antiguo pertenecieron al Imperio germánico; el rey de Dinamarca, por el ducado de Holstein, [y] el rey de los Países Bajos, por el gran ducado de Luxemburgo».

El objeto de la confederación era «la conservación de la seguridad exterior e interior de la Alemania, de la independencia y de la inviolabilidad de los estados confederados» (art. 54). Basada en el principio de la igualdad de derechos (art. 55), preveía un sistema de voto ponderado, ya por ser individual o colectivo en la dieta federal (donde los Estados más pequeños formaban grupos con un voto único), ya por plural o singular en la Asamblea general (disponiendo los Estados de un número variable de votos según su extensión respectiva)[1].

La composición de la Confederación y de sus dos asambleas (la segunda de las cuales sólo se reunía «cuando hayan de hacerse leyes fundamentales o alteraciones en las leyes fundamentales de la confederación, hayan de tomarse providencias relativas a la acta misma federal, o adoptarse instituciones orgánicas u otros arreglos de interés común») era la siguiente:

[1] En este aspecto, el sistema de votación de la Confederación Germánica es un precedente del adoptado en el de representación y de votación en la Asamblea Parlamentaria y el Consejo dee las Comunidades Europeas, y en el de representación de las asambleas de otras organizaciones europeas occidentales. También se prefigura en ella el fenómeno de la inserción en una misma organización internacional de Estados muy desiguales entre sí, especialmente el de los Estados exíguos o microestados, análogo al que se da en las Naciones Unidas. Es de observar que de aquellos Estados, subsisten hoy como tales Luxemburgo y Liechtenstein.

Votos:	Dieta	Asamblea General
1. · Austria[2] (imperio)	1	4
2. Prusia (reino)	1	4
3. Baviera (reino)	1	4
4. Sajonia (reino)	1	4
5. Hanover (reino)	1	4
6. Würtemberg (reino)	1	4
7. Baden (gran ducado)	1	3
8. Hesse electoral (electorado)	1	3
9. Gran ducado de Hesse	1	3
10. Holstein (ducado)	1	3
11. Luxemburgo (gran ducado)	1	3
12. Brunswick (ducado)[3]	1	2
13. Mecklemburgo-Schwerin (gran ducado)[4]	1	2
14. Nassau (ducado)		2
15. Sajonia-Weimar (gran ducado)[5]		1
16. Sajonia-Gotha (ducado)		1
17. Sajonia-Coburgo (ducado)		1
18. Sajonia-Meiningen (ducado)	1	1
19. Sajonia-Hildburghausen (ducado)		1
20. Mecklemburgo-Strelitz (gran ducado)		1
21. Holstein-Oldenburgo (ducado)		1
22. Anhalt-Dessau (ducado)		1
23. Anhalt-Bernburgo (ducado)		1
24. Anhalt-Koethen (ducado)	1	1
25. Schwarzburgo-Sondershausen (principado)		1
26. Schwarzburgo-Rudolstadt (principado)		1
27. Hohenzollern-Hechingen (principado)		1
28. Liechtenstein (principado)		1
29. Hohenzollern-Sigmaringen (principado)		1
30. Waldeck (principado)		1
31. Reuss, rama primogénita (principado)	1	1
32. Reuss, rama segunda (principado)		1
33. Schaumburgo-Lippe (principado)		1
34. Lippe (principado)		1
35. Lübeck (ciudad libre)		1
36. Francfort (ciudad libre)	1	1
37. Bremen (ciudad libre)		1
38. Hamburgo (ciudad libre)		1
Total de votos	17	69

(De: A. DEL CANTILLO, *Tratados, convenios y declaraciones de paz y de comercio que han hecho con las potencias extranjeras los monarcas españoles de la Casa de Borbón desde el año 1700 hasta el día,* Madrid, 1843, pags. 761-63)[6].

[2] A Austria correspondía la presidencia de la Dieta, en virtud del artículo 57.
[3] Brunswick y Nassau tenían juntos un voto en la Dieta.
[4] Ambos Mecklemburgos tenían juntos un voto en la Dieta.
[5] Las cinco Sajonias tenían juntas un voto en la Dieta.
[6] Hemos alterado en algunos casos la ortografía en los nombres de los Estados. Las indicaciones acerca de su rango y forma de gobierno son nuestras.

2. LOS ESTADOS SOBERANOS DE EUROPA DESPUES DEL CONGRESO DE VIENA[1]

I. Estados monárquicos.

    1. Imperios:

        Austria (*)
        Rusia   } 3
        Turquía (Puerta Otomana)

    2. Reinos:

        Baviera (*)
        Dinamarca
        Dos Sicilias (Nápoles)
        Cerdeña
        España
        Francia
        (Reino Unido de) Gran Bretaña e Irlanda
        Hanover (*)   } 15
        Países Bajos
        Polonia
        (Reino Unido de) Portugal y (de) los dos Algarves
        Prusia (*)
        Sajonia (*)
        Suecia y Noruega
        Würtemberg (*)

[1] Fuente: J. L. KLÜBER, *Droit des gens moderne de l'Europe*, 2 vols., Stuttgart, 1819, primera parte, cap. ii, § 29.

3. Grandes Ducados:

    Baden (*)
    Hesse (*)
    Luxemburgo (*)
    Mecklemburgo-Schwerin (*)   } 7
    Mecklemburgo-Strelitz (*)
    Sajonia-Weimar-[Eisenach] (*)
    Toscana

4. Electorados:

    Hesse electoral   } 1

5. Ducados:

    Anhalt-Bernburgo (*)
    Anhalt-Koethen (*)
    Anhalt-Dessau (*)
    Brunswick (*)
    Holstein-Gluckstadt y Lauenburgo (*)
    Holstein-Oldenburgo (*)
    Luca
    Módena, con Reggio y Mirándula   } 15
    Massa, con el principado de Carrara
    Nassau (*)
    Parma con Plasencia y Guastalla
    Sajonia-Coburgo (*)
    Sajonia-Gotha (*)
    Sajonia-Hildburghausen (*)
    Sajonia-Meiningen (*)

6. Principados:

    Hohenzollern-Hechingen (*)
    Hohenzollern-Sigmaringen (*)
    Liechtenstein (*)
    Lippe-[Detmold] (*)
    Mónaco
    Reuss-Greitz-Schleitz (*)   } 11
    Reuss-Lobenstein-Ebersdorf (*)
    Schaumburgo-Lippe (*)
    Schwarzburgo-Rudolstadt (*)
    Schwarzburgo-Sondershausen (*)
    Waldeck [y Hesse-Homburgo] (*)

7. (Monarquía *sui generis*):

    Estados de la Santa Sede (Estados Pontificios)   } 1

II. Estados republicanos:

Cantones suizos (Confederación Helvética)
Ciudad Libre y Hanseática de Bremen (*)
Ciudad Libre de Cracovia y su territorio
Ciudad Libre de Francfort (*)   7
Ciudad Libre y Hanseática de Hamburgo (*)
Ciudad Libre y Hanseática de Lübeck (*)
San Marino

Los Estados que figuran con un asterisco (*) formaban parte de la Confederación Germánica.

[Ello arroja (contando la Confederación Helvética como un solo Estado) un total de 60 Estados, de los que 38 estaban agrupados en la Confederación Germánica.]

3. LOS ESTADOS AMERICANOS EN 1874

Los Estados americanos existentes en 1874 fueron enumerados y caracterizados como sigue por un tratadista de la época:

Los *Estados Unidos de Norteamérica*, que en 1870 se componían de 37 Estados y nueve territorios (sin los reservados a los indios y sin Alaska, comprada a Rusia en 1867).

México, también república federal con 28 Estados y un territorio.

Centroamérica, que después de haber constituido un Estado federal se dividió, en 1847-48, en cinco repúblicas soberanas: *Guatemala, San Salvador, Honduras, Nicaragua, Costa Rica.*

Nueva Granada o los *Estados Unidos de Colombia*, república fundada en 1831 con los restos de (Gran-) Colombia, y que en 1858 se convirtió en Estado federal (comprendiendo ocho Estados).l

Venezuela, que se hizo independiente de Colombia en 1828.

Ecuador, que también surgió de la disolución de Gran Colombia.

Perú, república soberana.

Bolivia, república soberana gobernada las más de las veces por un dictador.

Chile, república soberana.

Paraguay, república soberana.

La *Federación Argentina*, república federal que comprendía 14 Estados (con inclusión del de Buenos Aires).

Uruguay o *Estado Oriental*, república independiente.

Brasil, imperio constitucional [que se convertiría en 1889 en República de los Estados Unidos del Brasil].

Haití, república soberana.

Santo Domingo, repúblicda soberana (República Dominicana).

[Ello arroja un total de 19 Estados.]

(De las Adiciones de A. OTT a la 2.ª ed. del *Droit des gens moderne de l'Europe* de J. L. KLÜBER, París, 1874.)

4. PARTICIPACION DE LOS DISTINTOS CONTINENTES EN LAS CONFERENCIAS DE LA PAZ DE LA HAYA DE 1899 Y 1907

PRIMERA CONFERENCIA, 1899

Estuvieron representados en esta conferencia:

1. Los veinte Estados europeos de entonces (exceptuados los tres Estados exiguos, Liechtenstein, Mónaco y San Marino): Austria-Hungría, Bélgica, Bulgaria (en cuanto principado tributario de Turquía), Dinamarca, España, Francia, Gran Bretaña e Irlanda, Grecia, Italia, Luxemburgo, Montenegro, Países Bajos, Portugal, el *Reich* alemán, Rumania, Rusia, Serbia, Suecia-Noruega, Suiza y Turquía.

2. Cuatro Estados asiáticos: China, Japón, Persia y Siam.

3. Sólo dos de los Estados americanos: Estados Unidos y México.

SEGUNDA CONFERENCIA, 1907

Estuvieron representados ahora:

1. Los veintiún Estados europeos de entonces, es decir, los anteriormente enumerados, más Noruega, que entre tanto se había independizado de la unión personal con Suecia (1905).

2. Los mismos cuatro Estados asiáticos.

3. Diecinueve de los veintiún Estados americanos de entonces: Argentina, Bolivia, Brasil, Colombia, Cuba, Chile, Ecuador, El Salvador, Estados Unidos, Guatemala, Haití, México, Nicaragua, Panamá, Paraguay, Perú, la República Dominicana, Uruguay y Venezuela. Sólo dejaron de asistir Costa Rica y Honduras.

5. EL MUNDO DE LA SOCIEDAD DE LAS NACIONES

a) *Miembros originarios, firmantes del Tratado de Versalles:*

EUROPA	AMERICA	ASIA	AFRICA	OCEANIA
Imperio Británico[1]	Estados Unidos[1]	Japón[1]	Liberia	Australia[2]
Francia[1]	Bolivia	China	Suráfrica[2]	Nueva Zelanda[2]
Italia[1]	Brasil	Hedjaz[2]		
Bélgica	Canadá[2]	India[2]		
Checoslovaquia	Cuba	Siam		
Grecia	Ecuador			
Polonia	Guatemala			
Portugal	Haití			
Rumania	Honduras			
Yugoslavia[3]	Nicaragua			
	Panamá			
	Perú			
	Uruguay			

b) *Estados invitados a adherirse al Pacto:*

EUROPA	AMERICA
Países Bajos	Argentina
España	Colombia
Noruega	Chile
Dinamarca	El Salvador
Suecia	Paraguay
Suiza	Venezuela

c) *Miembros de la Sociedad en 1926:*

EUROPA	AMERICA	ASIA	AFRICA	OCEANIA
Albania	Argentina	China	Etiopía	Australia[2]
Alemania	Bolivia	India[2]	Liberia	Nueva Zelanda[2]

Austria	Brasil	Japón	Suráfrica[2]
Bélgica	Canadá[2]	Persia (hoy Irán)	
Bulgaria	Colombia	Siam	
Checoslovaquia	Costa Rica	(hoy Tailandia)	
Dinamarca	Cuba		
España	El Salvador		
Estonia	Guatemala		
Finlandia	Haití		
Francia	Honduras		
Grecia	Nicaragua		
Hungría	Panamá		
Imperio Británico	Perú		
Irlanda	Rep. Dominicana		
Italia	Uruguay		
Letonia	Venezuela		
Lituania			
Luxemburgo			
Noruega			
Países Bajos			
Polonia			
Portugal			
Rumania			
Suecia			
Suiza			
Yugoslavia[3]			

Hemos tomado 1926 como año medio. Ingresaron después como nuevos miembros Turquía e Iraq (1932), México (1933), la Unión Soviética, Ecuador y Afganistán (1934). Salieron, en cambio, otros miembros (Brasil, Japón, Alemania, Italia). Los Estados Unidos quedaron al margen desde un principio, por no haber ratificado el tratado de Versalles.

[1] Una de las Principales Potencias aliadas y asociadas, que encabezan la lista de los Estados firmantes (figurando en primer lugar los Estados Unidos de América y el Imperio Británico, seguidos de los otros tres por orden alfabético).

[2] Dominio británico.

[3] Designada como Estado (Reino) de los serbios, croatas y eslovenos, y Yugoslavia a partir de 1929.

6. LOS NUEVOS ESTADOS, 1943-1993

	EUROPA	AMERICA	ASIA	AFRICA	OCEANIA
1943			Líbano Siria		
1946			Filipinas		
1947			Birmania India Pakistán		
1948			Ceilán (Sri Lanka)		
1949			Indonesia Camboya Laos Vietnam		
1951				Libia	
1956				Marruecos Túnez Sudán	
1957			Malasia	Ghana	
1958				Guinea	
1960				Camerún Rep. Centroafricana	

Año					
	Chipre			Congo (Brazzaville) (hoy Congo) Congo (Léopoldville) (hoy Zaire) Chad Dahomey (Benin) Gabón Costa de Marfil Rep. Malgache (Madagascar) Malí Mauritania Níger Senegal Somalia Togo Alto Volta (Burkina Faso) Nigeria	
1961				Sierra Leona Tanganika	
1962		Trinidad y Tobago Jamaica		Argelia Burundi Ruanda (Rwanda) Uganda	Islas Samoa
1963	Malta		Kuwait	Kenya	
1964				Zambia Malawi	
1965		Singapur		Gambia	

	EUROPA	AMERICA	ASIA	AFRICA	OCEANIA
1965					
1966		Barbados Guayana	Maldivas	Botswana Lesotho	
1967			Rep. Dem. y Pop. del Yemen		
1968				Mauricio Swazilandia Guinea Ecuatorial	Nauru
1970					Fidji Tonga
1971			Bahrein Bangladesh Emiratos Arabes Unidos Omán Qatar		
1973		Bahamas			
1974		Granada		Guinea-Bissau[1]	
1975				Mozambique Cabo Verde Comores Sto. Tomé y Príncipe Angola	Papuasia

Año					
1976				Seychelles Transkei[2]	
1977				Djibouti Bofutatswana[2]	
1978		Dominica			Islas Salomón Tuvalu[3]
1979		Santa Lucía San Vicente y las Granadinas		Venda[2]	Kiribati[4]
1980				Zimbabwe	Vanuatu[5]
1981		Belice Antigua y Barbuda		Ciskei[2]	
1983		San Cristóbal y Nieves			
1984			Brunei Darusalam		
1990	Lituania				
1991	Georgia Croacia Eslovenia Estonia Letonia (Rusia)[6] (Ucrania)[7]		Azerbaiyán Kirguistán Uzbekistán Tayikistán Turkmenistán Kazajstán		Islas Marshall Micronesia

EUROPA	AMERICA	ASIA	AFRICA	OCEANIA
(Bielorrusia)[7]				
Moldavia				
Macedonia				
Armenia				
Bosnia-Herzegovina				
1992				
Yugoslavia (Serbia y Montenegro)				
República Checa)[8]				
Eslovaquia[8]				

[1] Su independencia había sido reconocida ya en 1973 por una serie de Estados y la Asamblea General de las Naciones Unidas.
[2] Estado creado por la Unión Surafricana y no reconocido por los demás Estados.
[3] Antiguas Islas Ellice.
[4] Antiguas Islas Gilbert.
[5] Antiguas Islas Nuevas Hébridas.
[6] Ocupa el lugar de la extinguida Unión Soviética en las Naciones Unidas.
[7] Ya tenía el estatuto de Estado miembro de las Naciones Unidas.
[8] Acordada la división de la República Federativa Checa y Eslovaca por la Ley federal de 25 de noviembre, se hizo efectiva el 1 de enero de 1993.

7. LOS ESTADOS Y TERRITORIOS, POR ORDEN DECRECIENTE DE SUPERFICIE (en kilómetros cuadrados) (1992)

1.	Rusia	17.075.400	19.	Perú	1.285.216
2.	Canadá	9.976,139	20.	Chad	1.284.000
3.	China	9.560.779	21.	Níger	1.267.000
4.	Estados Unidos		22.	Angola[2]	1.246.700
	de América	9.363.123	23.	Malí	1.240.142
5.	Brasil	8.511.965	24.	Suráfrica[3]	1.221.037
6.	Australia	7.686.420	25.	Colombia	1.138.914
7.	India	3.287.590	26.	Etiopía[4]	1.104.300
			27.	Bolivia	1.098.581
8.	Argentina	2.776.889	28.	Mauritania	1.030.700
9.	Kazajstán	2.717.300	29.	Egipto	1.001.449
10.	Sudán	2.505.813			
11.	Argelia	2.381.741	30.	Tanzania	945.087
12.	Zaire	2.345.409	31.	Nigeria	923.768
13.	Arabia Saudita	2.149.690	32.	Venezuela	912.050
14.	México	1.972.547	33.	Namibia	823.168
15.	Indonesia[1]	1.904.270	34.	Pakistán	803.943
16.	Libia	1.759.540			
17.	Irán	1.648.000	35.	Mozambique	799.380
18.	Mongolia	1.565.000	36.	Turquía[5]	780.576
			37.	Chile	756.945
			38.	Zambia	752.614

[1] Sin Timor oriental (con 14.874 km^2), cuya anexión, en 1976, no ha sido reconocida internacionalmente.
[2] Incluido el enclave de Cabinda, con 7.270 km^2.
[3] Sin los *homelands* de Transkei, Bofutatswana, Ciskei y Venda, cuya independencia no ha sido reconocida internacionalmente.
[4] Sin incluir ya la antigua región autónoma de Eritrea, que proclamaría su independencia el 24 de mayo de 1993 (superficie actual: 121.144 km^2).
[5] De la superficie global, corresponden a la parte europea 23.623 km^2.

39.	Birmania/Myanmar	676.552
40.	Afganistán	647.497
41.	Somalia	637.657
42.	Rep. Centroafriana	622.984
43.	Ucrania	603.700
44.	Botswana	600.372
45.	Madagascar	587.041
46.	Kenya	582.646
47.	Francia[6]	547.026
48.	Yemen	527.968
49.	Tailandia	514.000
50.	España	504.782
51.	Turkmenistán	488.100
52.	Camerún	475.442
53.	Papúa Nueva Guinea	461.691
54.	Marruecos	458.730
55.	Suecia	449.964
56.	Uzbekistán	447.400
57.	Iraq	438.446
58.	Paraguay	406.752
59.	Zimbabwe	390.622
60.	Japón	372.313
61.	Alemania	356.859
62.	Congo	342.000
63.	Finlandia	337.009
64.	Vietnam	332.556
65.	Malasia	329.749
66.	Noruega	324.219
67.	Costa de Marfil	322.463
68.	Polonia	312.677
69.	Italia	301.225
70.	Filipinas	300.000
71.	Ecuador	283.561
72.	Burkina Faso (ant. Alto Volta)	274.200
73.	Nueva Zelanda	268.676
74.	Gabón	267.667
75.	Sahara Occidental	266.000
76.	Guinea	245.857
77.	Gran Bretaña/ Reino Unido	244.046
78.	Ghana	238.537
79.	Rumania	237.500
80.	Laos	236.800
81.	Uganda	236.036
82.	Guayana	214.969

83.	Omán	212.457
84.	Bielorrusia	207.600
85.	Kirguistán	198.500
86.	Senegal	196.192
87.	Siria	185.180
88.	Camboya	181.035
89.	Uruguay	177.508
90.	Túnez	163.610
91.	Surinam	163.265
92.	Bangladesh	143.998
93.	Tayikistán	143.100
94.	Nepal	140.797
95.	Grecia	131.944
96.	Nicaragua[7]	130.000
97.	Corea del Norte	120.538
98.	Malawi	118.464
99.	Benin (antes, Dahomey)	112.622
100.	Honduras	112.008
101.	Liberia	111.369
102.	Bulgaria	110.912
103.	Cuba	110.861
104.	Guatemala	108.889
105.	Islandia	102.829
106.	Yugoslavia (Serbia y Montenegro)	102.173
107.	Corea del Sur	98.484
108.	Hungría	93.032
109.	Portugal	92.082
110.	Jordania	88.946
111.	Azerbaiyán	86.600
112.	Austria	83.853
113.	Emiratos Árabes Unidos	83.600
114.	República Checa	78.864
115.	Panamá	75.650
116.	Sierra Leona	71.740
117.	Irlanda	70.283
118.	Georgia	69.700
119.	Ceilán/Sri Lanka	65.610
120.	Lituania	65.300
121.	Letonia	64.600
122.	Togo	56.765
123.	Croacia	56.538
124.	Bosnia-Herzegovina	51.129
125.	Costa Rica	50.700
126.	Eslovaquia	49.039
127.	Rep. Dominicana	48.734

[6] Sin los departamentos de ultramar.
[7] Cifra de la O.N.U. Según otras fuentes, 148.000, incluyendo 9.000 de aguas anteriores.

128.	Bhután[8]	47.000		162.	Chipre	9.251
129.	Estonia	45.100		163.	Ciskei	7.740
130.	Bofutatswana			164.	Venda	7.410
	(o Bofuta Tswana)	44.000		165.	Brunei	5.765
131.	Transkei	43.653		166.	Trinidad y Tobago	5.128
132.	Dinamarca[9]	43.075		167.	Cabo Verde	4.033
133.	Países Bajos	41.861		168.	Samoa Occidental	2.842
134.	Suiza	41.293		169.	Luxemburgo	2.586
135.	Taiwán (Formosa)	36.182		170.	Mauricio	2.045
136.	Guinea-Bissau	36.125		171.	Comores[10]	1.797
137.	Moldavia (Moldova)	33.700		172.	Santo Tomé	
138.	Bélgica	30.513			y Príncipe	1.001
139.	Lesotho	30.355		173.	Kiribati	886
140.	Armenia	29.800		174.	Dominica	751
141.	Albania	28.748		175.	Tonga	748
142.	Islas Salomón	28.466		176.	Micronesia	729
143.	Guinea Ecuatorial	28.051		177.	Bahrein	690
144.	Burundi	27.834		178.	Singapur	622
145.	Haití	27.750		179.	Santa Lucía	616
146.	Ruanda (Rwanda)	26.338		180.	Seychelles[11]	454
147.	Macedonia	25.713		181.	Andorra	453
148.	Djibuti (Djibouti)	23.200		182.	Antigua y Barbuda	442
149.	Belice	22.962		183.	Barbados	431
150.	El Salvador	21.041		184.	San Vicente y las	
151.	Israel	20.770			Granadinas	388
152.	Eslovenia	20.252		185.	Granada	344
153.	Fidji	18.272		186.	Malta	315
154.	Kuwait	17.818		187.	Maldivas	298
155.	Swazilandia			188.	San Cristóbal y Nieves	
	(Ngwame)	17.363			(St. Kitts and Nevis)	262
156.	Bahamas	13.935		189.	Islas Marshall	181
157.	Vanuatu	12.189		190.	Liechtenstein	160
158.	Qatar	11.437		191.	San Marino	60
159.	Gambia	11.295		192.	Tuvalu	24
160.	Jamaica	10.991		193.	Nauru	21
161.	Líbano	10.400		194.	Mónaco	2

[8] Protectorado de la Unión India.
[9] No se incluyen las islas Feroe ni Groenlandia.
[10] Sin Mayotte, cuyo electorado no apoyó la independencia.
[11] Incluyendo las islas de coral exteriores.

8. LOS ESTADOS Y TERRITORIOS, POR ORDEN DECRECIENTE DE POBLACIÓN (y densidad por km²) (1992)

1.	China	1.165.888.000 (12,8)
2.	India	889.700.000 (281,1)
3.	Estados Unidos de América	255.414.000 (26,8)
4.	Indonesia [1]	184.048.000 (96,3)
5.	Brasil	151.381.000 (17,9)
6.	Rusia	149.469.000 (8,8)
7.	Pakistán	130.129.000 (147,9)
8.	Japón	124.310.000 (328,3)
9.	Bangladesh	110.602.000 (768,1)
10.	Nigeria	89.666.000 (97,1)
11.	México	84.439.000 (43,1)
12.	Alemania	80.293.000 (224,9)
13.	Vietnam	69.052.000 (208,6)
14.	Filipinas	63.609.000 (212,0)
15.	Irán	59.570.000 (36,4)
16.	Turquía	58.584.000 (75,2)
17.	Gran Bretaña/Reino Unido	57.561.000 (235,8)
18.	Francia [2]	57.289.000 (105,3)
19.	Italia	57.103.000 (189,7)
20.	Tailandia	56.801.000 (110,7)
21.	Egipto	55.979.000 (56,1)
22.	Ucrania	52.135.000 (86,4)
23.	Etiopía [3]	50.300.000 (45,5)
24.	Corea del Sur	43.660.000 (439,9)
25.	Birmania/Myanmar	43.466.000 (64,2)
26.	Zaire	41.151.000 (17,6)
27.	España	39.085.000 (77,4)
28.	Polonia	38.429.000 (122,9)
29.	Colombia	33.392.000 (29,2)
30.	Argentina	33.070.000 (11,9)
31.	Suráfrica [4]	32.063.000 (28,5)
32.	Sudán	29.971.000 (12,0)
33.	Canadá	27.737.000 (2,8)
34.	Kenya	26.985.000 (46,3)
35.	Argelia	26.401.000 (11,1)
36.	Marruecos	26.239.000 (57,2)
37.	Tanzania	25.809.000 (29,2)
38.	Rumania	23.332.000 (98,2)
39.	Perú	22.454.000 (17,5)
40.	Corea del Norte	22.227.000 (181,1)
41.	Uzbekistán	21.363.000 (47,7)
42.	Taiwán (Formosa)	20.727.000 (572,9)
43.	Venezuela	20.184.000 (22,1)

[1] Sin Timor oriental (con 748.000 habitantes), cuya anexión, en 1976, no ha sido reconocida internacionalmente.
[2] Sin los departamentos de ultramar.
[3] Sin incluir ya la antigua región autónoma de Eritrea, que proclamaría su independencia el 24 de mayo de 1993 (población actual, 3.500.000; densidad, 29,7 por km²).
[4] Sin los *homelands* de Transkei, Botutatswana, Ciskei y Venda, cuya independencia no ha sido reconocida internacionalmente.

44.	Nepal	19.795.000 (134,5)		71.	Zimbabwe	9.871.000 (25,3)
45.	Iraq	18.838.000 (43,3)		72.	Portugal	9.844.000 (106,5)
46.	Malasia	18.630.000 (56,4)		73.	Burkina Faso (ant. Alto Volta)	9.515.000 (34,7)
47.	Afganistán	18.052.000 (27,7)		74.	Malawi	9.484.000 (80,0)
48.	Australia	17.562.000 (2,3)		75.	Guatemala	9.442.000 (86,7)
49.	Ceilán/Sri Lanka	17.464.000 (266,2)		76.	Bulgaria	8.985.000 (81,0)
50.	Uganda	17.194.000 (86,4)		77.	Camboya	8.974.000 (50,9)
51.	Kazajstán	17.008.000 (6,3)		78.	Suecia	8.673.000 (19,3)
52.	Arabia Saudita	15.267.000 (6,8)		79.	Malí	8.464.000 (6,8)
53.	Ghana	15.237.000 (63,9)		80.	Túnez	8.413.000 (54,5)
54.	Países Bajos	15.163.000 (362,2)		81.	Zambia	8.303.000 (11,0)
55.	Mozambique	14.842.000 (18,6)		82.	Níger	8.281.000 (7,0)
56.	Chile	13.599.000 (18,0)		83.	Somalia	7.872.000 (12,4)
57.	Siria	12.958.000 (69,9)		84.	Austria	7.857.000 (93,7)
58.	Costa de Marfil	12.951.000 (40,4)		85.	Bolivia	7.739.000 (7,0)
59.	Madagascar	12.804.000 (21,8)		86.	Senegal	7.691.000 (39,1)
60.	Camerún	12.662.000 (27,3)		87.	Rep. Dominicana	7.471.000 (154,2)
61.	Yemen	12.147.000 (22,8)		88.	Ruanda (Rwanda)	7.347.000 (279,0)
62.	Cuba	10.848.000 (97,9)		89.	Azerbaiyán	7.237.000 (83,6)
63.	Angola[5]	10.609.000 (8,5)		90.	Guinea	7.232.000 (29,4)
64.	Ecuador	10.607.000 (39,2)		91.	Suiza	6.911.000 (167,4)
65.	Yugoslavia (Serbia y Montenegro)	10.394.000 (101,7)		92.	Haití	6.764.000 (244,2)
66.	República Checa	10.362.000 (131,0)		93.	Chad	5.961.000 (4,6)
67.	Bielorrusia	10.321.000 (49,7)		94.	Burundi	5.657.000 (203,4)
68.	Hungría	10.303.000 (110,7)		95.	Tadyikistán	5.568.000 (38,4)
69.	Grecia	10.288.000 (78,0)		96.	Georgia	5.482.000 (78,7)
70.	Bélgica	10.021.000 (328,3)		97.	El Salvador	5.460.000 (259,5)
				98.	Eslovaquia	5.275.000 (107,9)
				99.	Israel	5.239.000 (253,1)

5 Incluido el enclave de Cabinda.

100.	Dinamarca[6]	5.167.000 (119,9)
101.	Finlandia	5.033.000 (16,5)
102.	Honduras	4.996.000 (44,5)
103.	Benin (ant. Dahomey)	4.928.000 (43,8)
104.	Croacia	4.808.000 (85,0)
105.	Kirguistán	4.533.000 (22,8)
106.	Paraguay	4.519.000 (11,1)
107.	Libia	4.447.000 (2,5)
108.	Laos	4.409.000 (18,6)
109.	Bosnia-Herzegovina	4.397.000 (86,0)
110.	Moldavia (Moldova)	4.394.000 (130,4)
111.	Sierra Leona	4.373.000 (61,0)
112.	Noruega	4.283.000 (13,2)
113.	Nicaragua	4.131.000 (31,6)
114.	Turkmenistán	3.859.000 (7,9)
115.	Papúa-Nueva Guinea	3.834.000 (8,3)
116.	Lituania	3.802.000 (58,2)
117.	Togo	3.701.000 (65,2)
118.	Jordania	3.636.000 (40,9)
119.	Irlanda	3.519.000 (50,1)
120.	Nueva Zelanda	3.481.000 (12,9)
121.	Armenia	3.426.000 (115,0)
122.	Albania	3.357.000 (116,8)
123.	Costa Rica	3.161.000 (61,9)
124.	Uruguay	3.130.000 (17,9)
125.	Transkei	3.000.000 (—)
126.	Rep. Centroafricana	2.930.000 (4,7)
127.	Líbano	2.803.000 (274,0)
128.	Singapur	2.792.000 (4.448,7)
129.	Liberia	2.780.000 (28,1)
130.	Congo	2.692.000 (7,9)
131.	Letonia	2.685.000 (41,6)
132.	Panamá	2.515.000 (33,3)
133.	Bofutatswana (o Bofuta Tswana)	2.457.000 (—)
134.	Jamaica	2.445.000 (222,5)
135.	Mongolia	2.182.000 (1,4)
136.	Mauritania	2.108.000 (2,0)
137.	Macedonia	2.050.000 (79,7)
138.	Emiratos Arabes Unidos	1.989.000 (25,6)
139.	Eslovenia	1.985.000 (98,0)
140.	Lesotho	1.854.000 (61,1)
141.	Omán	1.640.000 (5,4)
142.	Estonia	1.592.000 (35,2)
143.	Namibia	1.512.000 (1,7)
144.	Bhután[7]	1.511.000 (32,1)
145.	Botswana	1.359.000 (2,3)
146.	Trinidad y Tobago	1.261.000 (245,9)
147.	Gabón	1.253.000 (4,7)
148.	Kuwait	1.190.000 (66,8)
149.	Mauricio	1.081.000 (529,7)
150.	Ciskei	1.073.000 (—)
151.	Guinea-Bissau	1.015.000 (28,1)
152.	Gambia	921.000 (86,2)
153.	Swazilandia (Ngwame)	826.000 (47,6)
154.	Guayana	802.000 (4,0)
155.	Chipre	756.000 (81,7)
156.	Fidji	748.000 (40,9)

[6] No se incluyen las islas Feroe ni Groenlandia.
[7] Protectorado de la Unión India.

157.	Djibouti (Djibouti)	557.000 (24,0)
158.	Bahrein	531.000 (766,9)
159.	Qatar	520.000 (45,5)
160.	Comores[8]	497.000 (266,9)
161.	Surinam	404.000 (2,5)
162.	Luxemburgo	387.000 (149,6)
163.	Guinea Ecuatorial	367.000 (13,1)
164.	Malta	360.000 (1.139,2)
165.	Cabo Verde	346.000 (85,8)
166.	Islas Salomón	339.000 (11,9)
167.	Venda	269.000 —
168.	Brunei	268.000 (46,5)
169.	Bahamas	264.000 (18,9)
170.	Islandia	261.000 (3,3)
171.	Barbados	259.000 (602,3)
172.	Maldivas	230.000 (771,8)
173.	Sahara occidental	197.000 (0,8)
174.	Belice	196.000 (8,5)
175.	Samoa Occidental	160.000 (56,5)
176.	Vanuatu	154.000 (12,6)

177.	Santa Lucía	135.000 (218,8)
178.	Santo Tomé y Príncipe	126.000 (125,4)
179.	Micronesia	114.000 (162,5)
180.	San Vicente y las Granadinas	109.000 (280,0)
181.	Tonga	97.300 (124,7)
182.	Granada	90.900 (261,2)
183.	Kiribati	74.700 (92,1)
184.	Dominica	71.500 (95,3)
185.	Seychelles	71.000 (156,7)
186.	Antigua y Barbuda	64.000 (144,9)
187.	Andorra	57.000 (122,0)
188.	Islas Marshall	50.000 (275,8)
189.	San Cristóbal y Nieves (St. Kitts and Nevis)	43.100 (160,0)
190.	Mónaco	29.900 (15.321,0)
191.	Liechtenstein	29.600 (185,2)
192.	San Marino	23.600 (385,7)
193.	Tuvalú	9.500 (396,5)
194.	Nauru	9.350 (439)

[8] Sin Mayotte, cuyo electorado no apoyó la independencia.

9. LOS ESTADOS Y TERRITORIOS, POR ORDEN DECRECIENTE DE PRODUCTO NACIONAL BRUTO (1992)[1]
(en millones de dólares estadounidenses)

1.	Estados Unidos de América	5.904.822
2.	Japón	3.504.841
3.	Alemania	1.846.064
4.	Francia	1.278.652
5.	Italia	1.186.568
6.	Reino Unido	1.024.769
7.	Canadá	565.787
8.	España	547.947
9.	China	442.346
10.	Brasil	425.412
11.	Rusia	397.786
12.	Países Bajos	312.340
13.	Australia	299.323
14.	Corea del Sur	296.349
15.	México	294.831
16.	India	271.638
17.	Suiza	248.688
18.	Suecia	233.209
19.	Bélgica	209.594
20.	Argentina	200.282
21.	Austria	174.767
22.	Taiwán (1992)	160.897
23.	Dinamarca	133.941
24.	Irán	130.910
25.	Arabia Saudita	126.355
26.	Indonesia	122.825
27.	Finlandia	116.309
28.	Turquía	114.214
29.	Noruega	110.465
30.	Tailandia	106.559
31.	Suráfrica	106.019
32.	Ucrania	87.025
33.	Polonia	75.268
34.	Grecia	75.106
35.	Portugal	73.336
36.	Israel	67.658
37.	Venezuela	58.901
38.	Malasia	51.917
39.	Pakistán	49.477
40.	Filipinas	49.467
41.	Argelia	48.326

[1] Los datos relativos a 1992 proceden del atlas del Banco Mundial de 1994. Se refieren ya a la Alemania reunificada y a las Repúblicas Checa y Eslovaca separadas, así como a las Repúblias surgidas de la extinción de la Unión Soviética. Las cifras dadas para éstas tienen, según se indica, un carácter preliminar y quedan sujetas a revisión. En cambio, no han podido recogerse todavía las que conciernen a las Repúblicas a que ha dado lugar la descomposición de la antigua Yugoslavia, salvo en el caso de Eslovenia.

42.	Colombia	44.555
43.	Singapur	44.315
44.	Irlanda	42.798
45.	Nueva Zelanda	41.186
46.	Kuwait (1990)	37.089
47.	Emiratos Arabes Unidos	37.068
48.	Chile	37.064
49.	Iraq (1990)	35.000
50.	Egipto	34.514
51.	Nigeria	32.944
52.	Hungría	30.671
53.	Bielorrusia	30.127
54.	Kazajstán	28.584
55.	Marruecos	27.700
56.	República Checa	25.313
57.	Rumania	24.865
58.	Bangladesh	24.672
59.	Libia	23.333
60.	Perú	21.272
61.	Corea del Norte (1989)	21.000
62.	Cuba (1990)	20.900
63.	Uzbekistán	18.377
64.	Birmania/Myanmar (1989-90)	16.330
65.	Túnez	14.615
66.	Siria	14.607
67.	Vietnam (1990)	14.200
68.	Luxemburgo	13.716
69.	Eslovenia	12.744
70.	Ecuador	11.843
71.	Omán	10.683
72.	Uruguay	10.444
73.	Eslovaquia	10.249
74.	Sudán (1988)	10.094
75.	Camerún	10.003
76.	Guatemala	9.568
77.	Sri Lanka	9.459
78.	Costa de Marfil	8.655
79.	Qatar	8.511
80.	Kenya	8.453
81.	Zaire (1990)	8.117
82.	Rep. Dominicana	7.611
83.	Chipre	7.070
84.	Ghana	7.066

85.	Yemen	6.746
86.	Azerbaiyán	6.290
87.	El Salvador	6.283
88.	Costa Rica	6.261
89.	Etiopía[2]	6.206
90.	Islandia	6.177
91.	Panamá	6.133
92.	Senegal	6.124
93.	Paraguay	6.038
94.	Angoila (1989)	5.996
95.	Zimbabwe	5.896
96.	Moldavia (Moldava)	5.485
97.	Gabón	5.341
98.	Bolivia	5.084
99.	Letonia	5.080
100.	Trinidad y Tobago	4.995
101.	Lituania	4.922
102.	Turkmenistán	4.895
103.	Georgia	4.659
104.	Jordania[3]	4.406
105.	Estonia	4.292
106.	Albania (1990)	4.100
107.	Papúa Nueva Guinea	3.846
108.	Botswana	3.797
109.	Bahrein	3.690
110.	Kirguistán	3.667
111.	Brunei (1989)	3.302
112.	Nepal	3.285
114.	Jamaica	3.216
115.	Bahamas	3.161
116.	Honduras	3.142
117.	Guinea	3.103
118.	Afganistán (1988)	3.100
119.	Uganda	2.949
120.	Mauricio	2.945
121.	Burkina Faso	2.908
122.	Madagascar	2.797
123.	Malí	2.730
124.	Tadjikistán	2.723
125.	Armenia	2.719
126.	Malta	2.606
127.	Zambia	2.580
128.	Tanzania[4]	2.561
129.	Congo	2.502
130.	Haití	2.479
131.	Níger	2.466
132.	Benin	2.058

[2] Incluye todavía los datos relativos a Eritrea, hoy independiente.
[3] Cifra relativa sólo a la orilla oriental del Jordán.
[4] Cifra relativa sólo a la parte continental de Tanzania.

133.	Namibia	2.052
134.	Malawi	1.896
135.	Ruanda (Rwanda)	1.813
136.	Líbano (1985)	1.800
137.	Bofutatswana (1984)	1.736
138.	Surinam	1.728
139.	Barbados	1.693
140.	Togo	1.575
141.	Fidji	1.510
142.	Transkei (1984)	1.471
143.	Mongolia (1988)	1.352
144.	Nicaragua	1.325
145.	Rep. Centroafricana	1.307
146.	Chad	1.261
147.	Burundi	1.193
148.	Mauritania	1.109
149.	Laos	1.104
150.	Lesotho	1.090
151.	Mozambique	1.034
152.	Liberia (1987)	1.030
153.	Somalia (1990)	946
154.	Swazilandia	930
155.	Camboya (1989)	890
156.	Andorra (1990)	727
157.	Sierra Leona	726
158.	Liechtenstein (1987)	580
159.	Santa Lucía	453
160.	Belice	442

161.	Antigua y Barbuda	395
162.	San Marino (1990)	393
163.	Seychelles	378
164.	Ciskei (1985)	377
165.	Gambia	367
166.	Cabo Verde	330
167.	Guayana	268
168.	Bután	263
169.	Comores	262
170.	Islas Salomón	237
171.	Guinea-Bissau	217
172.	San Vicente y las Granadinas	217
173.	Granada	210
174.	Venda (1984)	201
175.	Djibuti (Djibouti) (1986)	196
176.	Vanuatu	189
177.	Dominica	181
178.	San Cristóbal y Nieves	181
179.	Guinea Ecuatorial	146
180.	Samoa Occidental	143
181.	Tonga	136
182.	Maldivas	114
183.	Micronesia (1989)	99
184.	Nauru (1989)	90
185.	Islas Marshall (1989)	63
186.	Kiribati	52
187.	S. Tomé y Príncipe	44
188.	Tuvalu (1989)	4,6

10. LOS ESTADOS Y TERRITORIOS, POR ORDEN DECRECIENTE DE PRODUCTO NACIONAL BRUTO «PER CAPITA» (1992)[1]
(en dólares estadounidenses)

1.	Suiza	36.230	23. Qatar	16.240
2.	Luxemburgo	35.260	24. Kuwait (1990)	16.160
3.	Japón	28.220	25. Singapur	15.750
4.	Bermudas (1990)	27.690	26. España	14.020
5.	Suecia	26.780		
6.	Dinamarca	25.930	27. Andorra (1990)	13.550
7.	Noruega	25.800	28. Brunei (1989)	13.380
8.	Islandia	23.670	29. Israel	13.230
9.	Estados Unidos de América	23.120	30. Irlanda	12.100
10.	Alemania	23.030	31. Nueva Zelanda	12.060
11.	Finlandia	22.980	32. Bahamas	12.020
12.	Francia	22.300	33. Nauru (1989)	10.000
13.	Emiratos Arabes Unidos	22.220	34. Chipre	9.820
14.	Austria	22.110	35. Arabia Saudita	7.940
15.	Liechtenstein (1982)	21.000	36. Taiwán (1990)	7.930
16.	Bélgica	20.880	37. Portugal	7.450
17.	Países Bajos	20.590	38. Malta (1991)	7.300
18.	Italia	20.510	39. Grecia	7.180
19.	Canadá	20.320	40. Bahrein (1991)	7.150
20.	Reino Unido	17.760	41. Corea del Sur	6.790
21.	Australia	17.070	42. Barbados	6.530
22.	San Marino (1990)	17.000	43. Omán	6.490

[1] Los datos relativos a 1991 y 1992 proceden del atlas del Banco Mundial de 1994. Se refieren ya a la Alemania reunificada y a las Repúblicas Checa y Eslovaca separadas, así como a las Repúblicas surgidas de la extinción de la Unión Soviética. Las cifras dadas para éstas tienen, según se indica, un carácter preliminar y quedan sujetas a revisión. En cambio, no han podido recogerse todavía las que conciernen a las Repúblicas a que ha dado lugar la descomposición de la antigua Yugoslavia, salvo en el caso de Eslovenia.

44.	Eslovenia	6.330	92.	Bulgaria	1.330
45.	Argentina	6.050	93.	Lituania	1.310
46.	Seychelles	5.480	94.	Colombia	1.290
47.	Libia (1989)	5.310	95.	Albania (1990)	1.280
			96.	Turkmenistán	1.270
48.	Antigua y Barbuda	4.870	97.	Moldavia (Moldova)	1.260
49.	Gabón	4.450	98.	Vanuatu	1.220
			99.	El Salvador	1.170
50.	S. Cristóbal y Nieves	3.990	100.	Siria (1991)	1.170
51.	Trinidad y Tobago	3.940	101.	Jordania[2]	1.120
52.	Surinam	3.700	102.	Rumania	1.090
53.	México	3.470	103.	Swazilandia	1.080
54.	Uruguay	3.340	104.	Ecuador	1.070
55.	Hungría	3.010	105.	Marruecos	1.040
56.	Bielorrusia	2.910	106.	Rep. Dominicana	1.040
57.	Santa Lucía	2.900	107.	Congo	1.030
58.	Venezuela	2.900			
59.	Botswana	2.790	108.	Guatemala	980
60.	Malasia	2.790	109.	Micronesia (1989)	980
61.	Brasil	2.770	110.	Bofutatswana (1984)	950
62.	Estonia	2.750	111.	Papúa Nueva Guinea	950
63.	Chile	2.730	112.	Perú	950
64.	Mauricio	2.700	113.	Samoa Occidental	940
65.	Rusia	2.680	114.	Corea del Norte (1989)	900
66.	Suráfria	2.670	115.	Azerbaiyán	870
67.	Dominica	2.520	116.	Uzbekistán	860
68.	Panamá	2.440	117.	Cabo Verde	850
69.	República Checa	2.440	118.	Georgia	850
70.	Granada	2.310	119.	Camerún	820
71.	Belice	2.210	120.	Kirguistán	810
72.	Irán	2.190	121.	Armenia	780
73.	Fidji	2.010	122.	Senegal	780
74.	Costa Rica	2.000	123.	Filipinas	770
75.	Cuba (1990)	2.000	124.	Islas Salomón	710
			125.	Kiribati	700
76.	San Vicente y las		126.	Líbano (1985)	690
	Granadinas	1.990	127.	Bolivia	680
77.	Polonia	1.960	128.	Costa de Marfil	670
78.	Turquía	1.950	129.	Indonesia	670
79.	Iraq (1989)	1.940	130.	Mongolia (1988)	660
80.	Letonia	1.930	131.	Egipto	630
81.	Eslovaquia	1.920	132.	Angola (1989)	620
82.	Tailandia	1.840	133.	Lesotho	590
83.	Argelia	1.830	134.	Honduras	580
84.	Túnez	1.740	135.	Zimbabwe	570
85.	Kazajstán	1.680	136.	Sri Lanka	540
86.	Ucrania	1.670	137.	Mauritania	530
87.	Namibia	1.610	138.	Tuvalu (1989)	530
88.	Islas Marshall (1989)	1.500	139.	Yemen (1991)	520
89.	Tonga	1.350	140.	Comores	510
90.	Jamaica	1.340	141.	Guinea	510
91.	Paraguay	1.340	142.	Maldivas	500

[2] Cifra relativa sólo a la orilla oriental del Jordán.

143.	Ciskei (1985)	490		165.	Malí	300
144.	Venda (1984)	490		166.	Níger	300
145.	Transkei (1984)	470		167.	Burkina Faso	290
146.	Ghana	450		168.	Zambia	290
147.	Liberia (1987)	440		169.	Laos	250
148.	Djibuti (Djibouti) (1986)	430		170.	Ruanda (Rwanda)	250
				171.	Madagascar	230
149.	Sudán (1988)	420		172.	Zaire (1990)	230
150.	Benin	410		173.	Afganistán (1988)	220
151.	Nicaragua	410		174.	Bangladesh	220
152.	Pakistán	410		175.	Chad	220
153.	Rep. Centroafricana	410		176.	Burundi	210
154.	Birmania/Myanmar (1989-90)	400		177.	Guinea-Bissau	210
				178.	Malawi	210
155.	Togo	400		179.	Vietnam (1989)	210
156.	Gambia	390		180.	Camboya (1991)	200
157.	China	380		181.	Bhután	180
158.	Haití (1981)	380		182.	Nepal	170
159.	Santo Tomé y Príncipe	370		183.	Sierra Leona	170
160.	Guayana	330		184.	Uganda	170
161.	Guinea Ecuatorial	330		185.	Somalia (1990)	150
162.	Kenya	330		186.	Etiopía[3]	110
163.	Nigeria	320		187.	Tanzania[4]	110
164.	India	310		188.	Mozambique	60

[3] Incluye todavía los datos relativos a Eritrea, hoy independiente.
[4] Cifra relativa sólo a la parte continental de Tanzania.

11. EL MUNDO DE LA O.N.U., 1945-1993

Miembros originarios

	EUROPA	AMERICA	ASIA	AFRICA	OCEANIA
1945	Bélgica (27-12)	Argentina (24-10)	Arabia Saudita (24-10)	Egipto[3] (24-10)	Australia (1-11)
	Bielorrusia (24-10)	Bolivia (14-11)	China (24-10)	Etiopía (13-11)	Nueva Zelanda (24-10)
	Checoslovaquia (24-10)	Brasil (24-10)	Filipinas (24-10)	Liberia (2-11)	
	Dinamarca (24-10)	Canadá (9-11)	India (30-10)	Suráfrica (7-11)	
	Francia (24-10)	Colombia (5-11)	Iraq (21-12)		
	Grecia (25-10)	Costa Rica (2-11)	Irán[1] (24-10)		
	Luxemburgo (24-10)	Cuba (24-10)	Líbano (24-10)		
	Noruega (27-11)	Chile (24-10)	Siria[2] (24-10)		
	Países Bajos (10-12)	Ecuador (21-12)			
	Polonia (24-10)	El Salvador (24-10)			
	Reino Unido (24-10)	Estados Unidos (24-10)			
	Turquía (24-10)	Guatemala (21-11)			
	Ucrania (24-10)	Haití (24-10)			
	U.R.S.S. (24-10)	Honduras (17-12)			
	Yugoslavia (24-10)	México (7-11)			
		Nicaragua (24-10)			
		Panamá (13-11)			
		Paraguay (24-10)			
		Perú (31-10)			
		Rep. Dominicana (24-10)			
		Uruguay (18-12)			
		Venezuela (15-11)			

[1] Antes, Persia. Hoy, República Islámica de Irán.
[2] Hoy, República Árabe Siria.
[3] Luego, República Árabe Unida; hoy, República Árabe Egipcia.

Miembros ingresados posteriormente

1946	Islandia (19-11) Suecia (19-11)	Afganistán (19-11) Tailandia (16-12)[4]	
1947		Pakistán (30-9) Yemen[5] (30-9)	
1948		Birmania (Mianmar) (19-4)	
1949		Israel (11-5)	
1950		Indonesia (28-9)	
1955	Albania (14-12) Austria (14-12) Bulgaria (14-12) España (14-12) Finlandia (14-12) Hungría (14-12) Irlanda (14-12) Italia (14-12) Portugal (14-12) Rumania (14-12)	Camboya[6] (14-12) Jordania (14-12) Laos (14-12) Nepal (14-12) Sri-Lanka[7] (14-12)	Libia[8] (14-12)
1956		Japón (18-12)	Marruecos (12-11) Sudán (12-11) Túnez (12-11)

[4] Antes, Siam.
[5] República del Yemen.
[6] República Khmer, Kampuchea Democrática.
[7] Antes, Ceilán.
[8] República Arabe Libia (Jamahiriya Arabe Libia).

	EUROPA	AMERICA	ASIA	AFRICA	OCEANIA
1957			Malasia (17-9)	Ghana (8-3)	
1958				Guinea (12-12)	
1960	Chipre (20-9)			Alto Volta (Burkina Faso) (20-9) Camerún (20-9) Congo-Brazzaville[9] (20-9) Congo-Léopoldville[10] (20-9) Costa de Marfil (20-9) Chad (20-9) Dahomey[11] (20-9) Gabón (20-9) Rep. Malgache (20-9) Níger (20-9) Rep. Centroafricana (20-9) Somalia (20-9) Togo (20-9) Mali (28-9) Senegal (28-9) Nigeria (28-9)	
1961			Mongolia (27-10)	Sierra Leona (17-9) Mauritania (27-10) Tangañika[12] (14-12)	
1962		Jamaica (18-9) Trinidad y Tobago (18-9)		Burundi (18-9) Ruanda (Rwanda) (18-9) Argelia (8-10) Uganda (25-10)	

[9] Hoy, República Popular del Congo.
[10] Luego, Congo-Kinshasa, y República Democrática del Congo, hoy Zaïre.
[11] Hoy, Benín.
[12] Se fusionó con Zanzíbar en 1964, convirtiéndose la unión en Tanzania.

1963			Kuwait (14-5)	Kenya (16-12) / Zanzíbar[13] (16-12)
1964	Malta (1-12)			Malawi (1-12) / Tanzania[14] (1-12) / Zambia (1-12)
1965			Islas Maldivas (21-9) / Singapur (21-9)	Gambia (21-9)
1966		Guayana (20-9) / Barbados (9-12)		Botswana (17-10) / Lesotho (17-10)
1967			Rep. Democr. y Pop. del Yemen (30-9)	
1968				Mauricio (24-4) / Swazilandia[15] (24-7) / Guinea Ecuatorial (12-11)
1970				Islas Fidji (13-10)
1971			Bahrein (21-9) / Bhután (21-9) / Qatar (21-9) / Omán (7-10) / Emiratos Árabes Unidos (9-10)	
1973	Rep. Democrática Alemana (18-9) / Rep. Federal de Alemania (18-9)	Bahamas (18-9)		

[13] Se fusionó con Tanganika en 1964, convirtiéndose la unión en Tanzania.
[14] Unión de Tanganika y Zanzíbar, realizada en 1964.
[15] Hoy, Ngwane.

	EUROPA	AMERICA	ASIA	AFRICA	OCEANIA
1974		Granada (17-9)	Bangladesh (17-9)	Guinea-Bissau (17-9)	
1975		Surinam (4-12)		Cabo Verde (16-9) Mozambique (16-9) Santo Tomé y Príncipe (16-9) Comores (12-19)	Papuasia (10-10)
1976				Seychelles (21-9) Angola (1-12)	Samoa (15-12)
1977			Vietnam (20-9)		
1978		Dominica (18-12)		Djibuti (30-9)	Islas Salomón (19-9)
1979		Santa Lucía (12-9)			
1980		San Vicente y las Granadinas (16-9)		Zimbabwe (25-8)	
1981		Belice (25-9) Antigua y Barbuda (11-11)			Vanuatu (15-9)
1983		San Cristóbal y Nieves (23-9)			
1984			Brunei (21-9)		
1990	Liechtenstein (18-9)		Yemen (22-5)	Namibia (23-4)	

Islas Marshall (17-9)
Micronesia (17-9)

Corea del Norte (17-9)[16]
Corea del Sur (17-9)[17]

Eritrea (28-5)

1991
Estonia (17-9)
Letonia (17-9)
Lituania (17-9)

1992
Armenia (2-3)
Azerbaiyán (2-3)
Moldavia (2-3)
San Marino (2-3)
Eslovenia (22-5)
Croacia (22-5)
Bosnia-Herzegovina (22-5)
Georgia (31-7)

Kazajstán (23)
Kirguistán (2-3)
Uzbekistán (2-3)
Tajikistán (2-3)
Turkmenistán (2-3)

1993
República Checa (19-1)
Eslovaquia (19-1)
Mónaco (28-5)
Andorra (28-7)

[16] República Democrática Popular de Corea.
[17] República de Corea.

12. ESTADOS QUE PARTICIPARON EN LA CONFERENCIA DE BANDUNG (18-24 de abril de 1955)

ASIA	AFRICA
Afganistán	Costa de Oro (fut. Ghana)
Arabia Saudita	Egipto
Birmania (*)	Etiopía
Camboya	Libia
Ceilán (*)	Sudán
China	
Filipinas	
India (*)	
Indonesia (*)	
Iraq	
Irán	
Japón	
Jordania	
Laos	
Líbano	
Nepal	
Pakistán (*)	
Siria	
Tailandia	
Turquía[1]	
Vietnam del Norte	
Vietnam del Sur	
Yemen	

De los veinticinco Estados invitados, sólo la Federación de Africa Central (compuesta por las dos Rhodesias y Niasalandia) se recusó, por no ignorar que su política racial sería objeto de duras críticas. Las invitaciones se cursaron por los cinco países señalados con un asterisco, que en la conferencia de Colombo (5 de abril-2 de mayo de 1954) habían tratado de acelerar la conclusión de la paz en Indonesia y que, más allá de este objetivo, habían encargado al Primer ministro indonesio la organización de una conferencia afroasiática.

[1] Es interesante esta presencia de Turquía, que ya se había adherido al Tratado del Atlántico Norte el 22 de octubre de 1951 y se incluiría entre los Estados europeos. Turquía es miembro del Consejo de Europa y Estado asociado de la Comunidad Económica Europea con posible opción a la integración.

13. LA PRIMERA Y CUARTA CONFERENCIA EN LA CUMBRE DE ESTADOS NO-ALINEADOS

PRIMERA CONFERENCIA (Belgrado, 1-5 de septiembre de 1961):

EUROPA	AMERICA	ASIA	AFRICA	OCEANIA
Miembros:				
Chipre	Cuba	Afganistán	Congo	
Yugoslavia		Arabia Saudita	Etiopía	
		Birmania	Ghana	
		Camboya	Guinea	
		Ceilán	Mali	
		India	Marruecos	
		Indonesia	Rep. Árabe Unida	
		Irán	Somalia	
		Líbano	Sudán	
		Nepal	Túnez	
		Yemen		

Observadores:

	Bolivia			
	Ecuador			

CUARTA CONFERENCIA (Argel, 5-9 de septiembre de 1973):

EUROPA	AMERICA	ASIA	AFRICA	OCEANIA
Miembros:				
Chipre	Argentina	Afganistán	Alto Volta	
Malta	Cuba	Arabia Saudita	Argelia	
Yugoslavia	Chile	Bahrein	Botswana	

Guayana	Bangladesh	Burundi
Jamaica	Bhután	Camerún
Perú	Birmania	Congo
Trinidad y Tobago	Camboya	Costa de Marfil
	Emiratos Arabes Unidos	Chad
	India	Dahomey
	Indonesia	Egipto
	Irán	Etiopía
	Jordania	Gabón
	Kuwait	Gambia
	Laos	Ghana
	Líbano	Guinea
	Malasia	Guinea Ecuatorial
	Nepal	Kenya
	Omán	Lesotho
	Qatar	Liberia
	Singapur	Libia
	Siria	Malí
	Sri-Lanka[1]	Marruecos
	Gobierno Rev. Prov.	Mauricio
	de Vietnam del Sur	Mauritania
	Rep. Ar. del Yemen	Niger
	Rep. Dem. y Pop. del	Nigeria
	Yemen	Rep. Centroafricana
		Rep. Malgache
		Ruanda
		Senegal
		Sierra Leona

[1] Ceilán.

EUROPA	AMERICA	ASIA	AFRICA	OCEANIA
			Somalia	
			Swazilandia (Ngwane)	
			Sudán	
			Tanzania	
			Togo	
			Túnez	
			Uganda	
			Zaïre	
			Zambia	

Observadores:

	AMERICA
	Barbados
	Bolivia
	Brasil
	Colombia
	Ecuador
	México
	Panamá
	Uruguay
	Venezuela

Invitados:

Austria
Finlandia
Suecia

Otras representaciones: La Organización de las Naciones Unidas, la Liga Árabe, la Organización de la Unidad Africana, la Organización de Solidaridad de los Países de África, Asia y América Latina, y numerosos movimientos de liberación nacional (doce africanos, reconocidos por la Organización de la Unidad Africana, la Organización de Liberación de Palestina y el Partido Socialista de Puerto Rico.

14. LOS CONGRESOS INTERNACIONALES DE 1681 A 1919[1]

1681-82	1	
1815	1	
1838-39	2	
1840-44	7	
1845-49	11	
1850-54	11	
1855-59	15	
1860-64	38	
1865-69	57	
1870-74	79	
1875-79	154	
1880-84	148	
1885-89	236	
1890-94	291	
1895-99	363	
Total		1.414
1900-04	640	
1905-09	786	
1910-14	1.019	
1919	83	
Total		2.528

[1] Datos tomados de Union des Associations internationales: *Les congrès internationauxs de 1681 à 1899*. Liste complète. Bruselas, 1960; e *ibid., Les congrès internationaux de 1900 à 1919*. Liste complète, *ibid.*, 1964. El primer congreso, en el siglo XVII, en Roma, fue médico; el segundo, de 1815, fue de ciencias físicas y naturales, en Ginebra; el tercero (1838) fue el primer congreso céltico, en Abergavenny; el cuarto (1839), la primera reunión de naturalistas escandinavos, en Gotenburgo. Lento todavía de 1840 a 1859, el movimiento se acelera, con los progresos de los medios de comunicación de toda índole, a partir de 1860.

15. CONSTITUCIONES DE ORGANIZACIONES INTERNACIONALES DE 1693 A 1954[1]

	Organizaciones internacionales gubernamentales		Organizaciones internacionales no-gubernamentales	
	Creadas	Actualmente en actividad	Creadas	Actualmente en actividad
1693-1849	1	1	5	5
1850-54	—	—	1	1
1855-59	2	—	4	1
1860-64	1	—	6	3
1865-69	5	3	9	4
1870-74	3	1	8	6
1875-79	2	2	17	9
1880-84	3	2	11	6
1885-89	2	1	29	16
1890-94	3	3	35	19
1895-99	2	1	38	20
1900-04	5	2	61	22
1905-09	4	1	131	42
1910-14	4	3	112	38
1915-19	8	3	51	31
1920-24	11	6	132	102
1925-29	12	9	163	101
1930-34	5	5	128	83
1935-39	6	5	97	61
1940-44	13	10	46	28
1945-49	53	42	306	264
1950-54	3	32	319	308
Total	178	132	1.709	1.170

[1] De: Union des Associations internationales: *Les 1978 organisations internationales fondées depuis le Congrès de Vienne,* Bruselas, 1957.

16. LAS ORGANIZACIONES INTERNACIONALES (GUBERNAMENTALES Y NO-GUBERNAMENTALES) DESDE 1956-1957 HASTA 1970-1971[1]

Categoría y sector	1956/57	1966/67	1968/69	Muertas o inactivas	1970/71	Muertas o inactivas
Gubernamentales:						
Fam. dee la O.N.U.	17	25	28	—	28	—
Comunidades europeas	1	9	10	—	10	—
Otras intergubernamentales	114	165	191	67	204	66
Total	132	199	229	67	242	66
No-gubernamentales:						
Bibliografía, prensa, doc.	26	58	69	29	63	31
Religión, moral	70	93	103	61	109	62
Ciencias sociales	57	80	90	35	95	35
Relaciones internacionales	61	111	125	103	127	102
Política	13	15	22	21	22	20
Derecho, administración	28	48	53	32	54	29
Bienestar social	52	76	87	52	95	51
Profesiones liberales, patronales	67	93	106	35	112	34
Sindicatos	48	63	70	22	70	22
Economía, finanzas	15	35	40	15	45	15
Comercio, industria	123	211	233	34	239	34
Agricultura	27	76	83	24	83	26
Transportes, viajes	40	72	75	15	82	15
Tecnología	36	83	102	27	113	28
Ciencia	69	137	162	53	174	53
Salud, medicina	100	173	214	36	225	37
Educación, juventud	56	91	105	33	106	35
Arte, literatura, radio	34	70	75	29	80	27
Deportes, recreos	51	90	96	18	99	18
Grupos de neg. y prof. de CEE y EFTA	—	245	271	—	288	2
Org. naciones con estat. cons. O.N.U.	12	245	271	—	288	2
Total	985	1.935	2.197	674	2.296	676

[1] Según el *Year Book of International Organizations*, 6.ª, 11.ª, 12.ª y 13.ª es.

17. LAS GRANDES RELIGIONES DEL MUNDO
(en millones)[1]

	1951-58[2]	1955-60[3]	Porcentaje aproximado de la población mundial
Población mundial	2.555	3.000	
Cristianismo	847	900	30 %
Católicos	460	500	
Ortodoxos	150	140	
Protestantes	237	260	
Judaísmo	13	12,5	0,4 %
Islam	364,3	436	14,5 %
Hinduismo	303,2	358	12 %
Budismo		392	13 %

	1976-77[4]	1990[9]
Población mundial		5.292.000
Cristianos	1.163-1.173	1.728,350
Católicos	709	1.017,580
Ortodoxos[5]	85-90	300,000
Protestantes	344	378,560
Otros	25-30	
Judíos[6]	15	17,400
Musulmanes	530-540[7]	935,000
Hinduistas	467-530	720,000
Confucianos, taoístas, budistas chinos	50-100[8]	37,080[8]
Budistas (fuera de China)	200-300	298,600
Shintoístas	61-54	

[1] Las cifras, difíciles de establecer por las razones que se indican en el texto (especialmente por lo que se refiere a China y al budismo), varían no poco de unas fuentes a otras. También se ven afectadas por la evolución demográfica.

[2] Datos de origen diverso, recogidos del *Staatslexikon* de la Goerresgesellschaft, 6.ª ed., Freiburg, i. Br., 8 vols., 1957-63.

[3] Datos basados en P. LANARÈS, *La liberté religieuse*, Annemasse, 1964.

[4] Datos de origen diverso, recogidos del *Fischer Weltalmanach '80* (Fischer Taschenbuch Verlag, Frankfurt am Main, noviembre de 1979).

[5] Otras fuentes dan cifras más bajas, por estimar menor el número de creyentes atribuido a la Unión Soviética.

[6] Cifra global, que incluye también a los que no profesan la religión judía.

[7] De ellos, algunas fuentes cifran en 86,3 millones los chiítas, de los que el 95 por 100 se encuentra en siete países asiáticos (especialmente en Irán, la Unión India y Pakistán).

[8] Cifra muy insegura, por la formación prácticamente atea de la juventud y el desconocimiento de su impacto real.

[9] Todas estas cifras han de considerarse como máximos. Los datos de 1990, según *Der Fischer Weltalmanach 1994,* ed. por M. von Baratta, Frankfurt am Main, 1993.

18. EVOLUCION EN LA COMPOSICION DEL SACRO COLEGIO CARDENALICIO (1936-1994)

	1936	1947	1960	1965	1969	1973	1977
Europa							
Italia	37	25	33	32	41	41	37
Alemania	3	3	4	4	5	6	6
Austria	1	1	1	1	1	1	1
Bélgica	1	1	1	2	1	1	2
Checoslovaquia	2	—	—	1	1	—	1
España	4	3	5	7	6	7	4
Francia	7	7	9	7	11	12	7
Gran Bretaña	—	1	2	2	3	2	2
Hungría	1	1	1	1	1	1	1
Irlanda	1	—	1	2	2	2	—
Países Bajos	—	—	1	1	3	3	2
Polonia	2	2	1	1	2	3	3
Portugal	—	2	2	2	2	3	3
Suiza	—	—	—	1	2	1	—
U.R.S.S. (Ucrania)	—	—	—	1	1	1	1
Yugoslavia	—	—	—	1	1	1	1
Total	59	46	61	66	83	85	70
América							
Argentina	1	2	2	2	2	2	4
Bolivia	—	—	—	—	1	1	1
Brasil	1	2	3	4	5	6	7
Canadá	1	3	1	3	4	4	3
Colombia	—	—	—	1	1	2	1
Cuba	—	1	1	—	—	—	—
Chile	—	1	—	1	1	1	1
Ecuador	—	—	1	1	1	1	1
Estados Unidos	4	4	6	6	10	1	12
Guatemala	—	—	—	—	1	1	1
México	—	—	1	1	2	2	2
Perú	—	1	—	1	1	1	1
Puerto Rico	—	—	—	—	—	1	1
Santo Domingo	—	—	—	—	—	—	1
Uruguay	—	—	1	1	1	1	1
Venezuela	—	—	—	1	1	1	1
Total	7	14	16	22	31	35	38
Asia							
Armenia	—	1	1	1	1	—	—
Ceilán	—	—	—	1	1	1	1
Corea	—	—	—	—	1	1	1
China	—	1	1	1	1	1	1

	1936	1947	1960	1965	1969	1973	1977
Filipinas	—	—	1	1	1	1	1
India	—	—	1	1	2	2	3
Indonesia	—	—	—	—	1	1	1
Japón	—	—	1	1	1	1	1
Líbano	—	1	1	2	1	1	—
Pakistán	—	—	—	—	—	1	1
Siria	—	—	—	1	—	1	—
Vietnam	—	—	—	—	—	—	1
Total	—	3	6	9	11	12	12

Africa

	1936	1947	1960	1965	1969	1973	1977
Alto Volta (Burkina Faso)	—	—	—	1	1	1	1
Argelia	—	—	—	1	1	1	1
Benín (Dahomey)	—	—	—	—	—	—	—
Congo-Brazzaville	—	—	—	—	—	1	—
Egipto	—	—	—	1	1	1	1
Kenia	—	—	—	—	—	1	1
Madagascar	—	—	—	—	1	1	1
Nigeria	—	—	—	—	—	—	1
Senegal	—	—	—	—	—	—	1
Sudáfrica	—	—	—	1	1	1	1
Tanganica-Tanzania	—	—	1	1	1	1	1
Uganda	—	—	—	—	—	—	1
Zaire	—	—	—	—	1	1	1
Total	—	—	1	5	7	9	12

Oceanía

	1936	1947	1960	1965	1969	1973	1977
Australia	—	1	1	1	1	3	3
Nueva Zelanda	—	—	—	—	1	1	1
Islas Salomón	—	—	—	—	—	1	1
Total	59	46	61	66	83	85	70
Total global	66	64	85	103	134	146	137
Cardenales italianos	37	25	33	32	41	41	37
Otros europeos	22	21	28	34	42	44	33
Cardenales no europeos	7	18	24	37	51	61	67

Distribución geográfica de los 18 nuevos cardenales creados en el consistorio de 2 de febrero de 1983:

Europa: Italia, 3; Alemania, 1 (el obispo de Berlín); Bélgica, 1; Francia, 2; Polonia, 1; Rusia, 1 (el administrador apostólico de Riga); Yugoslavia, 1.

América: Colombia, 1; Estados Unidos, 1; Venezuela, 1.

Asia: Líbano, 1; Tailandia, 1.

Africa: Angola, 1; Costa de Marfil, 1.

Oceanía: Nueva Zelanda, 1.

Los sucesivos consistorios convocados por Juan Pablo II desde su elección en 1978 han acentuado la tendencia anterior. Después del nombramiento de 30 nuevos cardenales (dado a conocer el 30 de octubre de 1994 con la covocatoria del consistorio del 26 de noviembre), el sacro colegio estará compuesto por 167 miembros, de los cuales tienen la condición de electores (con menos de 80 años de edad) 120, cifra máxima prevista en su reglamentación actual. Estos 30 nuevos cardenales pertenecen a 24 países: Italia (4, de ellos 2 electores), Francia (2, de ellos 1 elector), México (2), Estados Unidos (2), Alemania, Bélgica, Canadá, Chile, Cuba, Ecuador, Escocia, España, Indonesia, Japón, Líbano, Madagascar, Perú, República Checa, Suiza, Uganda, Vietnam, así como Albania, Bielorrusia y Bosnia-Herzegovina (1 cada uno), siendo la primera vez que los tres últimos tengan un cardenal.

Después de dicho consistorio, la distribución de los cardenales por continentes será la siguiente: *Europa*, 87 (55 electores); *América Latina*, 27 (21 electores); *Africa*, 17 (15 electores); *Norteamérica*, 16 (12 electores); *Asia*, 16 (13 electores); *Oceanía*, 4 (electores los 4).

19. ESTADOS QUE PARTICIPARON EN LA SEGUNDA CONFERENCIA ISLAMICA DE LAHORE (22-24 de febrero de 1974)

ASIA	AFRICA
Afganistán	Argelia (*)
Arabia Saudita (*)	Chad
Bahrein (*)	Egipto (*)
Bangladesh[1]	Gabón
Emiratos Arabes Unidos (*)	Gambia
Indonesia	Guinea
Iraq (*) (observador)	Guinea-Bissau[2]
Irán	Libia (*)
Jordania (*)	Malí
Kuwait (*)	Marruecos (*)
Líbano (*) (observador)	Mauritania (*)
Malasia	Níger
Omán (*)	Senegal
Pakistán	Sierra Leona
Qatar (*)	Somalia
Siria (*)	Sudán (*)
Turquía	Túnez (*)
Rep. Arabe del Yemen (*)	Uganda
Rep. Democrática y Pop. del Yemen (*) (observador)	

Salvo unas pocas excepciones, asistieron los Jefes de Estado respectivos. Asistió además, a título de observadora, una delegación de pleno derecho de la Organización para la Liberación de Palestina como único representante reconocido del pueblo palestino, y que forma parte de la Liga Arabe.

Los Estados que llevan un asterisco son miembros de la Liga Arabe. Alto Volta y Camerún, que forman parte de los Estados islámicos, no enviaron finalmente representantes.

---

[1] Bangladesh fue reconocido por Pakistán, como resultado de la acción mediadora de los demás participantes, justo antes del comienzo de la conferencia (22 de febrero).

[2] Territorio del Ultramar portugués, reconocido como Estado soberano de la República de Guinea-Bissau» por la Asamblea General de la O.N.U., el 2 de noviembre de 1973, por 93 votos contra 7 y 30 abstenciones.

INDICE ALFABETICO DE NOMBRES
Y MATERIAS

Alianza Universidad

Volúmenes publicados